FINANCE PATTERN NEW

巴曙松◎著

# 新金融新格局

## 中国经济改革新思路

ZHEJIANG UNIVERSITY PRESS
浙江大学出版社

图书在版编目（CIP）数据

新金融、新格局：中国经济改革新思路 / 巴曙松著；
. — 杭州：浙江大学出版社，2019.3
ISBN 978-7-308-18904-0

Ⅰ.① 新… Ⅱ.① 巴… Ⅲ.① 中国经济－经济改革－
研究 Ⅳ.①F12

中国版本图书馆 CIP 数据核字（2018）第 301515 号

**新金融、新格局：中国经济改革新思路**
巴曙松 著

| | | |
|---|---|---|
| **责任编辑** | 卢 川 | |
| **责任校对** | 汪 潇 杨利军 | |
| **封面设计** | 仙 境 | |
| **出版发行** | 浙江大学出版社 | |
| | （杭州市天目山路 148 号 邮政编码 310007） | |
| | （网址：http://www.zjupress.com） | |
| **排 版** | 杭州中大图文设计有限公司 | |
| **印 刷** | 浙江新华数码印务有限公司 | |
| **开 本** | 880mm×1230mm 1/32 | |
| **印 张** | 10.375 | |
| **字 数** | 268 千 | |
| **版 印 次** | 2019 年 3 月第 1 版 2019 年 3 月第 1 次印刷 | |
| **书 号** | ISBN 978-7-308-18904-0 | |
| **定 价** | 58.00 元 | |

# 目录

# 汇率改革：稳步推进人民币国际化进程

# 金融科技：发展大数据、区块链与人工智能

# 金融改革：确立激励相容监管理念

# 当前的新形势及金融监管改革

## 当前的宏观金融形势及经济基本面

### 当前的宏观金融形势

当前正处金融强监管、市场去杠杆周期，监管政策成为至关重要的市场影响因素。央行加强宏观审慎政策，中国银监会对"三套利""四不当"进行专项检查，中国保监会整治险资运用风险，中国证监会对证券市场乱象加大打击力度，四个方面政策叠加。当前对宏观金融的担心主要集中在三点：第一，稳健中性的货币政策和监管政策叠加，对实体经济的融资收紧累及宏观经济；第二，金融市场整体流动性偏紧，债市风险加大，小型流动性危机发生的风险上升；第三，来自于银行理财中委外和保险资金中万能险等投资于股票市场的资金离开市场，引发股市下行，如何看待当前金融去杠杆的节奏、力度和叠加？

首先，货币及监管"双紧"对实体经济的冲击将滞后显现。2017年一季度经济超预期表现以及后续地产投资保持高位，出口回暖为去杠杆提供了有利的时间窗口。由于中国商业银行资产负债表的二元分割特性，金融市场利率向信贷利率的传导具有明显的时滞。

其次，边缘企业和边缘机构的流动性风险会加速暴露。2017年一季度表内 [1]，票据融资合计减少1.08万亿元，创2008年以来一季度新低，

---

[1]  指资产负债表中，资产和负债栏目可以揭示的业务。

票据利率的快速回升以及规模萎缩会给一些流动性风险偏高的企业及金融机构带来压力。票据融资与民间融资关系密切，也是民营企业流动资金的重要来源。2016年9月以来PPI（Producer Price Index，生产价格指数，简称PPI）的快速转正极大改善了部分上游企业的盈利水平，但一些相对边缘的企业并未从中受益，流动性风险不容忽视。

最后，认为资金离开市场并不准确，监管政策影响的主要是增量资金，对存量影响不大。例如，中国银监会发布的几份规范文件都是基于2016年年底银行的台账进行风险摸底和排查的，实际上是一个新老划断的安排。

**当前的经济基本面**

上市公司2017年一季度报告已全部披露完毕，A股近两个报告期营收增速和利润增速均大幅提升。同时，也有机构提出，2017年3月工业企业利润数据显示，利润增速已经开始下滑。这是拐点的出现，是周期下行的开始。这一轮工业企业盈利回升的驱动力来自于库存周期的回暖，以及结束了长达四年半的通缩并快速攀升的批发物价指数，因而推动了PPI与PPIRM（Purchasing Price Index of Raw Material，Fuel and Power，工业企业原料、燃料、动力购进价格指数，简称PPIRM）之间差值的回升。进一步分析PPI的高位运行可以看出，更多的原因来自供给层面的变化，而非需求端的强劲回暖。A股非金融企业和规模以上工业企业的盈利走势基本一致，过去三个报告期盈利回升，价格是最主要的影响因素，一季度工业企业盈利改善的90%来自PPI的回升，上市公司净资产收益率的回升也集中在钢铁、煤炭和建材等上游行业上。从PMI（Purchasing Managers' Index，采购经理指数，简称PMI）来看，2016年大企业加速扩张，小企业则在收缩区间徘徊，直至2017年年初景气度才明显回升。

由于PPI同比在2017年一季度已经见顶回落，不论A股非金融企业还是工业企业，利润增速都将趋于下行，拐点已经到来。考虑到过去一年PPI的回升有很多是价格修复的因素，PPI环比不会持续陷入负增长，工业走出通缩对盈利中枢有一定的支撑。

关于经济基本面，2017年随着PPI的下行和企业主动补库暂时告一段落，短期内经济扩张动能正在边际放缓。在监管货币双紧的环境下，由债务驱动的地产和基建投资会受到约束，财务费用的回升也会直接侵蚀企业盈利。

当前，全球小周期共振为中国"挤泡沫"和"去杠杆"创造了适宜的时间窗口。2016年年中以来，全球迎来小周期共振，此前持续疲软的美国企业投资增速回升，欧日扩张动能更高于美国，巴西等大宗出口国经济也从低谷企稳回升。小周期共振对中国的积极意义至少有两点：一是外需复苏带动出口回升，2017年一季度净出口对GDP的拉动较2016年同期回升了1.1个百分点，在一定程度上缓解了稳增长的压力；二是汇率压力阶段性的减轻，当前欧日和新兴经济体复苏动能都强于美国，这使得虽然美联储在2017年3月已加息一次，但美元走势已经阶段性偏弱。当然，美元加息预计还会持续一段时间，但是短期内上述积极因素使中国可以将政策重心转到去杠杆及化解金融风险上。

美联储趋势性的加息和缩表对人民币汇率构成一定的潜在压力。美国正迎来历史上持续时间最长的一次经济复苏，就业市场充分，产出缺口正在收敛，接下来预计美联储的加息和缩表的确定性是比较高的。当前中国市场上的货币监管双紧和资本管制阶段性的趋严对人民币短期汇率有一定的支撑作用，但从中长期来看，未来根本出路还应当在于：一方面改革汇率的市场化形成机制，增强对美元的双向波动的灵活性，同时积极发展人民币汇率风险管理产品；另一方面应加快深化关键领域改革，提升全要素生产率，提高对境内外实业资本的吸引力。

2017年4月下旬，美国已公布减税计划，英国、法国和印度等其他主要经济体也正积极推动减税政策，各国掀起的减税潮都旨在提升本国制造业的竞争力。此外，在美国经济战略收缩的大背景下，由减税可能引发的资本回流也会形成一定程度的人民币的汇率压力。全球减税潮会进一步强化中国的税制改革。

金融去杠杆的目的是推动资金脱虚向实，抑制资产泡沫，引导金融资源更多服务于实体经济。金融杠杆的去化必然要求实体杠杆率随之同步降低。目前谈论比较多的金融"空转"，更多的是基于资管产品交易的某一个环节孤立来看的，例如多层嵌套等问题。如果追踪这些交易背后的最终资金流向，大致可以估算，目前的社会融资总量规模实际是低估了资金进入实体的部分，被低估的这部分主要投向融资平台、地产和过剩产能行业等灰色地带，也就是游走在预算法和信贷投向指导之外的行业。例如，银行业理财登记托管中心的数据显示，理财底层信贷基建占比 38%、房地产占比 16%、钢铁煤炭占比 6%。对于这类高风险但又并未真正打破刚兑的资产，金融机构采用分级嵌套实现风险增信、分担和缓释。这也是为什么金融机构要采用 SPV（Special Purpose Vehicle，特殊目的载体，简称 SPV）、优先劣后等多层嵌套来"过度包装"这类非标资产。因此，金融去杠杆的指向是如何有效去化僵尸企业和政府隐形债务的杠杆。否则，如果仅仅强调金融去杠杆的效果，而实体低效资产的出清仍然较为缓慢的话，那么利率水平的抬升和融资可得度下降的成本将会转嫁给民营和中小企业。在以国企改革、财税改革来推动低效资产从资产负债表上剥离的同时，应该加大直接融资的比例，这也是降低实体债务率的有效手段。

# 巴塞尔协议 Ⅲ 与金融监管

金融体系是一个复杂的系统，包括市场的内在运行机制、风险的发生和传播途径，包括监管者在内的参与者行为等因素，这些因素持续变化且相互作用。监管活动不是在真空中进行的，而是必须跟踪金融体系的变化，特别是风险的变化。

今天，在金融全球化、市场金融创新的推动下，不同金融子市场之间的联系更紧密，但是风险的传播也更迅速，这是一个摆在金融体系面前的现实。而纵观人类的金融创新史，则呈现一个非常清晰的"钟摆效应"，那就是：金融创新—市场波动—强化监管—放松监管—鼓励金融创新，这可以说是一种螺旋式推动金融体系发展的方式。超出金融体系风险管理能力的金融创新往往导致金融体系的风险累积，甚至导致金融危机的发生，于是促使更为严格的金融监管的实施，严格的金融监管必然会提高金融体系运行的成本，也可能使经济金融体系逐步丧失活力。此时如果要寻找新的增长点，必然会促使金融体系专项金融创新，然后放松管制，鼓励创新，才能迎来金融创新的活跃期。我们在全球金融体系的变化中可以看到这种钟摆式的监管周期，其实在巴塞尔资本协议的演变中也有类似的轨迹。

在反思金融危机的教训后，为适应全球金融行业和金融市场的发展，实现金融监管的目标，防范未来危机的发生，危机后的全球金融监管规则发生了重大改变，并仍在持续完善和修订中。虽然当前一些发达经济体有推动"逆全球化"的趋势，但是总体上看，全球化的趋势依然还在继续，全球金融市场的传染性以及相关性特征逐渐凸显，使得风险传导路径更加扑朔迷离，也给国际金融监管规则的制定者带来新的挑战。

巴塞尔协议Ⅲ作为国际银行业监管规范的倡导者和指引者，其政策的制定及在全球的实施都满载了国际社会的希冀。从政策制定方面来看，巴塞尔委员会旨在从银行个体和金融系统两方面加强全球金融风险监管。在微观层面上，对原有资本监管的要求进行完善、建立流动性监管标准、强化风险的覆盖范围及敏感性关注，提高银行及其他金融机构在市场波动时期的恢复能力，使银行能够更好地抵挡经济金融风险所带来的压力；在宏观审慎层面上，增加对系统性风险的关注与防范，以形成促进全球长期金融稳定的拉动力量。除了对现有风险和潜在风险的全方位识别和覆盖，金融监管规则在全球的实施也是保证国际监管效果和国际公平机制正常运行的关键。从这几个方面看，巴塞尔协议Ⅲ是在朝着正确的方向前进的。当然，监管体系的完善是渐进的，同时也需要金融机构等的配合推进，不可能一蹴而就。

# 危机后的金融监管改革、金融监管的"六大缺陷"和改进逻辑

### 危机后的金融监管改革

金融监管的目标是维护金融体系的稳定，金融危机则往往成为推动金融监管改革的动力。2008年金融危机的爆发给全球金融体系，特别是国际银行业带来了前所未有的冲击与挑战，暴露了金融体系内部矛盾、金融与经济体系矛盾，更对当时金融监管的有效性提出了疑问。危机后的金融监管改革，是对原来的金融监管理念和规则的重大革新。

第一，认识到市场过度扩张的缺陷。放松监管的政策基调事实上鼓励了许多不适当的金融创新，造成金融市场外部约束和监控不足，高风险金融衍生产品充斥市场，却不在监管范围之内。金融危机爆发后，监管理念明显趋严。

第二，为消费者提供更多保护。金融监管应重视保护金融机构和金融市场的发展，但更重要的在于保护消费者以及其他纳税人的公共利益。此次危机中，包括资产证券化和结构化金融工具在内的复杂产品的透明度不高，造成众多普通投资者无法准确了解其资产的风险暴露情况和内在价值，而受到市场波动的冲击；同时，这种情况也容易引发投资者快速压缩投资行为，放大去杠杆化过程，导致恐慌蔓延和扩散。另外，在危机救助中，道德风险问题也使公众利益遭受很大侵害。从某种程度上说，危机的发生在一定程度上源于缺少对消费者的保护，而危机爆发后消费者信心的缺失又推动金融危机走向深渊，并进一步损害消费者利

益。因此，在危机后的金融监管改革中，加强投资者和消费者利益保护则成为重点之一。

第三，质疑分散的监管体系。格林斯潘曾信奉"几个监管者比一个好"，但事实证明，多头监管模式下并存的监管重叠和监管空白一定程度上为危机的形成和蔓延提供了温床。纵观众多发达国家的金融监管体系，均存在不同程度的多个监管机构并存的现象，其中以美国的情况最为严重，在联邦一级，就有货币监理署、联邦储备委员会、联邦存款保险公司、商品期货交易委员会和联邦住房企业监督办公室等部门。即使在实现了金融市场统一监管的英国，依然存在实施金融市场监管职责的金融服务局、承担金融稳定职能的财政部和英格兰银行等多个监管部门。而欧盟除存在三大监管机构外，监管权力更是分散在各成员国。因此，通过设立法制化的监管协调机构以加强监管体系的合作，是去除监管重叠和监管空白、解决多头监管弊端的重要选择。传统的多头监管向双峰监管甚至是一元的综合监管方式发展。

第四，加强宏观审慎监管。宏观审慎监管的核心是保障金融系统的安全，微观审慎监管的主旨是确保个体稳健性。然而，由于微观审慎监管的局限性，个体稳健并不代表集体安全，所以宏观审慎监管及其监管工具成为危机后金融监管改革的热点。在后危机时代的英国、美国、欧盟金融监管体制变革中，宏观审慎监管均赋权于央行，宏观审慎分析与政策以央行为主；微观监管体制取决于各自的金融结构和路径依赖，但从属于宏观审慎监管，需要遵守宏观审慎政策。需成立专门的机构——金融稳定监督委员会、金融稳定理事会、欧洲系统风险委员会，监控系统性风险，并对具有系统重要性的机构加强监管。

第五，实施覆盖市场空白的全面监管。此次金融危机暴露出许多监管漏洞，有的是源于监管理念和监管法律，有的是由于机构交叉却又覆盖市场不足形成的，但更多的是源于监管相对于创新的滞后性带来的监管空白，主要表现在对影子银行和资产证券化等金融创新的监管上。因此，强调全面监管，成为英国、美国、欧盟国家几个主要监管改革方案中的一致目标。在机构方面，美国提出要对包括对冲基金、私募股权公司和风险投资基金等在内的私营投资基金进行一定程度的监管。英国指出对冲基金应实行更严格的信息披露要求以及关于融资、杠杆率、投资战略、特定的投资头寸方面的信息报送要求等。欧盟委员会也提出建立全面监管框架的计划。在产品方面，对包括场外金融衍生品在内的全部产品进行监管，也成为共识。

第六，全面实施巴塞尔协议Ⅲ。金融危机爆发之后，巴塞尔委员会针对危机中暴露出的金融监管问题对巴塞尔协议进行了修订和完善，形成了巴塞尔协议Ⅲ。较之全球范围内实施进度不一的巴塞尔协议Ⅰ和巴塞尔协议Ⅱ，巴塞尔协议Ⅲ的全球实施在 2010 年韩国首尔的 G20 峰会上被成员国元首共同认可，并形成了基本一致的实施时间安排、明确的适用范围和一定的约束效力。巴塞尔委员会的 27 个成员国或地区都已经公布并开始实施巴塞尔协议Ⅲ，在非巴塞尔委员会和非欧盟成员国的大部分国家的实施也取得很大进展。

第七，加强国际监管合作。此次金融危机的快速蔓延充分说明，金融创新活动的国际化与金融监管本地化之间的矛盾日益加剧，面对全球系统性金融风险，任何一个国家无力单独防范和处置，扩大国际监管合作是抗击下一次全球金融危机的必然选择。美国的改革方案就提出，如果不能让国际监管标准同时提高，那么无论在国内采取什么监管行动，都将收效甚微，而且国内外标准的不一致会影响本国金融市场的竞争力，因此建议各国与其一同提升监管标准。欧盟改革方案将成员国相互分离的监管格局统一在泛欧监管体系框架内，这无疑有助于整个欧盟层面的监管合作。英国的改革方案认为，应通过推动制定国际标准和措施，充分发挥国际货币基金组织和金融稳定委员会的职能，来促进相互合作，加强国际监管架构的稳定性。

从全球的一些金融监管在危机前后的改进来看，大致的逻辑就是：从微观开始变成宏观和微观的结合，从事后开始到事前预防性和前瞻性，从定量到定量和定性的结合，比较重视监管和经济周期波动性的协调以及金融监管的国际协调。

随着中国经济金融规模的扩大，中国金融界越来越注重参与国际经济金融治理，提升国际影响力。但是，这一影响力不是靠空喊就能形成的，而是靠了解规则，熟练地利用国际平台去谈判、修订这些规则，使它在符合国际惯例的同时也更有利于中国金融业的发展，更适应中国金融机构的市场环境。可以说，在金融市场中，最关键、最有影响力的竞争就是规则的竞争。

在国际金融界，围绕巴塞尔协议展开的各种修订与讨论、争议，可以说就是典型的规则之争。这背后反映了不同经济体、不同金融机构的不同利益，不同的市场环境，不同的金融体制和谈判的影响能力、执行能力。

### 六大缺陷

每次金融危机，实际上都是从特定的角度暴露了当时的金融体系缺陷。只有明确把握了其中的缺陷，才能在规则的修订与改进中更有针对性。

从 2008 年美国次贷危机到现在，以巴塞尔协议为代表的国际金融监管体系，暴露出哪些不足与缺陷呢？大致来说，主要体现在如下几个方面：

第一，监管指标单一，过分看重资本充足率。1988 年的巴塞尔协议 I 非常简单，当时协议的核心内容之一就是关于资本充足率的约束规定。从历史上来看，它可以说是全球范围内第一次主要经济体共同遵守的一个关于银行监管的准则。

如果比较不同银行之间经营水平的高低，往往就能看到不同银行对资本充足率的经营策略。对比不同银行的资产负债表，可以发现，银行为了保证资本充足率，有的使用分子策略，在资本构成中采用核心资本、附属资本及资本创新工具；有的则使用分母策略，比如改进优质客户风险权重，调整风险资产，以达到减小分母的目的。所以这一个小小的公式，在当时确实发挥了重要作用，到现在也是金融监管的基础之一。

但是，在此次危机中也体现出，过于看重资本充足率也有过于单一的缺陷。近年来爆发危机时，不少银行的资本充足率都明显高于巴塞尔协议 I 规定的 8% 的水平。比如，雷曼兄弟公司的一级资本充足率是 11%，巴林银行 1993 年出现危机之前，资本充足率也远远超过 8%。

第二，过于侧重微观监管的理念。面对微观的一笔笔贷款和一个个机构，现有的监管体系准则定得很严格。但对宏观层面形成的叠加和产生的恐慌，或者说宏观审慎问题，以前的监管体系很少会涉及。

第三，事后监管方法不足，出了问题再去救助，通常效果欠佳，且事倍功半。金融业有一个很重要的特点，就是收益和风险的错配。以商业银行对分支机构的考核为例，商业银行往往就不能很好地匹配风险与收益。例如，如果一家支行在经济扩张期，放了很多贷款，赚了很多钱，当期把奖金一分，相关人员跳槽或者换岗了，等到经济进入调整期，风险释放时，再事后追究责任，相关人员都不知道去哪儿了。所以在风险收益的错配状况下，这种事后监管方法自然就暴露出了不足。

第四，监管的协调不足。国家和国家之间，机构和机构之间，确实存在不少的监管漏洞和真空。

第五，监管的顺周期性。顺周期性是金融业存在的一个非常重要的特性。在上升周期面，贷款刺激经济上升、资产价格上涨，有了这些特征，再融资的时候，似乎账面上更为安全。但这个特征实际上放大了收益，低估了风险。到经济收缩期时，往往越是认真清理，不良率反而升高，风险也不断显性化。

第六，救助机制不健全。在通常的金融监管体系中，往往因为好多年没有出过金融机构的危机，所以当一个规模稍微大一点的金融机构真出大问题时，整个市场就会出现巨大的震荡。比如说，雷曼兄弟公司的倒闭可能是出乎市场意料的，但这种惊讶实际上就是市场没有预料到的风险，同时又没有安排事先的救助机制，因此往往对市场的冲击就会非常大。

这点从英国脱欧事件中也可以窥见一二。观察脱欧一两天前各大投行、报纸头条和研究报告可以发现，当时主流的观点基本上是认为"这是英国的朋友们一起开了个玩笑"，但谁能想到他们真投票支持了脱欧，因此影响才特别大。

当然，在中央银行学上有一个说法，即中央银行的救助必须是不确定的，如果中央银行的救助是确定的，就会激励金融机构铤而走险，赚的利润自己分，赔了钱央行买单，因而产生道德风险。所以，中央银行的救助必须是不确定的、摇摆的。

### 改进逻辑

从全球的一些金融监管机构在危机前后的变化来看，它们大致的逻辑是：从微观（原来主要重视一笔一笔地审批）开始变成宏观和微观的结合，从事后决策变为事前的预防性和前瞻性，从定量到定量和定性的结合，比较重视监管和经济周期波动性的协调以及金融监管的国际协调。这是各个国家共同的改革大方向。

美国是危机爆发的源头，但也确实为改进金融监管体系做出不少的努力，例如《多德－弗兰克华尔街改革与消费者保护法》等都是影响较为广泛的案例。美国以前一直比较抗拒巴塞尔协议，但是在2012年首尔会议签署之后，于2013年7月正式立法接受了巴塞尔协议Ⅲ金融监管的资本规则。

欧盟的改革与美国有很多类似的地方，其实也是增进了资本金在监管机构间的协调，以及对波动比较大的对冲基金的监管、场外衍生品的场内化以及确定实施巴塞尔协议Ⅲ标准和清算指令的实施覆盖等方面。

从 2007 年一直到现在，英国金融监管的各项改革稳健推进，包括对银行改革的讨论文稿、特别条款法案都做了比较大的调整。具体来看，主要包括：其一，对金融监管体系做了很大调整，将金融服务局撤销，监管职能由金融政策委员会审慎监管局和金融市场新闻监管局来承担，将重点放到了系统性风险监管；其二，对有些问题机构的救助和处置机制实施改革，同时加强对金融业的薪酬制度的监管和对消费者的保护。

实际上，欧盟、英国、美国的金融监管改革的重点很相似：纠正不当的激励约束，加强市场透明度，注重系统风险、宏观审慎等。同时，各国基本上都成立了一个覆盖多领域的所谓的系统风险监控的机构或者说金融机构监管委员会，欧盟叫系统风险委员会，日本叫金融政策委员会。

以巴塞尔协议为例，从引进和落实的基本时间轨迹中也可以看到监管规则改进的逻辑。

从 1988 年 7 月实施巴塞尔协议Ⅰ到巴林银行倒闭，各国在反思后，意识到防范市场风险很重要，因此开始讨论巴塞尔协议Ⅱ，一直到巴塞尔新协议诞生。2004 年实施巴塞尔协议Ⅱ时，又出现了新的金融危机，所以经过了一系列改革，到 2015 年才确立巴塞尔协议Ⅲ。不同的是巴塞尔协议Ⅲ不是一个很严格的监管框架，而是一组修修补补、不断完善的文件。

不同阶段的巴塞尔协议，实际上是监管规则和金融市场的互动，以及金融波动后金融危机反思的成果。不同时期的标志性事件、危机促使了监管体系的反思和改进，然后产生了新的监管规则和框架，这实际上就是一个不断演进的过程。

巴塞尔协议Ⅰ奠定了整个全球金融监管的基本框架，银行业监管的一个基本框架就是资本充足率等于资本除以风险加权资产，后面虽然有改进但是这个基本框架的变化不大。巴塞尔协议Ⅰ的基本内容是创立了全球认可的一个资本监管标准，表内资产分为五个档次，即 0%、10%、20%、50%、100%，表外资产按照一定的信用转换系数转换为表内同等的风险资产，业务的扩张需要资本的约束，这就奠定了全球金融业进行比较的一个基本的参照系基础。

巴塞尔协议 II 最有价值的部分在于对分母更加风险敏感，这一监管理念深刻影响了证券、基金和保险的监管，在不同领域这个约束指标虽然叫不同的名字，在保险业叫偿付能力，在证券业可能叫净资本，但基本上都是通过资本金来约束整个资产负债表和资产的扩张。

具体而言，那些业务结构风险资本消耗低的银行，分母就较小，就可以用同样的资本做更大的业务。这就展示出了不同银行的业务结构差异带来的业务竞争优势的差异。所以巴塞尔协议 II 引入了信用风险、市场风险、操作风险，并分别对三种风险给予了不同难度、不同阶梯式的评估方法，越能够实施难度高的复杂的系统风险管理方法，越能证明你的风险管理能力高，验收合格之后，相应的占用资本金相对较低。因此节省了资本之后，其实就使得整个金融体系中风险管理能力强的金融机构扩张得更快。这个监管理念也可以叫作"激励相容"，促使监管者的目标和金融机构的业务发展目标相容。

巴塞尔协议 III 真正有价值的地方在于强调分子的质量，在资本中要求提高不同的分子、不同的资本所需要覆盖的风险，重点是应对危机风险的吸收，建立更稳健、多层次的监管框架。

**中国资本监管的沿革**

中国资本监管的沿革，也是经历了一个逐步探索的过程。1995 年的商业银行法中提出了 8% 的资本充足率，相当于正式采纳了 1988 年的巴塞尔协议 I。

对于中国而言，从一个滞后的实施者开始，到成为一个非常活跃的在巴塞尔框架下有发言权、在有些实施方面还走在国际前列的金融体系，取得了非常大的改进。

那么，在巴塞尔资本协议实施的过程中，中国银行业相应地出现了哪些积极的变化呢？

第一，原来都是在比规模，有了基本的资本约束后，还要看业务结构盈利能力，要把资本占用扣除之后再看能不能盈利，这是一个非常大的转变。

第二，原来大家比账面利润，但如果考虑风险，就不能仅仅看账面利润，还得看利润结构、资本占用、业务结构等。

第三，原来谁的资产规模大谁的排名就靠前，而现在还要比较盈利能力、风险控制能力。

第四，原来是强调事前审批式的控制，现在要学会对风险进行定价，一笔贷款定价的基本等于资金成本加上可能产生的尾余，加上资本的占用，再加上市场竞争的影响因素。

第五，商业银行盈利原来比较单一，主要是利差，有了资本约束之后才倒逼金融机构愿意去做一些不占用资本的业务，愿意去做一些资产证券化业务。

另外，在原来的监管体系中，动不动就谈比例关系，例如存贷比，这个是非常粗浅的表现。而资本管理是通过对资本的约束提供资本在不同业务之间的配置方案，通过资本在不同产品之间的配置来引导组合，推动整个银行业的管理上升到一个新的水平。

**当前的中国银行业**

当前中国银行体系的风险主要是信用风险，但是市场风险、操作风险也随着利率汇率的市场化而迅速上升，上述这些监管体系为中国未雨绸缪、防范这些风险提供了一个监管的参照框架，当前主要是信用风险的风险架构，也使得当前中国实施巴塞尔资本协议Ⅲ的难度相对要小一些、复杂程度也相对要低一些。当然，这也让中国的银行业在新的监管框架下逐步积累了经验和数据，争取在未来国际监管框架的完善中为发出中国声音提供新的空间。

在国际金融监管改革的大背景中，中国结合本国银行业具体情况，陆续出台了一系列的监管标准。其中，2013年起开始实施的《商业银行资本管理办法（试行）》标志着巴塞尔协议Ⅲ在中国的落地实施。从实施范围与标准来看，《商业银行资本管理办法（试行）》实现了信用风险、市场风险、操作风险、流动性风险和系统性风险监管的全覆盖，并且资本质量和风险计量的监管指标水平也高于国际标准。总体上讲，中国在监管方面引入巴塞尔协议，对提升银行业风险管理水平、完善资本监管制度大有裨益。

中国央行推出的MPA（Macro Prudential Assessment，宏观审慎评估体系，简称MPA）考核，实际上是对巴塞尔协议Ⅲ所提倡的宏观审慎监管的积极尝试。2017年4月，中国银监会发布了《中国银监会关于银行业风险防控工作的指导意见》，点题信用风险、流动性风险、房地产领域风险、地方债务违约、交叉金融产品、理财等十大重点风险领域，并将信用风险管控列于首位。这主要是针对在中国经济增速放缓、新旧动能转换和产业结构深度调整中，中国银行信贷资产质量与信用风险管理面临潜在巨大考验而加强风险管控的重要举措。中国商业银行应在"加强信用风险管控，维护资产质量总体稳定"的总体要求下，建立逆周期信用风险预警与管理机制，实施表内外资产全面信用风险管理，在实时评估信用风险底数的基础上，严控新增信用风险，化解存量风险，依据资本与风险计量标准，做好及时足额计提资产减值准备，增加利润留存，提升整体风险缓释能力。

## 金融监管与市场"激励相容"

从金融监管理论的角度看，如何使金融监管与市场"激励相容"，或者说在尊重市场机构盈利动机的基础上，达到提高金融体系稳健性的目标，是个理论和现实的难题。从历次金融危机来看，往往是金融体系的放松，辅之以盲目的信贷扩张，导致了泡沫的形成和风险的积累；而在危机之后，出于对金融体系的愤怒，人们通常会强化对金融体系的监管，而且力度也会相对较大，而这又会抑制市场活力。这种监管的"钟摆效应"在美国此次应对金融危机的过程中也不同程度地存在着。

监管者想要达到的目标和金融机构要达到的目标最好是能够一致，只有激励这些经营得比较好的银行获得更好的发展，才能够实施监管规则，而不能只是一味地给市场金融机构加各种各样的约束规则，毕竟每一个措施的实施都是有成本的，这会加大金融机构经营的负担。

激励相容的金融监管政策，强调的是金融监管不能仅仅从监管的目标出发设置监管措施，而应当参照金融机构的经营目标，将金融机构的内部管理和市场约束纳入监管的范畴，引导这两种力量来支持监管目标的实现。激励相容的监管，实际上就是在金融监管中更多地引入市场化机制。随着全球市场化趋势的发展，在激励相容的监管理念下，金融监管不再是替代市场的手段，而是强化金融机构微观基础的手段，金融监管并不是要在某些范围内取代市场机制，而只是从特有的角度介入金融运行，促进金融体系的稳定高效运行。

在当前的金融监管中应当引入激励监管的理念，充分尊重金融机构的创新能力，同时，要鼓励经营良好的金融机构快速发展，在机构设立、业务开展等方面给予其更大的自主权和灵活性。这样，在中长期过程中整个金融体系的效率和稳定性必然相应提高。

## 中国的金融监管体制改革的可行方案

从金融结构角度看，金融危机后全球金融体系延续了向金融市场倾斜和向金融混业发展的趋势，系统性风险、市场透明度建设以及金融消费者保护成为在当前金融结构下面临的主要矛盾和突出问题。全球各国加快推进金融监管改革，统一的功能监管或目标监管模式逐渐取代多头的机构监管模式。中国应结合当前国内金融结构特征，加快推进金融监管改革。在目前世界范围内，有三种监管模式可以供中国改革者参考。

第一种模式是类似美国的保持多头监管的模式，但同时在跨领域的产品和机构的连接部位成立金融稳定委员会。第二种模式是双峰模式，以澳大利亚为范例，该种模式由行为监管及机构监管组成。前者纠正金融机构中的不法行为，保护投资者利益，后者确保金融机构的稳健经营，防范系统风险，两者统筹协调、相辅相成。第三种模式类似英国式的央行与监管机构全部整合的"超级机构"。中国金融监管改革可以参照以上国际模式，结合中国的市场状况，做出判断。

无论具体的监管架构如何选择，关键还是要评估其政策效果，特别是面对中国迅速一体化的金融市场，相互割裂的监管框架肯定是不适应于当前的市场需要的，2015年中国股市的异常波动就暴露了现有的监管框架的突出缺陷；而理财产品的快速发展和影子银行体系的膨胀，也表明监管体系已经在不同领域滞后于市场的发展。在市场的推动下，不能仅仅强调松散的、缺乏实质约束能力的金融监管协调机制，而需要进行一定程度的功能整合。

加强金融监管，首要的是中国银行保险监督管理委员会和中国证监会在各自监管领域内完善监管制度和规则，填补监管漏洞，解决监管制度滞后、缺位等问题，构建严密有效的监管体系，提升监管效能。其次，应提升各监管部门内部的协同联动，避免各管一段，加强监管信息的共享，建立对金融机构全流程监管的监管体系。

## 互联网金融对银行业的冲击及金融监管的应对措施

中国的科技革新，打破了银行业依赖网点与柜台的传统经营模式，开启了新的金融产业革命。据统计，2016 年年末，网上银行用户与网上支付用户已分别突破 3.5 亿人和 4.5 亿人。在金融科技倒逼银行业变革的背景下，中国银行业对互联网金融等新经营模式的发展日益重视，绝大多数银行都将其作为发展重点。在互联网金融的各类业态中，网络银行、移动支付和直销银行最受中国银行业关注。

在技术变革的大背景下，顺应技术与外部环境的变化，中国银行业的外部环境也正面临变化，未来的发展走向也逐步向智慧化、轻型化、国际化银行转变。

首先，未来智能化银行的出现，将给未充分享受银行金融服务的消费者提供便利，同时给中小企业带来更丰富的金融服务。与传统银行不同，IT 技术将会成为智能化银行最重要的发展基石，一家智能化银行的成败将主要取决于其科技力量，而非金融产品。在未来信息系统建设的过程中，中国的银行业正在重点聚焦于核心交易系统、信贷管理系统和风险管理系统。根据我们的调查，在信息化技术的各领域中，移动互联网技术、大数据技术和安全可控信息技术最受中国银行业的关注。

其次，金融科技的深入应用将推动银行商业模式的转型，目前我们看到中国银行业的资产规模增速与利润增速在逐渐脱钩，这将是银行业转型的一个重要参考指标。中国银行业的传统发展模式是：融资（补充资本金）—放贷（扩大资产规模）—收入增长（实现收入增长）—再融资。然而，自 2015 年以来，中国银行业的规模增长与利润增长开始逐步脱钩，以招行为代表的部分银行风险加权资产与总资产的比重不断下降，轻型化转型初现效果。具体表现为资产更轻，收入更轻。在资产方面，表外资产（理财为主）增速高于资产负债表增速，同时，资本耗用低的零售业务占比不断提升。在收入方面，尽管中国银行业非息收入占比仍相对较低，不过近年呈现不断增长趋势。

讨论金融科技，就必须要关注金融科技的监管。中国的互联网金融活动在起步阶段时，监管环境是相对包容的。这就给了中国互联网金融主体一个相对宽松的探索机会。在出现了一些局部的风险之后，总体上看，监管力度在加强，互联网金融活动开始进入调整期。随着金融科技的发展，行业的发展与监管的力度、水平将形成相辅相成的关系。中国的监管机构对于传统金融机构的监管已经逐渐摸索出一套成熟的办法，其关键在于促使互联网金融机构与传统金融机构在金融活动意义上保持监管的一致性，构建传统金融机构与互联网金融机构平等竞争的创新平台。

近年来，中国现金贷依托互联网后发技术优势快速发展。与国外类似，中国的现金贷具有方便快捷、金额小、期限短、利率高、无场景等特征，主要用于小额消费或应急周转。从用户画像来看，其客户群主要是 30 岁以下的年轻人，这部分人群收入低、经济负担小、负债消费观念强，偏好通过借贷的方式提升生活品质。从服务方式看，中国现金贷自"出生"起就带有"互联网基因"，主要通过互联网平台运营及提供服务，在便捷性上完全不逊于英美同行。从风险控制技术看，中国现金贷充分依托大数据技术所带来的后发优势，通过数据建模、信用评分、智能反欺诈等工具和手段提升风控水平和效率，在一定程度上支持了现金贷业务的发展。

总体来看，现金贷具有推进金融市场化，完善金融供给体系，丰富金融市场层次，增加消费者选择空间的价值。然而，中国现金贷尚无专门的监管机构对其进行管理，在为市场普遍接受的同时，也存在诸多弊端。中国征信体系也远不够发达，多头贷款、恶意欺诈等现象更加难以防范。因此，需要完善的监管体系加以约束和规范。

一方面，加强行业立法。一是明确监管部门，可以借鉴 P2P（Person-to-Person，个人对个人，简称 P2P）监管方式，由监管部门与地方金融办实施机构监管和行为监管双条线的监管方式。二是建立准入制度，如在工商登记环节明确现金贷的主体资格和经营范围要求，确立行业从业者的合法地位。三是建立适当的行业规范，对贷款利率、多头借贷、滚动续贷等突出问题进行限制。特别是对借贷利率的适当限制。四是建立简明有力的执法机制。当前，由于现金贷主要通过互联网发放，执法手段也应以互联网和大数据为基础，实现高效监管。

另一方面，优化行业发展环境。一是加大力度建设基础征信体系，加强征信资源共享，帮助现金贷平台有效实现反欺诈、多头贷款识别和信用不良用户的识别，提升行业整体风险控制水平。二是建设行业自律机制和信息披露机制，增强信息透明度，减少对消费者的欺瞒、不正当诱导行为。要重点发挥中国互联网金融协会平台作用，出台行业标准，引导行业自律。三是加强消费者金融知识教育和信用意识教育，让借款人了解借贷行为的责任与风险。

# 现行资产管理业务的监管思路

## 对银行理财的监管

近年来，银行理财产品规模迅速扩张，促进了金融市场的发展，丰富了市场的投资产品，但是，也积累了不少的风险。一方面，部分银行在理财业务开展过程中主要遵守表面合规性，但实质上通过资金池、期限错配、层层嵌套等方式规避监管政策，难以真实反映理财业务的风险。另一方面，不少从银行体系流出的资金，大多通过信托计划、资管计划等通道投资到非标产品中，其本质属于一种贷款行为，但是银行承担信用风险却不计提拨备及资本占用，导致监管指标失真。

2017，中国银监会发布《关于印发 2017 年立法工作计划的通知》，把理财业务纳入立法的重点领域。实质重于形式是未来理财业务监管的最大特征。一方面，本着资本约束资产扩张的原则，对本质上与表内业务同质，而银行承担信用风险和流动性风险的部分，引导其回归表内；另一方面，鼓励行业回归资产管理本质。对于类信贷的资产配置，表外理财的资产配置与银行表内资产有一定的同构性和替代性，而同构性的资产波动会对表内外产生一致性的影响，因此，强调全口径下的表内外全面风险管理成为监管的思路。监管的最终目的就是引导理财成为真正的资产管理业务，实现真正的"受人之托，代人理财"。而当务之急就是，逐步消化和清理目前银行理财业务中存在的违规操作，降低理财业务风险，从短期看肯定会对现行的业务产生负面影响，但是从长期看有利于银行理财的风险控制。

从目前披露的信息看，巨额飞单业务暴露出目前银行销售过程中存在着巨大的操作风险与道德风险。截至 2016 年年底，商业银行的理财产品存续余额为 29.05 万亿元，年增长率超过 20%，银行理财的内控及管理制度的建设在特定程度上跟不上理财业务的发展速度。而某些银行职员正是利用内控管理漏洞及职业特殊性，违规销售牟取不正当收益，可以说，制度不健全为理财销售留下了隐患。同时，由于客户对理财产品的辨别能力有限，加之目前理财刚性兑付未实质性打破，商业银行的信用实质上提供了理财背书，客户在购买理财产品时往往主要追求高收益，对于理财投资标的、产品信息披露等缺乏深入了解，对风险关注也不够，这也在客观上为少数银行员工违规销售提供了可乘之机。

理财合规销售，或者说，把合适的产品销售给合适的客户，应当是商业银行理财业务操作风险防范的关键。监管方面应当加强法规及制度建设，加强对理财合规销售的检查，对于违规销售的行为应当增加处罚力度。银行也应当顺应理财市场的发展，建立健全管控制度，及时弥补销售环节存在的漏洞。当然，还应当加强对投资者的教育，提高投资者的辨别意识，充分了解自己购买的理财产品，保障自身合法利益。

### 对险资的监管

保险业出现了个别保险公司"盲目举牌"的现象，这一现象暴露出的风险和问题显示出保险监管制度与实践方面存在的短板。从资产配置来讲，在当前低利率和资产荒的市场背景下，保险公司加大股权投资是市场驱动的投资行为，但呈现出的短期炒作、短资长配和激进的投资行为，给行业发展带来巨大负面影响，积累了行业风险，因此强监管的背后是监管机构用来降低行业呈现的短资长配的期限错配风险、潜在流动性风险与偿付风险，以规范行业发展，防范系统性风险，有利于保险回归其保险保障功能。

（本文来自于《巴曙松教授谈次贷十年》《全球小周期共振与中国去杠杆》和《全球金融危机下的国际金融监管改革》，分别发表于《澎湃新闻》2017年5月26日，《第一财经日报》2017年5月16日，《国际金融报》2016年8月8日。）

# 负利率政策如何影响经济

目前，全球已经有日本、丹麦、瑞士、瑞典及欧洲央行实施了负利率政策。对于负利率政策的影响，各界所持观点并不一致，分歧较大，甚至将其作用"妖魔化"。那么，负利率政策究竟如何影响经济？中国的负利率时代到来了吗？

自日本央行宣布加入负利率阵营以来，这一非常规货币政策就备受市场各界关注。

负利率本质上是量化宽松的一种延续，就欧洲和日本而言，实施负利率政策的初衷在于刺激银行信贷和提升通胀预期；相比之下，丹麦和瑞典当初实施负利率政策主要是为了缓解资本流入和本币升值的压力。

不过，从基本面来看，负利率实际上来自于实体经济投资回报水平的下滑，这也显示出在金融危机之后全球经济增长缺乏增长点的一个现实情况。

## 首当其冲影响银行业

市场对于负利率政策的见解莫衷一是，其关注的焦点往往在于该政策对于实体经济运行的影响究竟几何，对于现行金融体系的稳定性又会有何冲击。

从微观层面来看，负利率对依赖传统定价模型的金融机构造成了威胁，这类似于"电脑千年虫问题"。传统定价模型中不包含负利率这个变量，因而这些模型不能正确发挥定价的功能，这势必影响到这些金融机构的正常运转。此外，由于存款利率尚被隔离在负利率之外，虽然该政策对于个人储户目前的影响并不显著，但日本在实施负利率政策之后，也使得日本民众囤积现金的现象越来越严重。负利率对于民众心理预期的影响是一个不容忽视的问题。

就行业层面而言，首当其冲的是银行业。商业银行是负利率政策实施过程中最重要的一环，负利率缩小了商业银行的利差，而银行迫于同业竞争的压力往往又不敢将这种赋税转嫁给消费者。以欧洲为例，2015年第四季度欧洲大型银行的财务报告显示，15家大银行中亏损的有6家，利润下降的有9家，而2016年以来这些银行的股价悉数下跌，跌幅远大于同期欧洲主要股指的跌幅。究其原因，负利率造成的银行盈利水平下降难辞其咎。

负利率对全球资产配置行业也有影响，其中债券市场尤甚。这表现为债券收益波动率加大，收益率曲线下滑，2016年以来欧洲多国的国债收益率均下跌至历史新低，负收益率债券频繁出现。根据美银美林的统计，截至2016年8月，全球负收益率的国债规模达到13万亿美元，而这一数据在英国脱欧公投之前还仅为11万亿美元。一方面，负收益率导致银行对国债市场的兴趣降低，比如日本在实施负利率政策的几个月以来银行对国债的购买热情明显降低，日本央行成为新发国债的最终购买者。另一方面，债券市场的负收益率对寿险及社保机构等长期投资者的资产配置造成了挑战，这些机构依靠持有及到期债券来获得收益，负利率降低了其投资组合的收益率，从而可能使其采用更为激进的投资策略，增加对风险更高资产的投资。

## 欧日负利率政策大不同

从实施负利率政策的各国来看，其政策初衷不尽相同，政策效果和影响也不尽相同，但这些国家无一例外地都对该政策比较自信。

其中，欧元区的负利率政策推行时间较久，其对于银行信贷有一定的刺激作用，在一定程度上也缓解了债务压力，但通胀率提升的效果不尽如人意；日本实行三级利率体系，基准利率仍然为正，负利率更像是日本央行对外表露其将继续执行宽松货币政策的决心。与此同时，日本通胀预期依然较弱，日元汇率不降反升，甚至在脱欧事件中成为风靡一时的避险货币，这都与日本央行政策推行的初衷背道而驰。

实际上，欧元区和日本的经济状况有共性，通胀率低下、经济增长缓慢等更多是消费需求不足、人口老龄化等结构性问题所致。因此，单纯依靠货币政策推动过于局限，需要推行更深层次的结构性改革，实施政策组合来为经济注入活力。

## 中国已进入实际负利率

就中国而言，实际上从 2015 年 10 月央行下调 1 年期存款基准利率至 1.5% 之后，当月的实际通胀率为 1.6%，中国就可以说进入了实际负利率的时代。目前虽离名义负利率政策还有较远的一段距离，但在当前全球低利率的大背景下，中国也需要加快推行供给侧的相关改革，寻找新的经济增长的内生动力，同时也需要关注一些经济体实行负利率政策在多大程度上会给中国带来外部溢出效应。

（本文发表于《国际金融报》2016 年 8 月 29 日，原题目为《多国央行陷负利率泥潭中国咋整》。）

# 借鉴纽约联储经验推进金融改革

纽约联储作为美联储的重要组成部分，在货币政策的制定和执行、金融机构的监管和中央银行的沟通上均有着独一无二的作用。纽约联储在美国联储系统的特殊性主要体现在如下几个方面。

第一，纽约联储是 12 个地区性储备银行中资产规模最大的银行，其资产甚至超过其他 11 个储备银行的资产总和。应对金融危机期间，在实行大规模资产购买计划过程中，纽约联储的资产负债表实现了比美联储更快速度的扩张，其资产规模目前已达到整个美联储资产的 60% 以上。

第二，纽约联储是"美国政府的银行"，负责财政部存款账户的日常维护及协助财政部融资。美国财政部存款 100% 存放在纽约联储。纽约联储还一直负责销售美国的政府债券，是财政部发行短期票据和长期债券的唯一指定的营销机构。正是在这样一种背景下，财政部的存款账户为纽约联储在危机期间发挥积极灵活的救助作用提供了稳定的资金来源。

第三，纽约联储在货币政策的制定与执行，以及创新货币政策工具的运用上高瞻远瞩。其一，纽约联储的核心职能之一就是执行公开市场操作，贯彻美联储的货币政策。在危机期间为向市场注入充足流动性资金，纽约联储的公开市场操作实现了资产负债表的大规模扩张。在规模上，纽约联储的总资产年均增长率高达 38.7%，远高于美联储 27.9% 的扩张速度；在结构上，美联储资产负债表增加了许多新的货币政策工具，而这些创新货币政策工具几乎都是由纽约联储负责研究推出和市场操作的。其二，纽约联储在危机期间的资产流动性供给方面发挥了巨大的作用。一方面，通过贴现窗口和定期拍卖信贷（TAC）向银行等金融机构提供的贷款额占整个美联储贷款额的 80% 左右，另一方面，独创一级交易商贷款工具，定期资产支持证券贷款工具（TALF）和"对美国国际集团（AIG）贷款"，向银行等金融机构注入流动性资金。其三，由于传统公开市场操作工具不具有指向性的缺点，而在金融危机中特定金融机构亟须专项救助，针对这种现象，纽约联储实施了创新多样的直接救助措施。在美联储的授权下，纽约联储成立了多个可变利益实体对"大而不倒"的金融机构进行了直接的救助。其四，纽约联储行长是美联储货币政策制定机构联邦公开市场委员会的永久会员，享有终身投票权，在货币政策的研究制定中也起着关键作用。

第四，纽约联储在金融监管领域扮演领导角色。纽约联储管理着整个联储系统三分之二以上的法定准备金和超额准备金。纽约联储负责监管的"联储二号区"包括纽约州、新泽西州北部的 12 个郡、康涅狄格州的费尔菲尔德（Fairfield）郡、波多黎各以及美属维京群岛，这些机构均需要接受纽约联储的监管并在纽约联储开立准备金账户，将其法定准备金和超额准备金存放在纽约联储。

第五，纽约联储与国外央行密切合作。外国政府 99% 以上的存款存放在纽约联储，美联储与国外央行的流动性互换协议中有约三分之一是由纽约联储与国外央行签订的。纽约联储与境外机构保持着密切合作，货币互换正是纽约联储与境外中央银行紧密合作的项目之一。货币互换后，这些境外中央银行承担风险，将美元贷给其国内需要美元的金融机构。目前是我国加速推进经济金融改革创新的关键时期，亟须学习借鉴美联储的货币政策变革和运行经验，以完善我国央行体系和监管体系的建设，应对利率逐渐走向市场化、汇率波动更加频繁和经济增长出现放缓的复杂经济金融形势的挑战。

（本文发表于《经济》2014 年第 11 期。）

# 美国金融核心竞争力的形成与影响

2007 年 8 月，由美国次贷危机引发的全球性金融危机席卷全球，对全球金融系统的核心市场和机构造成了全面冲击，并演变为一场自大萧条以来最严重的全球性金融和经济危机。在格林斯潘的眼中，此次金融危机甚至比大萧条更为严重，也给美国金融体系和国民经济带来了沉重打击。然而，通过在危机中及时采取调整监管体系、分散金融风险、创新金融救助手段以及推行多轮量化宽松政策等措施，美国成功地将危机对本国的损失降到了较低水平，实现了快于欧洲的经济复苏。

## 美国金融体系的灵活调整能力和分散风险能力

### 进行内部的金融体系调整，同时积极将损失分散到全球金融市场

21 世纪初，美国互联网泡沫破裂，政府将房地产作为经济发展的主要动力，美联储的货币政策趋向宽松、金融管制放松，创新金融工具迅速发展。美国和欧洲的银行开始转变经营模式，追求更高的利润，证券化的衍生金融工具被大量运用于住房抵押贷款，这些衍生金融工具将投资组合的风险分散打包并进行重新配置，在促进房地产市场快速发展的同时也加大了金融领域的风险。2008 年 3 月 16 日，美国投行贝尔斯登公司被以每股 2 美元的超低价出售给摩根大通银行；2008 年 9 月 15 日，

美国第四大投资银行雷曼兄弟公司宣布破产，同日，美国第三大投行美林公司被美国银行收购；2008 年 9 月 21 日，美联储宣布批准美国第一大投行高盛和第二大投行摩根士丹利实施业务转型，将其转变为普通商业银行。至此，美国金融业前五大投行"全军覆没"，华尔街经历了一场"世纪洗牌"。然而，美国的银行业并非这次危机的最大输家，从国际货币基金组织（International Monetary Fund，简称 IMF）统计数据来看，欧洲等其他国家和地区的累计损失远远超出了美国本土银行业（见表 1）。这一方面源于美国在危机发生之前运用衍生金融工具将潜在的风险和损失转移到国际市场，更在危机发展过程中通过区别化的金融救援措施向国际市场转嫁损失。如 2007 年 12 月和 2008 年 3 月，美联储分别为美国银行收购美国国家金融服务公司（Countrywide 公司）和摩根大通收购贝尔斯登提供了利益担保，但在 2008 年 9 月，时任美国财政部部长的保尔森宣布不会援助美国第四大投资银行雷曼兄弟，美国银行随即拒绝了雷曼的并购意向，雷曼兄弟公司最终申请破产保护。然而，在雷曼申请破产保护后的一个月，美国财政部即宣布将尽力挽救银行等金融机构，美国银行也在拒绝收购雷曼兄弟后迅速与陷于困境的美林达成收购协议。对比同样陷入次贷危机的金融机构，美联储选择放弃对雷曼兄弟的援助有其必然性。一方面，雷曼兄弟风险资产投资比例最高，根据雷曼兄弟2008 年第二季度公布的数据，雷曼兄弟总计持有 65 亿美元的债权抵押证券（CDO），投资规模排名第五，次于摩根士丹利、摩根大通、高盛和花旗集团，但是其抵押证券业务占其总投资资金的比重则排名第一。尽管美林证券和摩根士丹利在衍生品上也有较大亏损，但是其经纪业务比例和资产结构要优于雷曼兄弟。另一方面，雷曼兄弟的国际业务比例相较其他投资银行更大，尤其在欧洲的业务规模超过了本土。因此，对于雷曼兄弟的破产，美国经常被批评的一点就是将损失转移给国际投资者，以此来减少国内损失。

表 1　各个国家和区域银行业在 2008 年金融危机中的损失

单位：10亿美元

| 国家 / 区域 | 银行业总资产 | 估计损失<br>（2009 年 10 月） | 估计损失<br>（2010 年 4 月） |
|---|---|---|---|
| 美国 | 12561 | 1025 | 885 |
| 英国 | 8369 | 604 | 455 |
| 欧元区 | 22901 | 814 | 665 |
| 欧盟其他成员 | 3970 | 201 | 156 |
| 亚洲 | 7879 | 166 | 115 |
| 全球 | 55680 | 2810 | 2276 |

数据来源：IMF，http：//www.imf.org/.

## 出台一系列灵活的金融救助措施

一是推出一系列创新金融救助工具，推动金融救援措施的实施。金融危机发生后，美国资本市场功能严重退化，传统的货币政策难以发挥较好的救市效果，美联储通过货币市场的金融工具创新，增加货币政策的投放渠道，从而保证量化宽松政策顺利推行。创新型货币政策工具的迅速推出反映了美国金融业强大的创新能力和恢复能力，通过这些政策工具，美联储顺利向金融体系甚至实体经济及时提供了流动性资金，有助于增强投资者的信心，避免市场情绪崩溃，从而抑制了经济在短期内的迅速衰退。

二是综合利用救市手段。首先，在危机发生时，美国政府出手干预市场，对大型金融机构及房地美（联邦住宅贷款抵押公司）、房利美（联邦国民抵押贷款协会）实施担保和融资手段，但是美联储在实施救市行为时并不改变企业的经营方式，没有进行价格干预，且美国政府对经济的干预大多是非政府性的干预行为（见表 2），因此在救市的同时保持了

新金融、新格局：中国经济改革新思路

经济的市场运行机制；其次，美国政府综合利用减税和降息政策，从而增加资本，扩大在经济中的投资，从供给角度调节经济活动[1]。从 2007 年 9 月开始，美联储开始逐步调低利率，2008 年 12 月，美联储利率水平已达到 0%~0.25%。2008 年 1 月 4 日，美国政府通过总额 1500 亿美元的"一揽子计划"，使美国家庭得到不同程度的税收返还，商业投资第一年可以享受 50% 的折扣。2008 年 1 月 20 日，美国政府又提出了总额 1450 亿美元的财政刺激方案，通过减税手段刺激投资和消费。最后，利用财政扩张和货币供给的手段展开救市活动，配合奥巴马政府的扩大基础设施建设、新能源开发等经济措施政策。由此可见，美国在开展本轮的救市活动时，并没有像"大萧条"时期一样，单纯通过财政政策直接干预经济活动，而是在保留自由市场经济基本运行机制的基础上，从维护市场机制的角度出发，以非生产性的方式对经济进行扶持，从而从供给的角度刺激经济的内生恢复。

表 2　美国政府在此次危机中的紧急救市行为

| 时间 | 救市主体 | 救助对象 | 救助内容 |
| --- | --- | --- | --- |
| 2008 年 3 月 17 日 | 美联储 | 贝尔斯登 | 通过摩根大通银行对贝尔斯登实行为期 28 天的短期融资 |
| 2008 年 7 月 13 日 | 美联储 | 房地美 房利美 | 允许房地美和房利美直接从贴现窗口借款而对其进行救助 |
| 2008 年 9 月 7 日 | 美国财政部 | 房地美 房利美 | 计划向"两房"提供 2000 亿美元的资金 |

[1] 郑有国, 杜连艳. 重回凯恩斯主义——美国救市经济思想评析. 和平与发展, 2009（5）.

| 时间 | 救市主体 | 救助对象 | 救助内容 |
|---|---|---|---|
| 2008 年 9 月 11 日 | 美联储 | 储蓄机构银行 | 雷曼兄弟倒闭后，通过贴现率向受此牵连的储蓄机构和银行提供无追索权贷款 |
| 2008 年 9 月 14 日 | 美国财政部 | 美国国际集团（AIG） | 直接提供了 850 亿美元的高息抵押贷款，并且因此拥有了 AIG 79.9% 的股权，但并不干涉具体的经营活动 |
| 2008 年 10 月 8 日 | 美联储 | 美国国际集团（AIG） | 提供 378 亿美元的贷款限额 |

三是修订出台相关法律，进行全面金融监管改革。为了加强监管和对金融体系的重塑，美国进行了一系列金融监管改革。2009 年 6 月，美国公布了《美国金融监管改革——新基础：重建金融监管》，该方案涉及金融业的各个领域，包括金融机构、金融市场、金融产品以及投资者和消费者，堪称"大萧条"以来美国最雄心勃勃的金融监管改革计划。2009 年 10 月，众议院通过了专门针对系统性风险的法律——《金融稳定改进法》，赋予新的金融服务监管委员会、美联储、存款保险公司巨大权力，来监管并解决受困的金融控股公司给经济与金融带来的系统性风险问题。2010 年 7 月，《多德 - 弗兰克华尔街改革与消费者保护法》正式签署实施，标志着历时近两年的美国金融监管改革立法完成。该法案是大萧条以来美国最严厉的金融改革法，成为与《格拉斯 - 斯蒂格尔法案》地位相当的又一金融监管基石。

在对国内金融监管体系进行改革的同时，美国也积极联合欧洲等发达国家和地区，以及以中国为代表的新兴经济体，推动国际组织的金融改革，尝试重塑全球金融发展与监管格局。2009 年 10 月，金融稳定理事会提出《降低系统重要性金融机构道德风险的工作计划》，明确了应对金融机构"大而不能倒"问题的总体框架。2009 年 11 月，根据 G20 领导人要求，国际货币基金组织、国际清算银行和金融稳定理事会共同制定了《系统重要性金融机构、市场和工具的评估指引》制度。2010 年 11 月，金融稳定理事会按照 G20 领导人匹兹堡峰会的相关要求，发布《降低系统重要性 金融机构道德风险的政策建议及时间表》的报告，提出加强系统重要性金融机构监管的总体政策建议框架。在这一框架下，巴塞尔银行监管委员会、国际证监会组织、国际保险监督官协会等国际机构提出了一系列改革措施和建议。美国作为危机的发生国和改革的先行者，在国际金融监管框架的重新构建上发挥了表率作用。

**在量化宽松措施实现复苏的同时，也给全球金融体系埋下隐患**

在金融危机发生之后，美国通过量化宽松的货币政策，应对美国本土的金融动荡，同时也在向全球市场征收铸币税和通货膨胀税，向全球市场转移风险和损失，为其国内市场短期内的恢复争取了时间窗口和经济资源。2008 年 11 月，美国启动第一轮量化宽松政策，美联储通过抵押贷款支持证券、美国国债和机构证券向市场注入 1.7 万亿美元的流动性资金，以恢复金融体系运行。2010 年 11 月，美国通过调整基准利率、购买财政部长期债券等方式开启了第二轮量化宽松政策，在 2011 年 6 月前进一步收购了 6000 亿美元的较长期美国国债，平均每月购买额度约 750 亿美元。2012 年 9 月，美国推出第三轮量化宽松政策，宣布维持 0%~0.25% 的超低利率水平，同时每月采购 400 亿美元的抵押贷款支持证券。2012 年 12 月，美联储又追加每月 450 亿美元的国债采购量。至此，美联储每月的资产采购额达到 850 亿美元，通过认购抵押贷款支持证券向市场投放货币，刺激市场风险偏好，带动经济增长。

量化宽松政策使得全球范围内的美元数量迅速增加，美国利用美元的国际性货币地位向全球转移本应其独立承担的经济损失，也引发了欧洲、日本等国竞相采取量化宽松政策，从而导致全球流动性泛滥。首先，在信用货币体系下，货币的发行直接为发行机构带来等额的购买力，即所谓的铸币税，美元的国际地位使得美元在全球范围内流通，从而为美国带来直接的铸币税收益；其次，量化宽松政策使美国利率水平保持低位、美元贬值，从而减轻了美国的债务压力及企业的经营压力，为美国国内经济复苏提供了良好的外部环境。

## 灵活调整的金融业是推动美国经济现代化并保持全球巨大影响力的关键因素之一

### 金融业是美国经济的支柱产业之一

首先，金融业产值占国内生产总值（Gross Domestic Product，GDP）的比重持续上升。20 世纪 70 年代以来，美国金融经济化趋势逐步显现。一方面，金融业在美国经济中的地位不断上升。20 世纪 80 年代中期，美国金融业增加值比重超过传统的制造业，随后在 GDP 中的比重持续上升。当前，尽管受到金融危机的影响，但金融业占 GDP 比重仍然稳定在 20%以上。另一方面，非金融企业的金融化趋势明显，非金融企业中金融业资产的数量迅速上升 [1]，由 1970 年 4000 多亿美元上升到 2012 年近 20 万亿美元。非金融业企业利润来自于金融渠道的比重也大幅增加。金融业的迅速膨胀使美国经济活动的核心由物质生产过渡到金融产品、金融资产等财富的管理、流动和增值。

其次，金融业市值处于世界领先地位。美国金融业的强大不仅表现在国内金融业占经济总量的比例不断提高，也体现在其全球第一的金融规模上。2011 年，美国股票、债券、银行资产市场规模合计达到 63 万亿美元，占全球总值的 25%，是排在第二名的日本的两倍（见表 3）。

---

[1] 银锋.经济金融化趋向及其对我国金融发展的启示.求索，2012（10）.

表 3　2011 年全球资本市场规模

| 国家 / 区域 | 股票市值 /<br>万亿美元 | 债券余额 /<br>万亿美元 | 银行资产 /<br>万亿美元 | 合计 /<br>万亿美元 | 全球占比 /% |
|---|---|---|---|---|---|
| 全球 | 47.09 | 98.39 | 110.38 | 255.82 | 100 |
| 美国 | 15.64 | 33.70 | 14.64 | 63.98 | 25 |
| 英国 | 3.27 | 4.84 | 10.95 | 19.06 | 7.4 |
| 德国 | 1.18 | 5.32 | 5.10 | 11.60 | 4.5 |
| 日本 | 3.54 | 15.37 | 12.76 | 31.67 | 12.4 |
| 中国 | 3.41 | 3.36 | 14.04 | 20.81 | 8.1 |

数据来源：IMF，http：//www.imf.org/.

最后，金融业吸纳就业人数多。随着金融业的不断发展，金融行业从业人数快速上升。1933 年，美国金融业从业人数与信息业和建筑业相当，到了 20 世纪 70 年代中期，金融业从业人数超过建筑业。截至 2012 年年末，美国金融业从业人数达到 783 万人，是 1970 年就业人数的两倍以上。制造业从业人数由 1970 年的 1730 万人下降到 2012 年的 1195 万人。尽管此次金融危机对美国金融行业造成了较大影响，仅 2007 年，美国金融业裁员人数就达到 15 万人，但金融行业依然是吸纳就业人数最多的行业之一。此外，美国金融业凭借其自身的强势地位，在全球范围内吸引了大量的优秀人才加入，为金融业的强大源源不断地注入动力。

**金融业是美国经济体系加速现代化的助推器**

美国金融业不仅自身发展迅速，更带动了美国经济的繁荣与强大。金融业根据不同时期经济发展的特点和需要，不断调整自身结构，以更好地适应、支持实体经济发展。从 19 世纪初期开始，金融业在支持美国工业化、城镇化及战略性新兴产业发展的过程中均起到了重要的支持作用。

美国工业化过程始于南北战争时期，到第一次世界大战后基本完成。

美国工业化进程尽管起步晚，但是发展速度较快，并且赶超了欧洲传统强国。工业化阶段也是美国金融体系发展和金融结构演进最为迅速的时期，金融业在此过程中起到了资金融通和资源配置的作用。在这一时期，美国金融机构和金融资产的数量增长迅速。伴随着工业化的发展，美国城镇化也加速进行。在此阶段，美国直接融资市场得到了迅速发展，政府在金融制度方面不断创新，金融业在美国城镇化过程中为基础设施建设、农民迁移、创业及中小企业发展都提供了重要的资金支持。

工业化和城镇化的完成为美国的产业创新提供了良好的经济环境，使得美国在新兴技术领域有了高速发展的机会。新兴行业研发费用高、风险大，在其发展初期需要巨大的资金投入，从 20 世纪末的计算机和信息技术行业，到 21 世纪初的新能源、生物科技等行业，美国都通过直接和间接融资市场的方式获得了大量的发展资金。除了传统的低息贷款和资本市场外，金融市场衍生出的更为积极有效的途径为战略性新兴产业的发展带来了更多的便利。

**在参与全球经济金融治理方面，金融业为美国带来了全球控制力和影响力**

金融业的发展大大提升了美国的经济实力与综合国力，成为巩固美国"超级大国"地位的重要基础之一；强大的金融业更为美国取得了对全球经济的控制和影响能力，使得美国经济在大部分时间内保持着长期稳定的增长，并获取超额的收益。一方面，金融业的发展帮助美国在全球范围内扩大了影响力。二战后，金融业的发展为美国积累了大量财力。1947 年 10 月 30 日，在美国的倡议下，23 个国家在日内瓦签订了一项包括关税和贸易政策的多边国际协定，就关税减让达成了一系列协议，这些协议与《哈瓦那宪章》中有关贸易政策的部分共同构成了《关税及贸易总协定》，事实上形成了以美国为中心的国际贸易体系。此后，美国凭借其经济体量与金融实力，在国际货币基金组织和世界银行中占有最大的股金认缴份额，因此也拥有了重要的投票权，使得美国在世界金融和贸易发展中取得了绝对性的话语权。另一方面，强大的金融业帮助美国在全球范围内获得超额收益。美国金融业在全球范围内寻找最佳投资机会，利用市场、区域、政治等多方面的区别在全球范围内进行套利，并通过最领先的量化技术寻找市场上微小的盈利机会以实现超额收益，最终帮助美国积累了巨大的财富，从而进一步增强了其综合国力和国际影响力。

## 美国金融核心竞争力的五大支柱

### 以纽约为代表的全球金融中心地位是构建美国金融核心竞争力的基石

第一次工业革命后，英国成为当时世界经济最强的国家，伦敦凭借强大的经济实力、稳定的金融环境和良好的地理位置成为国际金融中心。然而，两次世界大战迅速改变了世界金融格局。一战期间，伦敦证券交易所宣布暂停交易，身为美国第一大金融中心的纽约迎来了自己的第一次大牛市。此时纽交所已成立100周年，纽约的股权市场规模迅速扩大，具备充足的资本供应量和市场容量，全世界的交易都从伦敦转移到华尔街。美国作为中立国积极发展本国经济，世界经济中心开始向美国转移，纽约抓住机遇，积累金融资源，向国外输出资本，并逐步成长为与伦敦同样重要的世界金融中心。二战后，美国再次凭借优越的地理位置、科技优势和经济实力成为世界经济头号强国，构建了以美元为中心的"布雷顿森林体系"，美元顺势取代英镑成为全球第一的国际货币，而纽约也成功取代伦敦成为世界最重要的金融中心。至此，美国在世界金融业的霸权已初现端倪。尽管此后伦敦通过大力发展"欧洲美元"市场及相关金融创新体系，重新获得了金融业的世界影响力，但纽约在世界金融中心排名中依然略胜一筹，再加上芝加哥等区域性金融中心，共同奠定了美国金融业的绝对地位。

**具有重要影响力的国际金融治理框架是维持美国金融核心竞争力的重要基础**

美国的金融霸权与其在国际经济政治舞台的活跃度密切相关，目前的国际金融秩序可以说是在美国和欧洲等主要发达国家控制下的金融秩序，特别是美国在国际货币基金组织、世界银行等重要的国际组织中拥有的占主导权的影响力，反过来又为美国金融业的强大提供了强有力的支撑。

美国的国际信用评级体系对现有的国际金融秩序同样有着巨大的影响。信用评级是金融体系中十分特殊的中介服务行业，是维护一国金融主权的重要力量。信用评级是由专业的评级机构对特定的有价证券的信用风险进行评估，或对发行相关有价证券的企业、机构以及其他实体的资信状况、偿付能力进行评估，并确定其信用等级的行为，是资本市场最为重要的征信服务之一。1975 年，美国证监会批准标准普尔公司（Standard & Poor's，简称 S&P）、穆迪公司（Moody's）和惠誉国际（Fitch）三家信用评级机构作为首批"国家认可的统计评级组织"，以便对债券市场进行有效监管。这一做法促使美国信用评级机构业务向全球范围扩张，并逐渐垄断美国乃至全球的信用评级业。[1]美国三大机构高度垄断世界评级市场，实际上是将美国的国家意志和相关法律法规的标准延伸到世界各主权国家。在本次次贷危机发生前，美国国债及大量的证券化产品依然维持了很高的评级，误导了许多国家的投资判断，使得美国可以轻松获取信用资源和相关利益。

**美元的国际储备货币地位是实现美国金融核心竞争力的支柱**

首先，美元在世界经济活动中发挥着重要的计价货币职能。在国际贸易市场上，美元于 1973 年开始成为石油的计价货币，此后铁矿石、有

---

[1] 白钦先，黄鑫. 美元霸权和信用评级垄断支撑美国霸权. 高校理论战线，2010（12）.

色金属、农产品等重要的大宗商品都是开始以美元计价的；在国际金融市场上，大多数金融产品特别是衍生金融工具也是以美元来计价的。全球最早的金融衍生品是美国芝加哥期货交易所推出的"期货合约"，该合约产生于1865年，此后美国一直作为金融创新的"领头羊"，推动着全球金融创新的发展，而美元也成为国际计价货币。此外，美元还在外汇市场上发挥着"锚货币"的职能。

其次，美元作为国际货币发挥了重要的支付职能。国际性贸易及跨国公司的发展使得美元作为国际流动资金和全球支付性手段的地位持续巩固，在世界贸易中用美元结算的比重远高于其他货币，欧元的计价结算基本上只局限于欧元区之内。1980年国际贸易结算使用美元的比重为56%，德国马克占14%，日元占2%，法郎、英镑、里拉和荷兰盾四种货币合计占17%；欧盟成立后，美国的国际贸易只占全球的16%，而美元的国际结算仍然占全球总量的53%。[1]

最后，美元的国际货币职能也体现在储藏手段方面。美元作为外汇储备货币，占国际储备货币的比重从20世纪70年代中期的80%左右持续下降到80年代的50%，此后又开始缓慢回升。进入21世纪，美元占国际储备货币的比重一直维持在60%以上。

### 强大的创新能力是维持美国金融核心竞争力的发动机

首先，美国拥有世界最发达和最先进的交易平台，为产品创新提供了较好的环境。美国拥有世界上最发达和最先进的证券市场，纽约证券交易所经过200多年的发展已成为世界上最重要的证券交易所，在美国经济的腾飞中扮演了重要的角色。纽约证券交易所成立后，美国又发展出了世界规模的金融衍生品市场。

---

[1] 尹应凯，崔茂中.美元霸权：生存基础，生存影响与生存冲突.国际金融研究，2009(12).

2006年10月17日美国芝加哥商业交易所（CME）和芝加哥期货交易所（CBOT）合并成芝加哥交易所集团，市值超过纽约证券交易所。此后，基于汇率、利率、股票等基础资产的金融衍生品相继推出，芝加哥商业交易所成为美国金融业不断发展的重要推动力。

其次，美国高科技产业的迅速发展对融资结构形成新的刺激，催生了金融创新的需求。20世纪90年代，美国的电脑、通信、电子、生物、医药等高新技术之所以能够取得长足发展并引领美国步入新经济时代，与从1995年到2000年短短几年间，美国先后有3000多家高科技公司通过首次公开募股（Initial Public Offerings，简称IPO）上市募集资金，获得创新助力息息相关。新技术的发展也为金融资本提供了高回报的投资机会。随着金融危机后美国经济的"再工业化"，碳汇技术、核能运用、新能源技术、节能环保技术和生物科技等高新技术产业成为经济关注的重点。技术创新为美国直接融资市场中的风险资本提供了大量的投资机会，为美国金融业带来了新的机遇和活力。

最后，美国先进的电子信息技术为金融创新的发展提供了技术支持。以期货市场为例，20世纪80年代以来，电子信息技术被引入美国期货市场，在电子化交易、量化技术应用的推动下，美国期货市场的运行速度和运行效率显著提升，成交量快速增长。此外，依托于电子信息技术的量化技术还被广泛运用于资产管理和风险管理领域，投资经理利用各种创新金融量化工具进行投资管理和风险控制。

作为金融衍生产品的发源地及主要创新领导者，美国金融衍生产品市场在全球金融衍生产品市场中占有绝对主导地位，在规模和交易品种上几乎垄断了整个国际金融衍生产品市场，对美国金融市场的发展起到了不可或缺的积极推动作用。

**灵活调整的金融体制是强化美国金融核心竞争力的稳定器**

美国一直被视为世界上金融市场最发达、金融创新最活跃的国家，其金融监管制度也较为完备，金融的发展创新与监管的完善健全是螺旋式上升的，两者共生共荣。美国金融监管体系有较高的灵活性，并且可以较快应对市场的变化和需求，从而保证美国金融业的良性健康发展。同时，美国作为世界金融大国，在国际金融规范与监管规则的创立方面引领了世界潮流。

本次金融危机后，美国政府对金融监管提出了新的目标与改革方向，其监管范畴进一步扩大。随后，英国、欧盟等国家（地区）均对原有金融监管体系进行了全面改革。其中，针对具有系统重要性的综合化金融机构的监管改革都是各国的重点，整体上反映了未来一段时期全球金融监管发展的主要趋势。

根据金融监管改革的目标，美国的金融监管改革将覆盖系统性风险控制、微观的投资者保护、监管漏洞的填补以及国际监管合作等多个方面。尽管目前美国金融改革还在推进过程中，但是其灵活调整的金融监管制度已产生了广泛的国际影响。

（王志峰与周冠南参与本文起草与讨论，文章来源：《国家治理》2015 年第 15 期。）

# 国际评级机构的评级框架与"中国因素"

2017 年 9 月 21 日，标准普尔宣布调降中国的长期主权信用评级，引起广泛的关注与争议。从评级方法角度看，目前国际评级机构的评级框架主要立足于发达经济体，在对中国进行评级时，还有一些独特的"中国因素"需要考虑，才可能给出令人信服的评级。

## 评估主权债务风险，需要考察债务市场的结构，特别是债务市场的对外开放程度

从中国债券市场的结构观察，由于中国债券市场的开放程度目前还比较低，投资者基本是以境内机构为主。从国际经验来看，内债为主的债务结构的安全性高于外债为主的债务结构，典型的对照是日本和受欧债危机影响的重债国。日本中央政府负债占比远超希腊、西班牙等国，但日本政府债券主要由日本国内部门持有，加上日本国内储蓄率较高，因此日本并没有发生通常意义上所说的债务危机。国际社会也普遍认为日本国债安全性远高于希腊、西班牙等国。

反观中国的债券市场，虽然近年来不同形式的债券开放形式陆续启动，其中最有代表性的是债券通的开通，但是从总体上看，在境外机构投资中中国国债市场的占比仍然较低。

从图 1、图 2、图 3 中、日、美三国对比可以看出，2016 年以后，中国

政府部门债务占 GDP 的比重持续下降。相较于日本、美国等发达国家而言，从负债率（即政府债务占 GDP 的比重）来看，中国政府负债率从 2016 年后开始逐步下滑，低于国际公认的警戒线（60%），而且均值距离穆迪 A 级主权政府 2016 年债务负担的中值（40.7%）仍有一段差距。而美国的负债率在缓慢上升，近几年都在 100% 左右，日本的负债率则将近 250%。

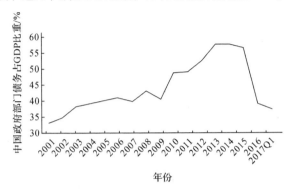

图 1　2001—2017 年中国政府部门债务占 GDP 比重（政府部门杠杆率）

数据来源：2000—2015 年数据来自社会科学院，2016—2017 年 Q1 数据来自汤铎铎：《实体经济低波动与金融去杠杆——2017 年中国宏观经济中期报告》，《经济学动态》2017 年第 8 期。

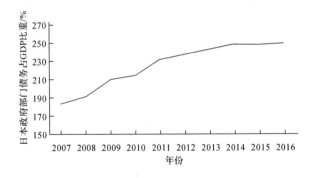

图 2　日本政府部门债务占 GDP 比重

数据来源：TRADING ECONOMICS/ 全球经济目标数据网。

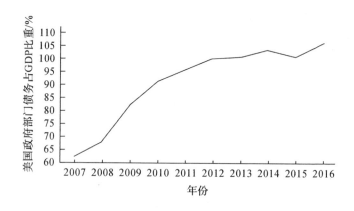

图 3　美国政府部门债务占 GDP 比重

数据来源：TRADING ECONOMICS/ 全球经济目标数据网。

从理论上说，判断一国杠杆率是否合理、是否安全，不仅要看该国当前的静态的杠杆率水平，还要分析杠杆率增长与经济增长是否同步，经济增长能否覆盖债务成本的增长。通过借债即提高杠杆率去发展经济，最基本的条件之一是借债成本要小于资金投入产出的效益。从微观来看，即边际成本要小于边际收益；从宏观来看，即债务成本要小于经济增速。因此，杠杆率的发展趋势从根本上取决于经济增长的速度和可持续性。中国经济平稳回落后正逐步在新的增长区间站稳，并且依然保持相对较快的增长速度，这也是支持杠杆率的现实因素。

如果从静态指标观察，与全球其他主要经济体的非金融企业杠杆率水平相比，中国非金融企业部门杠杆率确实偏高，但这需要放在动态的大背景下考察，与美国等发达国家的杠杆率加载在金融部门、政府部门相比，中国将杠杆率加载在实体经济部门，可以说是转杠杆的不同表现形式。

# 评估主权债务风险，需要评估中央政府债务与地方政府债务、融资平台债务的界限是否清晰

标普[1]认为，一些地方政府的融资工具，尽管重要性日益减弱，但仍然继续以公共投资为借口，借贷可能需要政府资源来偿还。实际上，自中国的新预算法实施以来，地方政府债务限额管理和预警机制得到明显加强，"借、用、还"的一系列规范清晰，地方政府融资平台总体上实现了市场化转型。标普将融资平台公司债务全部计入政府债务，从法律上和事实上看也是不成立的。

目前中国地方政府债务的范围，包括地方政府债券和经清理甄别认定的2014年年末非政府债券形式存量的政府债务。截至2016年年末，中国地方政府债务余额15.32万亿元，加上纳入预算管理的中央政府债务余额12.01万亿元，中国政府债务余额27.33万亿元，占GDP的36.7%。新的预算法实施以后，地方国有企业（包括融资平台公司）举借的债务依法不属于政府债务，其举借的债务由地方国有企业负责偿还，地方政府不承担偿还责任；地方政府作为出资人，在出资范围内承担责任。同时，《中华人民共和国公司法》（简称《公司法》）明确规定，"公司以其全部财产对公司的债务承担责任""有限责任公司的股东以其认缴的出资额为限对公司承担责任，股份有限公司的股东以其认购的股份为限对公司承担责任"。

截至2017年10月，中国的财政赤字占GDP比重仅为2.8%，总债务余额占GDP的比重为18%，比主要西方国家相应指标低得多。从国际主要评级机构质疑中国债务水平会持续走高的情况来分析，国有企业负债率

---

[1] 标准普尔，世界权威金融分析机构，简称标普。与穆迪投资服务公司（简称穆迪）、惠普国际信用评级有限公司（简称惠普）合称三大评级机构。

虽然比较高，但近年来在去杠杆政策的推动下呈现稳中趋降态势，目前基本上在 65%~67% 之间波动。对于地方政府融资平台而言，快速增长的债务的确是值得关注的风险隐患，面对不断扩大的地方政府融资平台债务规模，中国相关部门也陆续出台了一系列政策，一方面规范地方政府融资平台公司的融资情况，控制整体债务规模，降低融资成本；另一方面厘清政府债务范围，明晰地方政府融资平台债务与地方政府债务之间的关系，剥离地方政府融资平台的政府融资职能，禁止地方政府对地方政府融资平台进行违规担保，明确融资平台公司债务不是地方政府债务。

## 主权信用评级在关注债务的同时，还需要同时关注中国债务形成的资产

标普在关注信贷增速过快、债务负担等问题时，主要关注的是债务问题，但是忽视了中国政府财政支出伴随着基础设施建设所形成的资产，这是国际评级机构长期以来所持的评级框架的不足，以及基于发达国家的经验对中国经济状况一定程度的误读。中国政府的债务与美欧日和其他新兴市场的主权债务有明显的不同。相对于主要发达经济体主要将债务用于养老等，中国当前这个阶段的大多数债务通过投资变为资产。这决定了同样的负债率，给中国政府带来的负担和未来的债务压力，远远低于通常意义上的发达经济体。联系资产来分析负债，把政府的负债与这些负债形成的资产统一起来分析，对于客观评估中国的状况尤为重要。如果说一些出现债务压力的发达经济体的政府从事债务融资，主要是为弥补其公共消费亏空，弥合养老金收支缺口和进行收入再分配等，那么中国政府的债务融资则主要是为各类公共投资筹集资金，并且通常会形成大量的资产。

债务资金用途不同，产生的经济后果大不相同：债务资金用于消费，偿付资金仍需另行筹措，这无疑会加重政府未来的财政负担。中国的债务融资在很大程度上用来投资，而债务资金若用于投资，这些投资形成

资产并通常会有现金流产生，便为未来的偿债奠定了一定的物资基础。

截至 2016 年，从国家资产负债表的角度，根据有关研究机构按宽口径的估算，中国主权资产负债为 139.6 万亿元，主权资产为 241.4 万亿元，资产净值为 101.8 万亿元。在资产中若扣除非流动部分，得到窄口径的主权资产净值仍为 20.2 万亿元。无论用何种计算方式，中国目前均不存在无力偿还债务的"清偿力风险"。由于中国政府拥有或控制的存量资产（包括其他可动用的资源）比例高，债务危机爆发的风险相应地显著降低。

## 评估主权债务风险需要考虑不同金融结构和经济结构可能对债务增长产生的影响

从经济结构看，中国一直保持了较高的储蓄率，近年来储蓄率高达 50% 左右，显著高于国际平均水平。

从特定角度也可以说，高储蓄支撑了在工业化城镇化快速推进阶段中国以间接融资为主导的金融体系。标普认为政府加大控制企业杠杆水平的力度，有望稳定中期金融风险趋势，但预计未来两到三年的信贷增长速度仍不低，会继续推动金融风险逐步上升。应当说，信贷增长是一个国家经济发展阶段及融资结构等的综合反映，受经济结构、经济增长、历史文化等多重因素影响。不同经济体的融资结构本身存在较大差异，客观上会使货币信贷呈现不同的水平。银行占据主导地位的间接融资体系，必然导致企业的负债水平相对较高，此时不仅要关注企业的负债水平，还要在商业银行占据融资主渠道的环境下，关注商业银行体系的经营管理状况。

从逻辑上说，资本充足性、净利差、不良资产比率等指标是衡量商业银行金融稳健性、盈利能力和吸收风险能力的重要指标。从这几项指标可以看出，中国的银行资本充足率指标一直保持在高位，净利差经过持续回落后开始趋稳并有阶段性的小幅回升，不良资产比率也开始呈现趋稳态势（见图 4）。

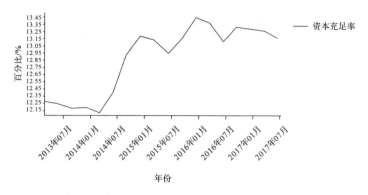

**图 4　中国金融机构 2013 年 7 月—2017 年 7 月资本充足率**

　　自 2008 年国际金融危机以来，世界主要发达国家先后实行量化宽松的货币政策。在经历了阶段性的应对危机的一揽子刺激政策之后，中国货币增速正在逐步下降（见图 5）。从最新的数值来看，广义货币供应量（M2）同比增长远低于 2008 年国际金融危机以来的平均增速，货币增长与经济增长的协同性增强。

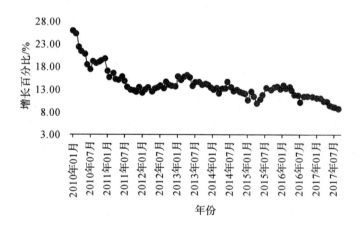

**图 5　中国货币供应量（M2）2010 年 1 月—2017 年 7 月同比增长率**

数据来源：FinD 数据库。

# 主权信用评级需要考虑经济周期的不同阶段，特别是要防止滞后性误判

中国经济经过 2008 年金融危机之后几年的调整，目前处于探底阶段，经济运行呈现较强的韧性，主要经济金融指标自 2017 年以来逐步改善，此时调低主权债务评级，并不能准确地反映中国经济的周期波动状况。一直以来，三大评级机构主权信用评级的定量分析采用的都是各个国家的宏观经济数据，由于宏观经济数据样本相对较小，周期较长，评级结果往往是危机爆发的事后反映，信用评级的信息含量大打折扣。根据目前三大评级机构揭示的评级方法，它们的主权评级主要是从被评级国家的历史数据出发，主要采用的是全球各国比较排序的分析方法，对被评级国家长远的经济增长方式、经济发展程度、经济周期波动等方面的关注显然不够。具体表现在不同的指标上。例如，在评估经济发展方面，评级机构往往将分析集中于通胀、名义利率、人均国内生产总值、失业率等定量指标上，却忽略了对被评级国家的经济增长方式、科技发展水平、产业结构转型升级进展等信息的综合评价；在国际贸易与国际收支方面，主要分析集中于汇率、外债、经常账差额、外汇储备等历史数据之上，却往往缺乏对一个国家的对外贸易依存度、国际资本流动等动态信息的实时监控。因此，长期以来，三大评级机构主权评级结果的有效性会打折扣。

根据国际清算银行数据，2016 年年末，中国非金融企业杠杆率为166.3％，连续两个季度环比下降或持平，这是非金融企业杠杆连续 19 个季度上升后首次改变；中国信贷 /GDP 缺口比 2016 年一季度末降低 4.2 个百分点，连续 3 个季度下降，表明潜在债务压力趋于减轻。

从积极意义上说，标普此次下调中国主权信用评级，可以提醒相关机构关注经济中存在的效率不足问题并加快推进改革。但是，此次评级

下调并不可以明显证明中国信用风险上升或是基本面恶化。从主要经济指标观察，中国经济在经历了长达五年的增长放缓后开始显现企稳向好的迹象，企业盈利则迎来了明显的改善性增长。因此，国际评级机构在评估中国经济基本面变动时明显有些滞后。

综上，标普此次针对中国主权评级的降级举动，在关注中国信贷增长的现象的同时，背后也有许多具有中国特色的因素需要考虑。以标普为代表的评级机构各自都拥有一套系统性的主权评级模式，但预设价值取向和技术性问题以及不可避免的主观定性判断的存在，以及这些评级框架对中国这样的新兴市场经济体的适应能力，都在不同程度上使它们的评级模式具有明显的缺陷，需要采取相应的举措来进行调整和改进。


（熊婉芳参与本文的起草与讨论，本文发表于《第一财经日报》2017年10月10日，原题目为《国际评级机构的评级框架需考虑'中国因素'》。）

# 对国际评级机构的评级结果的再评价

通常来说，信用评级机构进行的国家主权信用评级，实质就是对中央政府作为债务人履行偿债责任的信用意愿与能力的一种判断，其评级结果往往对各国政府债券的融资成本等产生一定的影响力。但是，相比较来说，主权评级方法的科学性远远不如其他类型的评级，如评级样本有限，违约样本少，缺乏客观科学的评级框架而主要依赖评级机构的主观判断等。

正由于此，即使都在评级领域，两家评级机构，也可能同一时间对同一评级对象给出不同甚至相反的评级结果。通常来说，评级是对偿债能力和偿债意愿，即相对信用风险（不是绝对信用风险）的预测。既然是预测，从操作层面看，就需要立足于假设条件和所掌握信息的充分性。这两个条件不同，评级结果就有差异。同时，不同评级机构的评级理念、评级思想、评级方法和评级标准都是有差异的，也就是需要不同的评级机构给投资者提供不同甚至相反的投资参考和看法。从目前的一些分析资料看，如穆迪似更注重"违约损失率"预测，而标普似更注重"违约率"预测；穆迪对主权评级时似更注重地缘政治因素分析，而标普似更注重对被评级国家或地区的财政政策、税收政策和货币政策等的分析。这也是 2012 年 6 月 22 日，穆迪和标普两家评级机构对哈萨克斯坦主权评级做出完全相反方向调整级别的原因。

因为国际主要的评级机构的主权信用评级体现了这些机构的看法，其调整评级的原因也自然有一定的参考价值，例如标普在评级报告中指出的信贷增长过快，以及地方政府债务和国有企业债务是否会转嫁为中央政府债务等问题，这也正是中国政府近年来一直在积极采取举措着手解决的问题。

与此同时，这些国际评级机构的评级结果，特别是主权信用评级结构，长期以来也一直受到不少的批评，具体来说，主要包括以下几个方面。

## 从事后评估看，评级结果往往过于亲经济周期，有时过于受市场情绪影响

在一些代表性的评级实例中，国际评级机构的评级结果往往容易表现出一种明显的亲经济周期性，即在周期的繁荣阶段往往容易倾向于高估，而在周期的衰退阶段往往容易倾向于低估。这一点在 2009 年金融危机阶段对希腊的评级中表现得较为明显，而国际评级机构受到的批评也较为激烈。

在 2009 年年底，标普、穆迪和惠誉分别下调了希腊的主权债务评级。2009 年 12 月 8 日，惠誉将希腊主权信用级别由 A- 下调至 BBB+；12 月 16 日，标普将希腊的长期主权信用评级由 A- 下调为 BBB +；随后于 12 月 22 日，穆迪则将希腊短期主权信用级别由 A1 级下调至 A2 级。连续的主权信用级别下调，短期内明显加剧了希腊的债务压力，使希腊马上面临政府融资成本被抬高的困境，眼看到期的债务无法通过市场再融资来偿付，政府只好求助于其他官方资金的援助。同时，希腊政府融资成本的上升也明显增加了希腊政府的利息负担，为已经捉襟见肘的财政赤字添加了压力。在这种市场困境下，希腊主权债务危机因为国际评级机构

的评级调整而在市场上迅速发酵，并产生了连锁效应。2010 年 4 月 27 日，标普将希腊主权债务评级从 BBB+ 下调至 BB+，一次下调三个级别，前景展望为负；同日，标准普尔将葡萄牙主权债务级别从 A+ 下降到 A-，一次下调两个级别，前景展望为负；4 月 28 日，标普宣布将西班牙主权债务级别从 AA+ 下降到 AA，且前景展望为负；5 月 5 日，穆迪将葡萄牙主权信用评级列入负面观察名单。5 月 6 日，穆迪发布报告，认为希腊债务危机可能扩散至欧洲多国银行业，其中葡萄牙、西班牙、爱尔兰和英国将是最易发生危机的几个国家。一时间，整个欧洲风声鹤唳，债务危机阴霾笼罩。正是由于这种恶性循环的连锁反应，局部的希腊主权债务危机迅速"传染"，演变为欧洲主权债务危机。从事后评估看，其实当时已经算是欧洲主权债务问题最为严重的时期，连续的主权债务评级降低客观上加剧了市场的盲目恐慌情绪。

## 评级框架相对单一，容易忽视新兴市场的不同市场条件

如果观察标普的一些评级下调的实际事例，可以看到，其对较高的债务增速十分关注。但是，需要注意的是，金融结构的差异直接会影响到债务的增长速度，在以银行为主导的金融结构中，债务的增长显然是快于以直接融资为主导的经济体的。因此，不考虑金融结构的差异和发展阶段的不同，主要以信贷 /GDP 缺口作为指标测算信贷风险有明显的评级技术上的偏颇。

同时，在关注信贷增速是否过快，债务负担是否上升等问题时，还需要评估政府支出所形成的资产积累，因为这会提升政府的债务偿还能力。而一些与地方政府有一定关联的融资平台债务是否应当计入政府债务，还需要考察这些地方政府债务、融资平台债务是否有清晰的边界和法律的界定，如果已经有清晰的界定，那么，盲目计入则显然会夸大中

央政府的债务规模。

## 主要国际评级机构享有事实上的免责权与市场垄断地位，需要珍惜由此带来的市场影响力

实际上，因为国际评级机构的评级调整可能带来的市场影响，不仅其评级结果在国际市场上会有争议，而且在美国国内也同样会有争议。从历史上看，美国的评级机构在遇到因重大评级失实而导致的诉讼时，基本是以美国宪法第一修正案作为自辩依据的，将自身的评级辩诉作为一种观点，认为应受"言论自由"权利保护。

比如2009年11月，美国俄亥俄州养老基金起诉三大评级机构，控告它们给予抵押贷款支持债券虚高评级，造成其4.57亿美元的投资损失。不过，美国地区法官詹姆斯·格雷厄姆却支持评级机构的辩护，认为评级是预测观点，受美国法律保护，于2011年9月27日判决俄亥俄州养老基金败诉。这种免责保护实际上给了国际评级机构不对称的市场地位，有免责权而且占有市场垄断地位的专业机构，需要高度珍惜这个独特的市场地位，珍惜这种独特的市场地位带来的市场影响力，否则必然带来市场的质疑，以及市场认可度的降低。

针对国际信用评级行业所存在的缺陷，特别是在金融危机中国际评级机构的表现受到广泛诟病，不少国家的监管机构开始关注评级机构的监管，并采取一系列应对政策的措施。主要包括以下方面：一是提高信用评级行业的透明度和多样性，例如要求对所有的评估机构公开证券发行人的信息，通过信用评级机构的主动评级，增强信用评级的多样性；二是适当降低对信用评级机构评级的依赖，探索支持金融机构的内部评级等方式，如有的国家调整了法规中对信用评级机构评级的强制性的引用；三是尝试增加信用评级机构的责任和义务，有的国家考虑取消评级机构的"专家责任"豁免机制，增加信用评级机构的法律责任和义务，

要求评级机构改善内部的公司治理结构，有的国家还针对评级机构成立了专门的监管机构。

实际上，主要的国际评级机构也意识到自身在评级方法等方面的不足，也在尝试改进和完善自身的评级体系。例如，在银行评级方面，主要评级机构近年来就采取了一些新的改进举措，例如，引进新的分析方法，穆迪引进了共同违约分析法，补充分析银行可获得的外部援助。同时，探索提高总体评级的透明度，惠誉单独发布 5 分制的支持评级，用来表述从国家或者机构所有者处获得外部援助的可能性和幅度，将其 9 分制的单独评级改为与总体评级完全一致的 19 分制，使财务能力评估更加精细，外部援助的益处更加清晰等。

因此，从国际评级行业的发展看，这本身就是一个在争议中不断发展的行业，对于评级机构的评级调整，既要看到其调整中隐含的一些合理的风险提示并采取相应改进措施，更要看到这些评级结果本身也有许多局限性和不足，对于这些评级结果，也要冷静地进行再评价。

（游诗棋参与本文的起草与讨论，本文发表于《国际金融报》2017 年 9 月 23 日，原题目为《对国际评级机构的评级结果进行再评价》。）

# 资本市场：打造互联互通共同市场

# 香港股市估值的高与低

长久以来，香港股票市场一直是中国内地企业上市及集资的国际平台。2014年11月沪港通开通，2016年12月5日，深港通正式启动，这为内地投资者开拓了投资香港股票市场的正式渠道。不论是发行人还是投资者，香港市场的股价是决定上市及投资的一个重要因素。市场一般用市盈率计量上市股票的价值，再以市场指数的市值加权市盈率计量整个股票市场的价值。香港市场自2014年起，市盈率一直低于内地市场，而A股大部分时候的买卖价均高于相应的H股，但单凭这两点得出香港市场不太吸引准发行人招股上市，投资者较难从中获利的结论未免过度简单化。

## 股价差异何来？

香港和内地在主要市场指数、上市公司规模、上市公司行业组成、新股集资市场、市场成熟度及投资者基础等方面均有差异。香港与内地市场在宏观层面存在的股价差异，在微观层面上却未必如此。

从个别市场不同指数的差异来看，香港主要的市场指数包括：恒生指数（简称恒指）、恒生中国企业指数（简称恒生国企指数）与恒生香港中资企业指数。恒生指数成分股为香港交易所主板上市市值最大及流通量最高的50只股票，2016年5月占主板市值57%及成交额54%；恒生中国企业指数成分股40只，2016年5月占主板所有H股市值81%及成交额30%；恒生香港中资企业指数成分股为市值最大及流通量最高的

25 只红筹股，2016 年 3 月占主板市值 17% 及成交额 13%。在上海市场，相当于恒指的是上证 50 指数，它涵盖上交所市值最大及流通量最高的 50 只股票。从香港市场的各个指数与上证 50 指数的市盈率对照来看，2015 年至 2016 年 5 月，恒指及恒生国企指数的市盈率均低于上证 50 指数，但恒生香港中资企业指数的市盈率自 2011 年起大部分时间均高于上证 50 指数。这显示不同的内地股票的股价不但存在跨市场差异，在同一上市市场也有所不同。而从上海市场和深圳市场主要指数的市盈率来看，普遍有指数成分股规模愈小，指数的市盈率倾向愈高的特点。

从不同规模公司之间的差异来看，内地市场上市公司规模愈大，市盈率倾向愈低，但在香港市场，股票的市盈率多视个股的情况而定，市盈率与上市公司规模之间并无显著特定的关系。而从 AH 股来看，不论其行业，公司规模愈大，AH 股溢价便愈小。

从不同行业之间的差异来看，虽然行业未必是决定股票市盈率的关键因素，但一些行业的股票的市盈率或会因行业性质关系，而高于或低于同一市场的其他股票，例如，传统金融业的市盈率倾向较低，而新经济行业如科技及医疗保健等的市盈率倾向较高。一些行业的公司在香港做首次公开招股，估值也可能比在内地高。

从新股集资市场的股价差异来看，2012 年至 2016 年 5 月，香港首次公开招股个案按招股价计算的市盈率（市值加权后）平均低于上海及深圳市场。不过，不同行业的首次公开招股有不同的定价差异（见图 1）。在此期间，在香港进行首次公开招股的定价在非必需消费品、必需消费品、能源、医疗保健及公共事业这些行业中均比上海高，其中某些行业香港也比深圳高。换句话说，若干在香港进行首次公开招股的行业或可在内地取得更高的估值，不过发售时的市盈率还是要视个别股票情况而定。

新金融、新格局：中国经济改革新思路

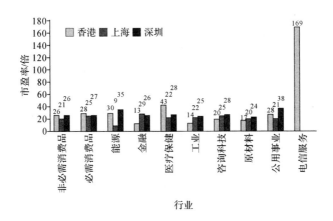

图1 2012年—2016年5月香港与内地首次公开招股的市值加权市
盈率（按行业）

另外，从市场常态差异来看，每一个股票市场不论开放程度，皆会在一段时期内维持其常态水平的市盈率。新经济行业比重较高的市场，其加权平均市盈率水平会较高；金融业比重较高的市场，其平均市盈率水平则会较低。所谓的市场常态，是该市场的各方面特征包括上市公司的行业组成及发展阶段、投资者基础、投资者的成熟程度及投资行为等产生的综合结果。此市场常态将一直维持，直至市场基础因素改变、衍生新的常态为止。而对投资者来说，投资股票的价值包括持有期内的资本增值以及派息。市盈率计算出来的股价水平只反映资本增值情况，总回报的评估还应计算股息率。

事实上，在过去七八年间的大部分时候，上证50指数的股息率均较恒指低，而自2011年起，恒生国企指数的股息率大部分时候均高于其他香港指数及上证50指数的股息率。相较之下，纳斯达克100指数的市盈率虽相对较高，其股息率却是最低（见图2）。

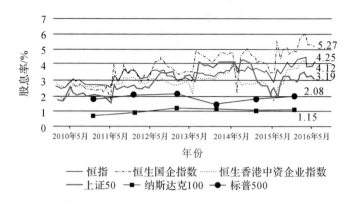

图2　2010年1月—2016年5月中国香港、上海及美国主要指数的月底股息率

上交所及深交所不同指数的股息率也显示，指数的市盈率较高，其股息率会较低，相反亦然。原因可能与成分股的性质有关，即如属业务及收入稳定的传统行业，派息会较高，但增长前景偏低，市盈率因而也较低；如属高增长的新兴公司，市盈率会较高，但因收入不稳定或尚无盈利的，其派息会偏低甚至不派息。

从投资者喜好差异来看，香港与内地市场的投资者组成很不一样。在香港现货市场的交易中，机构投资者的交易占比逾50%，海外机构投资者的交易占比逾30%，本地散户投资者的交易仅占20%左右。相反，内地市场大部分交易为本土散户投资者的交易，发展机构投资者基础一直是内地监管机构的长远市场发展策略。

此外，散户与机构投资者的投资行为相去甚远。大型国际机构投资者会根据先进的股票估值模型及经风险调整的组合管理技术做出投资决定；散户投资者则绝大部分是非专业的投资者，一般按个人喜好投资，性质上或含炒卖成分。对一个拥有国际机构投资者高参与度的市场来说，市场中的股价会倾向符合股票的基本因素。但如市场由散户投资者主导，股价将是众多投资者个人偏好汇集的结果。

在内地，散户投资者还不是太成熟及老练，不少交易属于炒卖。这些投资者对高风险的小盘股有偏好，认为其潜在收益较高。因此，在内地市场，公司规模愈小，市盈率愈高。香港股票市场是高度国际化的市场，在其过去百年的历史中多次经历狂升暴跌，即使是散户投资者也相对成熟。在更为成熟的投资者结构下，公司规模在香港市场并非是股价的决定性因素。

同时，由于内地衍生品和结构产品种类较少，投资者投资股票时缺少机会做出更灵活的投资但却善用套利和对冲。这导致投资者的投资行为变得单向，投资资金只追逐相近的投资目标，推高了价格水平。

另外，投资者对股票估值除了会寻求风险溢价外，也愿意付出流动性溢价以购入流动性较高的股票，也就是为可更轻易沽出股票而支付的溢价。内地上市股票一般比香港股票有更高的流动性比率：2015年上交所流动性比率为449%、深交所为521%，而香港交易所流动性比率为106%。就AH股而言，2015年A股的合计流动性比率为286%，相应H股为131%，在87只AH股中，仅15只（或17%）的H股流动性比率较相应A股高。

虽然2014年11月沪港通开通后两地市场已打通部分连接通道，且深港通尚待开通，但基于交易额度及内地投资者资格准则等监管限制，两地市场之间可消除流动性差异的资金流动仍然有限。

## 香港市场还有机会吗？

由于在市场特性和投资者结构上，香港与内地市场之间存在差异，故两地市场在宏观层面的价格差异，即内地市场市盈率较高的情况预测仍将持续一段颇长时间。但香港市场在个别股票和行业的微观层面上股价亦有可能比内地市场高。发行人和投资者仍可通过香港市场受惠于上述种种差异所带来的机会，包括以下几个方面。

利用 AH 股中股价较低的 H 股。AH 股公司的 H 股买卖价较相应 A 股股价有折让，投资者可购入股价较低的 H 股，这较持有同一公司的 A 股可获得较高的股息率。由于是同一公司，股票基本因素相同，股票的资本增值回报亦会差不多。

善用种类广泛的投资工具。相比在内地市场进行交易，在香港市场进行交易的投资者可利用许多不同的股票衍生产品和结构性产品进行股票投资对冲及套利。这些投资工具在波动的市况下起着缓冲的作用。因此，投资者更有能力应对高风险的市况，也较在内地市场有更多的获利机会。

若干行业首次公开招股的较高定价。消费品制造、能源及医疗保健等若干行业以往在香港首次公开招股较在内地获得的市盈率更高。放在个别股票的微观层面上，这代表潜在发行人如能迎合香港市场投资者的胃口，将可获得优于内地市场的定价。

研判市场对新经济行业股票的兴趣。香港市场现时的行业组成过度集中于金融业，资讯科技及医疗保健等新经济行业仍有大量空间可增加比重。这些行业的潜在发行人对投资者有一定吸引力。再者，医疗保健行业过去在香港首次公开招股，市盈率均远高于内地。

更灵活的首次公开招股及上市后集资机制。相比内地市场，香港的新股发行制度限制较少，也更灵活。在香港首次公开招股，由递交申请到推出发售所需的时间较少，因而申请的轮候队伍相对内地短许多。每宗首次公开招股以至上市后的集资活动，均是发行人的商业决定。这种灵活性及由市场带动的取向，非常有利于发行人应业务需要和当时的市况决定股票发行的时机。

善用国际化的上市平台。香港股票市场是全面开放、全球投资者皆可参与的市场，按国际常规及监管标准营运，在这个平台上市的发行人可轻易接触到国际专业机构投资者及全球资金，尤其是发行人将得以吸引国际的基础投资者。对具有国际视野的公司来说，国际上市地位可带来大量机会，使公司可通过品牌营造、全球并购和企业重组等方式做全球业务部署。香港股票市场也将是支持内地企业实现跨国发展和扩张战略的跳板。

（蔡秀清参与本文的起草与讨论，文章来源：《清华金融评论》2016年9月刊，原题目为《换一个角度看香港股市估值之高与低》。）

# 中国金融大格局下的沪深港共同市场

从国际范围上看，交易所之间的互联互通并不少，但成功的不多。沪港通和深港通的广受欢迎，主要是因为顺应了中国内地金融格局调整的现实需要，也顺应了全球金融市场的调整趋势。

深港通的政策框架，延续了沪港通主要的交易、结算、监管的制度，但有新突破，即取消了总额度限制，再加上互联互通从上海延伸到深圳，实际上把三个交易所联系起来，成了一个事实上的共同市场。所以，评估深港通、沪港通的很多影响，都需放在共同市场的大框架下。比如，在沪港通刚启动时，A 股和 H 股之间存在显著差价，所以部分市场投资者预期，两个不联通的资本市场通过沪港通联通之后，就像两个水量有差异的湖面联通后，水面可能会逐步拉平。但沪港通开通后相当长的一段时间内，两者之间的差距不仅没有缩小，反而扩大了。这让不少的投资者和研究者大跌眼镜，为什么会是这样？

深入研究可以发现很多有意思的判断。例如，沪港通项下的额度限制使海外资金进入上海市场和上海资金进入香港市场占的交易比例非常小，远不能达到改变当地交易习惯、估值水平和估值习惯的程度。所以，估值差异在联通之后反而扩大了，显示出实际上联通的两个市场的估值波动周期以及不同的市场环境和投资者群体，是决定各自估值水平的关键因素。如果这个推理成立，现在互联互通延伸到深圳，总交易限额取消了，估值的差异是会继续扩大，或是会继续保持，还是会缩小呢？主流看法倾向于缩小的可能性相对比较大，但从沪港通运行的经验来看，联通之后，几个市场之间的差异预期还是会不同程度地以不同方式存在。

如果说深港通全面开启了深、沪、港市场的互联互通，那么这个共同市场的需求动力来自哪儿呢？

第一，中国内地的产业转型，需要调整金融结构。比如激励创新，靠银行的贷款融资来激励创新不容易，所以要发展直接融资。中国内地居民投资的产品需求要多样化。目前中国内地居民的财富持有结构的特点是集中在比较少的金融产品、货币和市场上。经过几十年改革开放积累的财富，中国内地居民持有形式最多的资产类别之一是房地产。我看到一个估算，现在中国内地城市居民持有的房地产市值是 270 万亿元，而沪深和香港股市的市值也分别就是 50 万亿元、40 万亿元。一旦启动资产结构转换，内地投资者只要把房地产财富的 10% 拿来投资香港市场，就会深刻影响港股。

中国内地居民的财富的第二大储存形式是银行。这些财富怎么转换成其他的金融产品？怎样进行适当的跨境配置？这些都对金融市场提出了很重要的实际要求。2016 年，中国内地对国际市场的投资首次超过了外商在中国内地的直接投资。中国内地企业发展到目前这个阶段，有国际跨市场多元化配置的需要。从企业层面说，中国内地企业已从吸引国际投资为主转为逐步拓展对外的投资。同时，机构投资者如保险公司、个人投资者也有同样或相似的国际化配置诉求。

当前，我国诸多内地机构投资者面临着所谓的"资产荒"问题。这并不是指有钱买不到资产，而是指在低利率环境下，在市场上找到能覆盖负债成本和期限的适当资产的难度越来越大。将资产过分集中在单一货币上会面临很大的汇率风险。举例来说，作为长线投资的内地保险资金，如果在 2014 年投资海外市场，比如通过沪港通，即使投资产品本身低盈利，但从人民币角度来测算，卖出来兑换成人民币，也多了百分之十几的利润。

可见，以多货币、多市场的组合投资来平衡风险，其实际需求非常大。沪港通、深港通这样的国际配置平台的出现恰逢其时。

第二，中国内地资本市场开放也意味着更多国际资金可能会进入中国内地市场，所以，沪港通、深港通提供了资金双向流动的渠道和平台。从 2015 年到 2016 年，国际资产管理行业有一个很重要的特点，即主动型管理的资金大幅流向了被动型的、指数型的投资产品。在动荡的市场条件下，这些标志性的指数往往还能提供一个与市场大致一样的表现，这些指数的影响力在扩大，越来越多的被动型基金跟踪着一些标志性指数。因此，只要被纳入特定的指数，全球参照这个指数跟踪配套的基金就会相应买入市场的金融资产，资金就会相应流入。在债券市场用得比较多的是摩根新兴市场债券指数。沪港通、深港通的启动，为内资以较低的成本进行国际配置，为外资能顺畅地进出中国内地市场提供了一个不错的通道，有助于推动中国内地市场加入那些国际上有标志意义的金融市场指数，进而吸引新的国际资本流入。

第三，中国内地资本市场双向开放的空间非常大。在以额度管理为代表的双向开放体系下，把中国内地资本市场已批准给金融机构的所有额度全部用满，是 4750 亿美元。假设这个容量全部流入中国内地市场，也只占中国内地资本市场的 3%。中国保险资金对海外投资最大的容许额度是 15%，现在保险公司对外市场的规模占总资产的比例仅为 2% 左右。如果我们将所有对外投资的额度全部用满、用足，占国际资本市场的市值比例也仅仅是 0.1%。2016 年以来，中国内地债券市场的开放迈出了新的步伐，这个比例的计算需要做出一些调整。但是，基本的结论还是成立的，那就是中国内地已是世界第二大经济体，贸易世界排名第一，但在国际资本市场上还是不易看到以人民币计价的金融产品，中国内地资本市场的双向开放具有很大潜力。这些机构投资者现在也迫切需要一个高效率、稳定进行国际资产布局的平台。沪港通、深港通恰逢其时地提供了这样的平台。

第四，40年前，香港的上市公司基本上是香港本地公司。伴随着改革开放，中国内地的上市公司希望筹集资金，而国际投资者想进入中国内地市场，却找不到适当的通道。香港抓住了这个连接中外市场的机会，直接推动香港成了一个国际金融中心。在过去几十年改革开放的过程中，国际市场的投资者和来自中国内地的上市公司在香港市场进行了匹配。做个比喻的话，香港就像一个转换开关，不同类型的插头，在香港这个插座上都能插上，都能对接使用。香港高效率完成了这个匹配功能，现在这个融资的需求仍然很旺盛。2015年香港市场的新股筹资额达到全球第一，2016年也是全球第一。

目前，一个新形势正在形成，中国内地投资者包括机构投资者、金融机构和个人，都希望把一部分资产配置到海外市场，海外产品的提供者也需要寻找新的投资者群体，这就有望构成一个新的资金流动循环。这就给香港金融市场提出了新要求：把国际市场上的各种金融产品都吸引到香港这个平台上，香港金融市场要像个大型金融产品的超市，供内地投资者在这个金融大超市上配置资产。从趋势看，这样一个金融大超市，应当既有股票、定期货币产品，也有大宗商品。下一步这种联通还可继续延伸和拓展，从股票的二级市场延伸到一级市场，从股市延伸到货币和固定收益产品市场，进而延伸到大宗商品领域。

互联互通给股市带来的是一种价值，而给大宗商品领域带来的可能又是另外一种价值。香港交易所在深圳前海开发区设立的一个大宗商品交易平台，就是基于这样的战略考虑。

第五，从市场格局看，中国内地大宗商品市场呈倒三角形：最活跃、交易量最大的是顶端的金融类参与者，主要进行投机性交易；中间的是一些交易融资；底部则是为实体经济服务的生产商、消费商和物流。而当下国际市场的特点，是缓慢地从现货市场买卖逐步延伸到中间市场交易和融资，这些交易和融资需要一些风险管理，然后就继续延伸到金融类参与者，呈一个正三角形分布。那么，中国内地市场和国际市场两边各需要什么？从直观上就可看出，内地市场需要更多关注，从而服务实体经济，国际市场则需要更多流动性来提高市场效率。所以，两边若能联通起来，中国内地大宗商品和国际大宗商品市场可达到双赢的效果。

第六，从国际经验看，由互联互通推动的共同市场建设要成功运行需要许多条件。最重要的条件是连接市场的双方投资者对对方的市场规则、上市公司等都有一定程度的了解。上海、深圳和香港的联通有一个非常大的优势，统计数据显示，香港上市企业中内地企业占 51%，内地上市企业的市值占 64%，日均交易量占 71%。目前恒生指数 50 只成分股有 24 只来自内地，市值超过一半。在研究这些上市公司方面，内地的投资者是有一定的优势的。

总之，沪港通、深港通的启动打造了沪深港共同市场，也为中资金融机构的国际化提供了一个新的平台。中资投行在这个共同市场上有熟悉的上市公司，对方也日益熟悉中国内地市场。如果能充分运用这个平台，了解国际金融规则，那它就必然会为中资金融机构的国际化提供很好的条件。

# 从港深沪共同市场思考新策略 [1]

深港通启动之后，市场的潜在影响会体现在哪些方面呢？从制度设计角度看，深港通可以说是沪港通的一个自然延伸，但是在一些特定的领域又有一些新的突破：除了覆盖的股票范围扩展到深圳市场外，沪港通和深港通的总额度也取消了。总额度的取消能够吸引不少资金进行中长期配置，也增强了香港市场与上海市场、深圳市场等不同市场之间的联系。

---

[1] 本部分发表于《国际金融报》2016 年 11 月 14 日，原题目为《从港深沪共同市场思考新策略》。

## 港深沪共同市场时代

深港通的启动，特别是总额度的取消，实际上是把香港市场、上海市场和深圳市场连接成了一个"共同市场"。

在沪港通和深港通启动之前，这三个市场实际上从单独来看，在全球的交易所上市公司市值排名中也都在前十位之列，但与一些国际上的主要市场还有一定的差距。

然而，取消总限额，通过沪港通和深港通的连接，这三家交易所的上市公司市值加起来就是一个70万亿元市值的大市场，三家交易所的交易量总和也直逼纽交所等全球领先的主要交易所。

之所以做出以上判断主要可以从四个方面来分析。

第一，香港市场和上海市场、深圳市场的互联互通，使得整个投资者基础极大地扩张了。如果能够进一步把这种二级市场的互联互通延伸到一级市场，这个共同市场对于各个领域的优秀上市公司就可能会产生非常大的吸引力。

第二，不同的交易所通过互联互通，会形成一个优势互补的市场格局，为投资者提供更多的市场选择。如果一个公司要上市，就会面临交易所的选择问题，通常会说香港市场的平均估值水平低，但是如果通过对细分行业的对比就可发现，香港的估值低是因为恒生指数里金融和地产等传统周期型行业占比非常高。而如果分行业看，有些行业的估值实际上比内地市场的估值还要高，比如健康护理等行业。

第三，互联互通可以提高上市公司股份的流通性。

第四，互联互通可以提高不同市场的影响力。

## 沪港通与深港通下的互联互通 [1]

股票市场交易互联互通机制试点于2014年11月推出首项计划——沪

---

[1] 蔡秀清参与本部分的起草与讨论，本部分发表于《财经》2017年4月3日，原题目为《沪港通与深港通下的互联互通——内地及全球投资者的"共同市场"》。

港股票市场交易互联互通机制试点（沪港通）。尽管交易范围有限制，但是这是香港接通内地证券市场与海外市场股票交易的破天荒机制。

此前，境外人士参与内地证券市场的渠道只限于合格境外机构投资者计划及人民币合格境外机构投资者计划。境外散户投资者只能通过上述两个计划提供的投资基金参与内地股市。反向地，合格境内机构投资者计划及人民币合格境内机构投资者计划是内地参与海外证券市场的唯一全国性正式渠道。

继沪港通顺利开通后，深港股票市场交易互联互通机制（深港通）亦于 2016 年 8 月宣布将会启动，并已于同年 12 月推出。（沪港通与深港通在下文中合称互联互通机制。）

互联互通机制是中国内地资本账户开放的重要里程碑。在实施每日额度限制及跨境资金流全程封闭下，跨境资金投资活动可以在密切监控下进行及有序发展，降低对内地股票市场带来的潜在金融风险。这一机制日后可以根据内地市场的开放进程，在规模、范围及市场领域等方面扩容，目标是为内地及全球投资者建立中国内地与香港的共同市场。

**股票市场交易在互联互通机制的试点**

中国证券监督管理委员会（简称中国证监会）与香港证券及期货事务监察委员会（简称中国香港证监会）于 2014 年 4 月发出联合公告，宣布开展中国内地与香港的股票市场交易互联互通机制试点——沪港通。

香港交易所全资附属公司香港联合交易所有限公司（简称联交所）与上海证券交易所（简称上交所）联手建立跨境买卖盘传递及相关技术基础设施（简称交易通）。香港交易所另一全资附属公司香港中央结算有限公司（简称中国香港结算）与中国内地的证券结算所中国证券登记结算有限责任公司（简称中国结算）则共同建立结算及交收基础设施（简称结算通）。

经过多月的市场准备及系统测试后，沪港通于 2014 年 11 月 17 日正式开通。机制旨在设定的合格范围内，允许香港及境外投资者在内地市场买卖上交所上市股票（"沪股通"或"沪港通北向交易"）及内地投资者在香港市场买卖联交所上市股票（"沪港通下的港股通"或"沪港通南向交易"）。

在初期阶段，沪股通合格证券包括以下在上交所上市的 A 股（"沪股通股票"）：上证 180 指数及上证 380 指数的成分股，以及有 H 股同时在联交所上市的上交所上市 A 股；但不包括不以人民币交易的沪股及被实施风险警示的沪股。

在沪港通下的港股通合格证券包括以下在联交所主板上市的股票（"港股通股票"）：恒生综合大型股指数 (HSLI) 成分股、恒生综合中型股指数 (HSMI) 成分股，以及有相关 A 股在上交所上市的 H 股；但不包括不以港币交易的港股及其相应 A 股被实施风险警示的 H 股。

在沪股通股票中，上证 180 指数成分股是上交所最具市场代表性的 180 只 A 股。而上证 380 指数则是由 380 家规模中型的公司组成，综合反映上交所在上证 180 指数以外的一批新兴蓝筹公司的表现。因此，上证 180 指数的沪股通股票可以视为对应于港股通 HSLI 股票的"大型"股，而上证 380 指数的沪股通股票则是与港股通 HSMI 股票相对应的"中型"股。

截至 2017 年 2 月底，在合格证券范围中共有 715 只上交所上市沪股通股票（包括 139 只仅可出售的股票）及 317 只联交所上市港股通股票。

在投资者资格方面，所有香港及境外投资者均可参与沪股通交易，但只有内地机构投资者及拥有证券账户及资金账户余额合计不低于人民币 50 万元的个人投资者方可参与沪港通下的港股通。

沪股通交易方面，在香港的投资者通过香港经纪商进行买卖，交易则在上交所平台执行。在沪港通下的港股通交易方面，内地投资者通过内地经纪商进行买卖，交易则在联交所平台执行。在沪股通及沪港通下的港股通跟随交易执行平台各自的市场规则。具体而言，内地 A 股市场不可以进行当日回转交易，但香港市场则允许。沪股通股票仅以人民币进行买卖及交收，在沪港通下的港股通股票则以港元进行买卖，内地投资者再与中国证券登记结算有限责任公司结算或其结算参与人以人民币进行交收。

在沪港通下的交易受制于投资额度，最初设有跨境投资价值的总额度及每日额度上限。沪股通及沪港通下的港股通的总额度分别为人民币 3000 亿元及人民币 2500 亿元。其后在宣布建立深港通当日（2016 年 8 月 16 日）已取消总额度的设计。每日额度现在仍然适用，按"净买盘"计算的沪股通股票每日上限为人民币 130 亿元，沪港通下的港股通股票则为人民币 105 亿元（在 2016 年年底折合约 117 亿港元）。

自 2014 年 11 月沪港通推出后，投资者对沪股通及沪港通下的港股通的兴趣时有不同。推出后大部分时间里，沪股通交易较沪港通下的港股通交易更为活跃。但自 2015 年下半年以来，沪港通下的港股通交易额日渐增长并超越沪股通。2016 年 12 月深港通推出，该月的北向交易显著提升，数据显示有近三成归功于深股通。

中国证监会与中国香港证监会在 2016 年 8 月 16 日联合宣布建立深港股票市场交易互联互通机制，是基于沪港通推出以来平稳运行的基础而建立的股票市场交易互联互通机制试点的延伸项目。深圳证券交易所（深交所）、联交所、中国结算及中国香港结算按类似沪港通的形式建立深港通，其后于 2016 年 12 月 5 日开通。

深股通合资格证券包括：深证成分指数和深证中小创新指数成分股中所有市值不少于人民币 60 亿元的成分股，以及有相关 H 股在联交所上市的所有深交所上市的 A 股，但不包括不以人民币交易的深股及被实施风险警示的深股。

除沪港通下的港股通合资格证券外，深港通下的港股通合资格证券范围扩展至包括：所有市值 50 亿港元及以上的恒生综合小型股指数成分股

(HSSI)，以及在所有联交所上市公司中同时有 A 股在深交所上市的 H 股，但不包括不以港币交易的港股及其相应 A 股被实施风险警示的 H 股。

深港通下的港股通合格内地投资者与沪港通相同，但通过深港通买卖深交所创业板上市股票的合格投资者初期只限于相关香港规则及规则所界定的机构专业投资者。深港通亦沿用沪港通的每日额度，同时不设总额度（见表 1）。

表 1　沪港通及深港通主要特点

| 特点 | 沪港通 | 深港通 |
|---|---|---|
| 沪/深股通合资格证券 | 上证180指数的成分股及上证380指数的成分股有H股同时在联交所上市的上交所上市A股 | 深证成分指数和深证中小创新指数成分股中市值在人民币60亿元或以上的成分股有相关H股在联交所上市的深交所上市A股 |
| | 不包括被实施风险警示的A股及不以人民币交易的A股 | |
| | 合资格可买可卖的股票576只（于2017年2月28日） | 合资格可买可卖的股票904只（于2017年2月28日） |
| 港股通合资格证券 | 恒生综合大型股指数（HSLI）成分股恒生综合中型股指数（HSMI）成分股 | |
| | 有相关A股在上交所上市的H股 | 市值50亿港元或以上的恒生综合小型股指数（HSSI）的成分股有A股在上交所或深交所上市的H股 |
| | 不包括其相应A股被实施风险警示的H股及不以港币交易的港股 | |
| | 317只股票（于2017年2月23日） | 417只股票（较沪港通下的港股通多出100只）（于2017年2月28日） |
| 沪/深股通合资格投资者 | 所有香港及海外投资者（个人及机构） | 创业板合资格股票：初期仅限于机构专业投资者其他合资格股票：初期仅限于机构专业投资者其他合资格股票：所有香港及海外投资者（个人及机构） |
| 港股通合资格投资者 | 内地机构投资者及拥有证券账户及资金账户余额合计≥人民币50万元的个人投资者 | |
| 每日额度 | 北向：人民币130亿元南向：人民币105亿元 | |
| 总额度 | 没有 | |
| 北向交易、结算及交收 | 按照上交所及中国结算在上海市场的惯例 | 按照深交所及中国结算在深圳市场的惯例 |
| 南向交易、结算及交收 | 按照联交所及香港结算的市场惯例 | |

## 截至 2016 年年底互联互通的表现

北向及南向交易的成交量随着市场气氛的转变而时有不同。然而，北向交易的日均成交额占内地A股市场总体日均成交额的比例一直维持在1%至2%相对窄幅的水平。反观南向交易，在沪港通推出后的前九个月，成交量涨跌互现。但自2015年四季度以来，南向交易额在联交所主板市场总成交额中的占比出现强劲上升趋势，从2015年9月占主板日均成交额的2.1%升至2016年9月的10.8%。其后即便有所回落，但上升势头持续。南向交易日均成交额于2016年6月再度超过北向交易，其后月度也屡次超过[见图1（a）、图1（b）]。

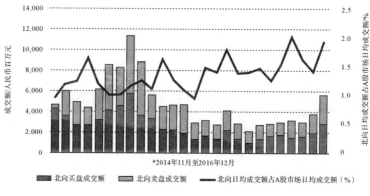

图1（a）　北向交易

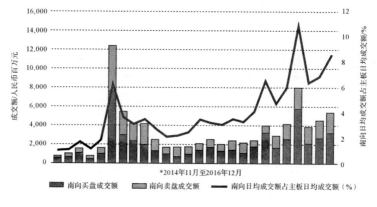

图1（b）　南向交易

值得注意的是，在 2016 年 12 月 5 日深港通开通至 2016 年年底的 17 个北向交易日中，深港通北向交易额占互联互通北向交易总成交额的 27%，占北向买盘总额的 40%，显示出国际投资者对深股有相当大的兴趣。

此外，自 2015 年后期开始，南向交易的平均每日买盘净额均远高于北向交易。自互联互通推出至 2016 年年底，南向交易只有两个月录得净卖盘，相比之下北向交易则曾录得六个月的净卖盘。在期间 485 个南向交易日中，有 86% 的时间出现净买盘，而 494 个北向交易日中有 56% 的时间出现净买盘。然而，北向交易及南向交易两者按净买盘基础计算的每日额度使用量一直不高：在沪港通下仅有 18% 的北向交易日及 20% 的南向交易日的每日额度用量曾超过 10%，有 6% 的北向交易日及 6% 的南向交易日的每日额度用量曾超过 20%；在深港通下，17 个交易日中有 4 日（即 24%）的北向交易日的每日额度用量超过 10%，只有 1 日（即 6%）超过 20%，而南向交易额度则从未超过 10%。

### 全球投资者对北向股票的兴趣

在沪港通推出初期，全球投资者北向买卖及持有沪股通股票主要涉及市值庞大的上证 180 指数成分股（占 2014 年成交金额的 94% 及 2014 年年底持股金额的 96%）。北向交易中，买卖中型的上证 380 指数成分股的比例由 2014 年占 6% 逐渐增至 2016 年的 23%。经沪股通持有这类中型股的比例曾在 2015 年年底升至 22%，又在 2016 年年底回落至 17%，但仍远高于 2014 年年底的 4%。不过，全球投资者对沪股通股票的兴趣始终以内地大型蓝筹股为主。

在 2016 年 12 月 5 日推出的深港通方面，全球投资者北向买卖及持有的股票也主要是深证成分指数的蓝筹股，其占 2016 年交易金额的 90% 及年底持股金额的 93%。

在沪股通下全球投资者对内地消费板块（非必需性消费品及必需性消费品）股票的兴趣保持平稳。自沪港通推出以来，该板块股票占北向交易金额略增至 2016 年的 20％，持股占比亦有所上升。在深股通下的消费板块占更重要的比重：2016 年交易金额的 47％ 及年底持股金额的58％。沪股通与深股通合计，全球投资者在 2016 年年底持有的内地消费板块高达 38％。

沪股通下的内地工业板块股票也颇具吸引力，该板块股票占 2016 年北向交易金额及期末持股金额达 17％。沪股通下的金融板块股票（均为市值大的上证 180 指数成分股）的较大占比则逐渐下降：由 2014 年分别占北向交易金额及期末持股金额的 51％ 及 43％ 降至 2016 年年底的 31％及 20％。

深股通下的信息科技股票对全球投资者亦具有相当大的吸引力，2016 年其交易额占 16％ 及年底持股额占 15％。深股通的推出促使内地信息科技股在互联互通下的北向交易中的占比进一步提升。

在涉及大型的上证 180 指数股份的北向交易中，金融股的占比最大，而在涉及中型的上证 380 指数股份的北向交易中，工业板块股票占相当高比重。消费板块股票亦占大型上证 180 指数股份北向交易的相当大比重，而消费及信息科技板块股票占中型上证 380 指数股份北向交易的比重呈显著上升趋势。即便中型上证 380 指数股份中没有金融类股票，其成分股中的信息科技、原材料及医药卫生板块的股票相较大型上证 180 指数股份也更能吸引多元化的投资。

至于深股通方面，在属蓝筹股指数的深证成分指数的北向交易中，消费板块股票的交易及持股金额占比相当高，信息科技股的占比亦颇高。而在涉及深证中小创新指数股份的北向交易中，工业、信息科技以及原材料板块股票均有相当大的比重，非必需性消费品板块股票则在持股比重方面占优。

### 内地投资者对港股通股票的兴趣

与北向的沪股通投资相较，南向的沪港通下的港股通交易及持股金额在 2014 年互联互通推出之时多集中于恒生综合中型股指数成分股。在 2016 年期间，某种程度上已转为以恒生综合大型股指数成分股为主。尽管如此，恒生综合中型股指数股份仍占港股通 2016 年全年的交易金额及期末持股金额的相当大比重（约 40%）。

除了恒生综合大型股指数及中型股指数成分股外，在深港通下的合格南向交易股票还包括恒生综合小型股指数成分股，后者所占深港通 2016 年 18 个交易日的南向交易的比重相当高，与中型股的比重同为 42%，小型股在深港通下的持股比重较中型股更高（46% 对比 42%）。然而在互联互通总体南向持股分布方面，恒生综合小型股的比重因其低资产价值定义的内在性质关系仍相对甚低（4%）。

从行业来看，投资者对金融股的兴趣日浓。互联互通下的金融股在 2016 年独占鳌头，成为交易及持股最多的行业。其他较受欢迎的行业还有消费品制造业及地产建筑业。深港通下的南向交易和持股则并未集中于金融股，而有相当比重分布于消费品类、地产建筑、资讯科技及工业类股票。

但是，南向的港股通投资以金融股为主的情况主要见于恒生综合大型股指数股份方面。在恒生综合中型股指数股份方面，内地投资者经港股通买卖及持有的行业类别更为多元化。2016 年，南向交易及持有的恒生综合中型股指数成分股中有相当大的比例是消费品制造业股份（约 25%~27%，若计及消费品服务业更超过 30%）及地产建筑业股份（约 16%~18%）。金融股只列位第三，与其在恒生综合大型股指数成分股的港股通交易及持股中的主力地位显然有别。在深港通下恒生综合大型及中型股指数成分股的南向交易金额及持股金额按行业类别的分布同样有显著分别。而在深港通下的恒生综合小型股指数成分股中的资讯科技股明显能吸引颇高的交易与持股比重。

换言之，在互联互通机制下，内地投资者对多种不同类型行业的中型港股通股票都有相当大的兴趣。相对大型股中金融股占比相当重的情况，较小型的股份反而为内地投资者提供了更多元的行业投资选择（见图2）。

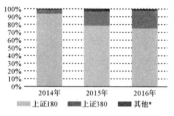

图2(a)沪股通交易金额占比

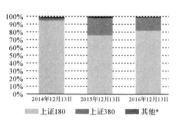

图2(b)沪股通持股金额占比

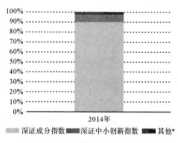

图2(c)深股通交易金额占比

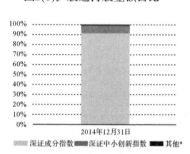

图2(d)深股通持股金额占比

### "共同市场"模式是内地及全球投资者的机遇

在深港通推出后，即便只是在指定合格股票范围内运作，沪深港三地的"共同市场"模式也已经基本形成。由于股票市场交易互联互通机制可以扩容，这无形中打开了一个潜在的内地与香港股票共同市场，其股份总值105,140亿美元（2016年年底）、日均股份成交约843亿美元（2016年），在全球交易所中按市值计排名第二（仅次于纽约证券交易所）、按股份成交额计排名第二。

"共同市场"模式还可以扩展至股票以外的多个范畴。按中国证监会与中国香港证监会在2016年8月16日原则上批准建立深港通的联合公告的内容，两家监管机构已就将交易所买卖基金纳入机制内合格股票范畴达成共识，将在深港通运行一段时间及满足相关条件后再宣布推出日期。此外，中国证监会与中国香港证监会将共同研究及推出其他金融产品，以方便及满足内地与全球投资者对于管理对方股票市场的价格风险的需要。

在"共同市场"模式下，沪深港三地可以向内地投资者提供各式各样的海外产品，亦可以向全球投资者提供不同的内地产品。南向交易为内地投资者（个人及机构）打开投资海外资产的规范化渠道。此渠道虽全程封闭，每日额度的使用受审慎监控，但又在无总额度限制下提供相当的灵活度。投资者可较以往更自由地配置跨境资产组合投资，这等于为内地投资者提供了全球资产配置的机会。

按此机制操作，资金全程封闭：人民币先转成港元用于购买海外资产，他日出售海外资产时再转换成人民币汇回中国内地，实质上完全避免了长远的资金外流问题。这样的模式扩展了内地投资者可投资资产的种类。在此环境下，互联互通渠道补足了内地可投资资产相对短缺的问题，内地资金可以投资于海外，或能获得较内地市场更佳的潜在回报。

有鉴于此，中国保险监督管理委员会在 2016 年 9 月初发出政策文件，允许保险资金参与沪港通下的港股通交易。深港通的合资格内地投资者与沪港通相同，共同市场在深港通扩展投资范围下为这些内地投资者提供了更为多元化的南向投资选择。

此外，港股通对内地投资者而言实际上是投资外币（与美元挂钩的港元）。在人民币贬值预期下，南向投资提供了从币值角度看的另类投资选择。

基于"共同市场"模式的合资格工具可予扩充，相信向内地投资者提供的投资工具范围将会日趋多元化，尽管短期内或许只能提供现货市场证券，包括股票及有可能的交易所买卖基金。

在深港通推出后，港股通的合资格股票除了 HSLI 及 HSMI 成分股外，还包括市值 50 亿港元或以上的恒生综合小型股指数（HSSI）成分股，以及有 A 股在内地市场上市的所有 H 股（不只限于上交所上市 A 股）。HSLI 及 HSMI 已涵盖恒生综合指数 (HSCI) 总市值 95％，占香港市场总市值 95％。合资格股票名单添加了 100 多只股票。更重要的是，扩充后的股票范围将加入许多不同行业，包括新经济行业如资讯科技和消费品及服务。

香港市场的主要参与者为国际专业机构投资者，这样的国际证券市场所给予的交易经验对内地投资者（特别是散户投资者）而言具有一定价值。成熟市场的专业投资策略一般基于股票的基本面以及经济及行业因素，这有助于平衡内地部分投资者的短期投机交易行为。因此港股通的交易经验预期将帮助内地投资者走向成熟。

除二级市场的交易外，"共同市场"模式亦可推出募资市场，即一级市场（即首次公开招股市场）的互联互通（新股通，须获监管机构批准），让两边市场的投资者可认购对方市场的首次公开招股的股份。在"共同市场"模式下所涵盖的产品日后（须获监管机构批准）还可以延伸至债券、商品及风险管理工具，包括股票衍生产品、人民币利率及货币衍生产品。

事实上，鉴于股票市场交易互联互通计划已顺利实施，如何契合投资者对冲其跨境股票组合的需要会是当前急切的问题：现在内地投资者可买卖港股，却没有香港指数／股票期货及期权作为对冲，同样地香港亦欠缺 A 股指数期货期权等 A 股对冲工具。相关的衍生产品日后或会被纳入"共同市场"模式。

"共同市场"模式实际上是中国内地资本账户开放进程中极具象征意义的突破。在内地资本市场可能做全面开放前，这是个可以长线提供极为多元的投资及配套风险管理工具的市场模式。按此，内地投资者可受惠于更好的资产配置及投资组合管理，全球投资者也获得了开放渠道，能够在有相关风险管理工具可用的情况下捕捉更多内地投资了机会。

（本文发表于《上海证券报》，2017 年 8 月 24 日。）

# 中国股市异常波动的原因及救市评估

　　2015 年年中，中国股市的大幅波动带有一系列新的特征，稳定市场的政策措施逐步取得成效之后，如何从专业的角度提出改进的举措，并尽可能从制度上避免类似大幅波动问题的再次发生，就成为一个十分现实的课题。

## 融资融券业务杠杆影响凸显，风险对冲作用有限 [1]

　　自 2010 年 3 月重新启动以来，中国的融资融券业务一直平稳发展，两融余额规模从最初的 700 万元稳步上升至 2013 年年末的 3465 亿元。从 2014 年开始，随着融券标的从最初 90 只股票扩大为 900 只股票和交易型开放式指数基金（Exchange Traded Funds，简称 ETF），以及具有业务资格的证券公司范围逐步扩大，融资融券业务开始出现大幅扩张的趋势，截至 2015 年 7 月，融资融券余额的规模峰值高达 2.27 万亿元，是 2014 年年初的 6 倍。

　　融资融券业务的设立初衷是为投资者提供风险对冲的工具。从理论角度来看，在没有融券业务机制之前，投资者难以根据市场风险变动情况主动调整资产结构，只能通过抛售已有股票的方式来表达对未来市场

---

[1]　本部分发表于《中国金融》2015 年 15 期，朱虹参与本部分的起草与讨论，原题目为《证券交易与监管制度反思》。文中出现的近期指 2015 年。

的预期，而这进一步加大了现货市场波动的可能性。在具有融资融券机制后，投资者均可以在自身投资组合中加入融资或融券，来应对对冲组合风险。从理论预期方面来看，融资融券业务提供了灵活的投资方式，也同时提高了资金利用效率和证券市场流动性。尤其是融券业务的卖空机制，如果运用得当，则为投资者提供了合适的避险工具，有利于市场均衡价格的发现，弥补中国证券市场"单边市"的非成熟缺陷。

然而，从实践角度看，融资融券的几个特征决定了对融资融券业务自身的风险需要格外注意，如果风险控制不当，则会适得其反。一方面，融资融券交易具有杠杆效应，从历史数据观察，杠杆融资交易规模与股票市场走势可以说呈正相关关系，当股票市场存在上涨的强烈预期时，杠杆资金的注入加速了投资者预期的实现；当市场出现调整状态时，去杠杆加剧了市场的波动性。另一方面，融资融券创新业务与现有的交易制度之间存在一些有待优化之处。比如目前中国 A 股市场实行"T+1"交易制度，而融资融券业务可以成功避开"T+1"的制度要求，通过向证券公司借入股票卖出的方式，实现当日买入股票的盈亏。制度上的不一致使得不同投资主体面临不平等的交易地位，参与融资融券的投资者通过这种隐性日内回转机制实现日内盈亏，而中小型投资者只能通过下一交易日实现投资盈亏。

近期股票市场的大幅波动现象，反映出目前市场主体对融资融券业务风险控制能力不足。在两融总规模高倍速增长的背景下，两融业务的结构是极不平衡的，融资业务井喷式发展，而融券业务却发展缓慢。就增速而言，融资业务从 2014 年年初至两融规模达到峰值之时，规模增长达到503%，而相比之下融券业务仅增长148%；当 2015 年 6 月末股市发生大幅波动时，融资规模的下降幅度为36.5%，而融券规模下降57.5%（见图 1）。融券在市场下跌时波动更大，也未能实现有效对冲，反而加剧了市场卖空压力。从融资融券比值而言，截至 2015 年 7 月，融资余额与融券余额的比率最高达到 500 倍，年均也高达 200 倍左右，相对于国际其他证券市场而言，中国 A 股市场融资与融券规模比率过高。日本融资规模仅是融券规模的 4.38 倍，中国台湾地区约为 5.68 倍。这说明中国融资融券交易虽然发展迅速，但结构发展不平衡，而投资者更多倾向于通过融资渠道实现杠杆交易。从根本上讲，融券交易发展的迟缓使得融券本应起到的市场对冲风险作用有限，远小于融资交易的杠杆负反馈影响。

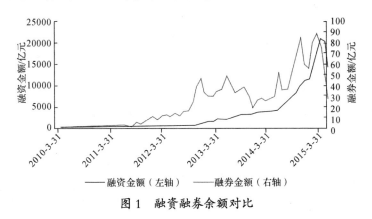

图 1　融资融券余额对比

## 场外配资活跃在机构监管范围之外

场外配资的渠道具有多样化特征，主要形式为系统分仓模式（HOMS 系统和非 HOMS 系统）、人工分仓模式、互联网平台模式（P2P 等融资平台）、私募基金配资模式以及员工持股计划带杠杆模式等，参与主体涉及互联网平台、各类金融机构、配资公司和个人投资者等多个主体。在现有的监管体制以机构监管为主要分工依据的条件下，对于这些新的业务活动的监管跟进还不太及时，场外配资规模尚无统一的统计数据。根据中国证监会在 2015 年 6 月末披露的数据，当前场外通过恒生 HOMS 系统形成的总杠杆资金规模（包含本金和融资两部分）在 4400 亿元左右。不同于场内融资融券配资处于实时监控中，场外配资公司配资业务具有隐蔽性，而且由于现有的监管规则未能覆盖到这些融资活动，据调查其配资杠杆比例实际可达到 1：4 或 1：5，甚至 1：10。尤其是近年来新兴的互联网融资借贷，具有参与主体多样化、业务模式差异大，网络借贷跨行业、跨区域等新型特征，进一步加剧了潜在的风险传染性。

反思近期A股市场的场外配资高杠杆业务对股市波动的负反馈效应，与 2008 年全球金融危机中投资银行在监管宽松的场外交易市场进行的高杠杆衍生品业务操作，引发市场螺旋式下跌的情况具有相似性。由于场外交易市场金融衍生品市场极低的透明度与监管缺失，参与交易的金融机构对交易对手的实际交易头寸情况所知甚少，交易所以及结算机构也无法了解市场实际交易头寸与杠杆比例的真实情况，一旦一家交易商出现流动性问题，则会出现连锁反应。在危机之后，国际主要金融市场认为对于场外衍生品市场的监管重在解决清算问题，建议引入中央交易对手。相似地，在解决场外配资的监管问题上，需要把现有对融资融券业务的监管要求延伸到这些业务活动中，避免监管套利和监管真空的情况出现。

## 新型融资业务跨行业联动特征明显

近年来，资产管理行业的不断创新使各金融机构之间的经营壁垒逐渐被打破，证券市场交易亦开始形成跨市场关联、跨行业联动的特征。这种联动关系主要体现在三个方面：一是证券业务的跨市场关联，如证券公司在向客户提供融资融券业务的同时，还需要从银行等金融机构获得融资，进而形成多重信用关系；二是产品的内生性全行业关联，如包含银行理财产品、券商集合资产管理计划、基金管理公司特定客户资产管理计划等在内的交叉型证券产品；三是金融机构经营的全行业关联，如金融机构牌照放开、交叉持牌而形成的金融控股集团。与金融机构跨市场关联、全行业联动现象形成鲜明对比的是混业监管改革的迟滞。目前分业监管的局面使得在交叉业务领域发生风险时，出现监管职责在一些领域没有明确划分的现象。就此次股票市场波动来看，场外配资渠道的多样化，包括银行理财资金、伞形信托、私募基金配资模式、员工持股计划配资模式等，使得不同类型的金融机构业务相关性大幅提高。自2008年国际金融危机以来，全球发达金融市场开始探索功能监管与机构监管并行之路，认为随着金融创新不断深化，金融机构提供的金融产品和服务范围界限逐渐淡化，忽视金融机构与金融市场之间的潜在系统性关联，仅进行传统的机构监管则会面临多重监管和监管真空并存的局面。为此，各国开始寻找建立跨市场的风险防控体系，加强宏观审慎改革力度。此外，利用互联网时代的大数据技术特征，可实现银行、证券等监管领域活动数据的整合和共享，通过高效分析手段及处理技术，可降低跨领域监管成本与难度，使跨领域合作与监管成为可能。

# 关于2015年股市异常波动的原因分析

### 融资融券结构失衡

从市场角度看，融资业务与融券业务的结构决定了该机制能否实现风险对冲和价格发现功能的正常运行。就中国市场目前的情况而言，相比于融资渠道，证券公司的融券渠道更为狭窄，仅限于900只股票和ETF（交易型开放式指数基金），仅占上市公司股票的32%，而相比其他国家和地区（美国为93%，中国台湾地区为78%）的融资融券业务，可融券的标的占比相对过低。相比而言，在欧美发达市场，融券标的不仅包括大盘蓝筹股，同时也包含中小盘股票，不同的融券标的满足了客户对不同类型融券的需求，也扩大了股票价格发现的范围。此外，对冲机制和转融券机制不完善，由于缺乏对冲工具，证券公司的自有资金一般通过购入沪深300成分股用于股指对冲，这意味着投资者实际能够融入的标的券更少。在转融券机制方面，欧美发达市场对融券期限的设定较为灵活，但国内市场仅设定 5 个固定期限，且仅有机构客户才能向［中国证券金融股份有限公司（简称证金公司）］出借证券，使得该业务缺乏自由度和吸引力，致使市场转融券出借规模较小。

目前中国融资融券交易虽然发展迅速，但结构发展不平衡，往往难以有效发挥避险对冲的作用，而投资者更多倾向于通过融资渠道实现杠杆交易。在中国证券市场存在阶段性的"单边市"的状态下，融资融券现阶段实际上未能起到市场稳定器的作用，而是在特定的阶段助推了股票市场的快速上涨和下跌，加剧了市场波动。从根本上讲，融券交易发展的滞后使得融券本应起到的市场对冲风险作用有限，形成了"强杠杆、弱套期保值"的效果。

**股指期货的再认识**

从市场数据分析，尽管可以观察到在本轮股市巨幅波动中，在波动幅度较大的当日，期现货联动现象较为明显，有高频交易的可能性存在；但在一段时间内观察，市场状态涨跌是伴随着期现货价差调整存在的，股指期货实际上发挥了市场价格发现的作用。从持仓结构看，机构投资者的空头套保持仓并没有打压市场，反而有助于缓解股市抛压，提高股市稳定性，这可以从以下方面理解。

第一，机构参与股指期货主要是进行套期保值，空头持仓对应着其持有的股票现货。机构投资者通过持有期货空仓管理了现货价格风险，提升了其持有股票现货的信心，在市场下跌时不需要抛售股票。

第二，机构投资者空头持仓规模远小于其股票市值，整体上仍是净多头。以 2015 年 6 月 15 日股市大跌为例，参与股指期货交易的证券公司合计期货指数空仓金额 1203.78 亿元，而合计持有 A 股现货市值达 2598.69 亿元，多空比例是 2.16∶1。

第三，机构套保持有空仓主要是为了管理现货风险，投机多头承接了套保空头，进而承接了转移而来的现货风险。股指期货市场始终自身基本实现多空平衡，没有给股市额外施加压力，反而承接了股市抛压。据统计，2015 年 6 月 15 日至 7 月 31 日，股指期货日均吸收的净卖压约为 25.8 万手，合约面值近 3600 亿元，这相当于减轻了现货市场 3600 亿元的抛压。

**熔断机制与磁吸效应**

在 2015 年中国股市发生异常波动以后，中国证监会开始启动中国版的熔断机制方案设计和研究，并在 2015 年 12 月 4 日由上海证券交易所、深圳证券交易所和中国金融期货交易所等三家交易所发布了熔断机制相关规定。与境外市场熔断机制相比，中国 A 股市场指数熔断机制具有如下特点。一是指数熔断第一档阈值较低。中国熔断机制规定当日内基准指数较上一交易日收盘价涨跌达到 5% 时就要实施第一次熔断，与美国的 7%、韩国的 10% 且持续 1 分钟和印度的 10% 相比处于较低的水平，结合中国股市波动性也较高的特点，这意味着在中国触发第一次熔断的可能性要高于其他各国。二是两档熔断阈值间的间距较小。中国指数熔断机制设置了两档熔断，两档熔断阈值间距仅为 2%，远低于美国市场的第一档间隔 5%、第二档间隔 6% 以及印度市场 5% 的间隔。三是最后一档熔断阈值设置过低。中国熔断机制设计该幅度为 7%，而美国和印度均为 20%，最后一档熔断发生往往意味着交易暂停将持续到当天交易时间结束，这意味着中国触发全天暂停交易的概率要更高。四是熔断的时长占日交易总时间的比例较高。虽然中国熔断时间与美国和印度一样，但中国股市交易时间相对较短，同时中国最后一档熔断阈值较低，触发熔断后暂停当日交易概率更大，因此中国股市熔断暂停交易时长占交易总时间比例更高。综合以上因素，在熔断机制设计上中国触发熔断的门槛较其他国家更低，或者说触发熔断的容易程度较其他国家更高。

与熔断机制密切相关的一个概念是"磁吸效应"，它是指实行涨跌停和熔断等机制后，证券价格将要触发强制措施时，同方向的投资者害怕流动性丧失而抢先交易，反方向的投资者为等待更好的价格而延后交易，造成证券价格加速达到该价格水平的现象。市场表现为涨跌停和熔断的价位附近存在磁吸力，所以称为"磁吸效应"。美国在1987年引入熔断机制时一些学者就曾预测这可能引发"磁吸效应"，后来包括Fama、Telser在内的学者从理论上对熔断机制的磁吸效应进行了论证。在此之后国内外学者也利用各国数据进行实证研究，大多数都支持了磁吸效应的存在，但也有少数研究持相反结论。在中国，由于投资者以散户为主，羊群效应更为突出，加上A股实行T+1交易制度，同时在熔断机制设计上触发熔断的门槛较低，两档熔断阈值间隔较短，因此理论上的磁吸效应更为突出。

### 场外配资监管缺失

不同于场内融资融券配资处于实时监控中，场外配资公司配资业务具有隐蔽性，其风险在于杠杆比例和杠杆规模等因素的不可测和不可控，以及杠杆资金的流转不清晰和不实名，从而影响监管层对整个金融体系中的金融杠杆判断以及系统性风险的防范。尤其近年来新兴起的互联网融资借贷，具有参与主体多样化、业务模式差异大、网络借贷跨行业、跨区域等新型特征，进一步加剧了潜在的风险传染性和监管的难度。因此在监管部门清理场外配资的过程中，由于对场外资金进入股票市场的规模估计不足，过于急切地希望在短期内快速清理场外配资引发的账户强制平仓而进一步引起了流动性风险加大，短时间内大规模出售股票资产引发资产价格下跌，更广泛的投资者和金融机构间接受到影响，导致了资产价格螺旋式下跌。

### 金融行业联动特征与分业监管制度的不匹配

随着金融业务创新和产品创新，以及互联网金融的发展，金融机构间的功能边界逐渐模糊，不同类型的金融机构能够提供功能相同或相似的金融产品或服务，按机构类型进行分业监管容易产生监管标准不统一与监管真空等问题，使监管套利问题非常突出，形成金融体系的潜在风险隐患。例如，当前券商和基金公司资产管理业务的监管要求相对较为宽松，而银行体系、信托类金融机构的资产管理业务监管较为严格；而以 P2P 借贷平台为代表的互联网融资平台的监管还处于真空地带。就此次股票市场波动来看，场外配资渠道的多样化，包括银行理财资金、伞形信托、私募基金配资模式、员工持股计划配资模式等，使得不同类型的金融机构业务相关性大幅提高。因此，在监管方面也应顺应金融市场的发展方向，在具体的监管框架改革趋势上，重新整合央行与不同领域监管机构的功能，明确财政、央行、监管者和市场主体在危机应对中的职责边界，宏观审慎与微观审慎双管齐下，功能监管与机构监管并重。

## 关于救市措施的市场评估

**首先是在救市时点与舆论引导方面需要进一步改进。** 2015 年这一轮救市开始于监管部门强力清理场外配资，但对于清理场外配资的影响估计不足，特别是当市场已经出现了强烈反应时监管部门未采取必要的应对措施。从中国历史上的经验以及国外成熟市场的做法来看，在市场剧烈波动初期，政府部门如果出面对市场关注的问题进行澄清，有利于稳定市场信心，防止出现踩踏事件。但是从 2015 年 6 月 15 日市场开始逐步显示出疲态到 6 月 19 日市场经历了本轮股灾的第一次大跌（上证指数当日跌幅 6.42%），主流官方媒体集体失声，与在股灾爆发前的一致唱多形成强烈对比，这客观上起到加剧市场波动的效果。另外，在危机应对过程中，看不到清晰、明确、权威的与市场沟通的行为，加大了市场的猜测和疑虑。为了稳定市场预期，市场观察到官方媒体的口径过于一致，也没有对一些公众关注的焦点问题进行清晰的正面回答，导致通过官方纸媒传播的声音偏于含糊和乐观，这样就形成了官方纸媒与高效率的自媒体的二元并行局面，并且自媒体在事实上的影响力更大。

**其次是救市措施及退出安排方面需要进一步完善。**在成熟市场上的风险救助中，最为关键的举措之一是迅速切断风险爆发点与其他金融领域的关联和传染渠道，将风险控制在一定的范围内，而在此次股灾救市中，监管部门广泛地动员各种金融机构以不同方式参加救市，实际上反而把原来直接受到股市波动影响不大的金融机构（如商业银行、保险公司、基金公司、券商和上市公司等）关联起来了，这样十分容易形成风险的迅速传染，并导致"火烧连营"的被动局面。在成熟市场上救市的重点是：对可能产生系统性风险的少数金融机构，通常是采取央行提供流动性资金的方式处理的；此次中国救市采取的则是证金公司直接入市购买股票的方式，导致将来在退出时会产生一系列的问题，例如损益的分担计算、可能对市场带来的冲击等。参考美国实施量化宽松（Quantitative Easing，简称 QE）不同阶段的做法，在开始启动 QE 等救市举措时，通常会配套宣布这些刺激政策的政策目标、将来退市的标准等，这样才构成一个完整的救市政策。

**再次是在救市过程中频繁变动的规则以及行政色彩较浓的管制措施可能会产生负面影响。**为了稳定市场，遵循特定的程序，适度微调市场规则是可以理解的。但是，不少国际机构投资者担心这种规则的不稳定会带来强烈的政策风险，进而导致他们担心如何向他们的投资者进行解释，同时也担心将来如果政策频繁变化是否会导致他们在需要满足投资者赎回等要求时无法做到；同时在救市干预中采取的不少行政色彩和管制色彩比较浓厚的政策举措，使部分国际投资者担心中国的市场化改革，以及金融市场对外开放的步伐是否会继续。桥水公司是华尔街上近年来一直对中国市场看好的少数大型对冲基金之一，但是桥水公司也开始因为救市等而转变自己对中国经济的乐观看法。虽然桥水公司事后发表了比较中性的声明，表明公司并未看空中国经济，但是市场会猜测桥水公司是否因为其是中国一些大型金融机构的客户而受到了压力。

**另外，在股灾救市过程中的监管协调问题值得关注。** 随着金融机构间的业务融合程度不断加深，不同类型金融机构之间的相互风险敞口在逐步加大，同时金融机构的资产与金融市场的受关联度也在逐步提升，这使得在危机时刻金融风险的传递更加迅速和普遍，如果监管协调不足，那么在分业监管体制下独立的金融监管机构在风险识别和风险防范时就必然显得力不从心。例如在 2015 年股市大幅波动前，银行资金通过多种渠道和形式进入股市，中国证监会和中国银监会等单一监管机构实际上都难以掌握这些资金的确切数据以及杠杆率水平；在股市暴跌过程中，监管部门常常缺乏对这些数据及其影响的客观评估，各种猜测就容易通过互联网在市场中快速传播，这进一步加剧了市场恐慌和波动；而在救市进程中，如果各个监管部门反馈不力和步调不协调，就容易使得救市错过恰当的时点，可能导致市场风险不断恶化。

（沈长征、朱虹参与本文的起草与讨论，本文发表于《新金融评论》2016 年第 2 期，原题目为《从市场角度分析 2015 年中国股市异常波动的原因及救市评估》。）

# 从金融功能角度看股票期权的发展与市场影响

在新的经济金融环境下，如何促进中国金融市场功能的更好发挥？顺应市场的内在发展需求，积极推动金融创新和金融改革，是一个必然的方向。继股指期货推出以后，上证 50 交易型开放式指数基金期权也于 2015 年 2 月 9 日在上海证券交易所上市。期权作为一种非线性的金融衍生品，无论是从本身的经济功能角度来看，还是从对现货市场的影响来看，预期均会对资本市场产生多方面的积极影响。

## 期权的风险转移功能

从风险管理的策略类型来看，主要有风险分散、风险对冲、风险规避和风险转移等四种。在现有的金融市场工具中，中国的金融市场工具应当说已基本具备了实现前三种风险管理策略的主要条件，例如，风险分散可以采用基金投资组合的方式实现，风险对冲可以利用股指期货来实现，风险规避可以通过选择风险低的产品（比如债券）来实现。然而，目前中国股票市场并没有真正意义上的风险转移工具，从这个意义上说，期权的非线性和多样性可以允许投资者自由地选择所要承受的风险与转移的风险，填补中国股市缺乏风险转移的金融工具的空白。

期权买方通过支付权利金买进期权达到了转移风险的功能，而期权卖方则通过卖出期权承担风险而获取了收益。例如，持有股票现货的投资者如果担心股票市场下跌可能出现亏损，就可通过买入认沽期权的方式来转移股票的下跌风险；如果到期现货市场出现下跌，那么投资者可以通过执行期权来弥补现货市场的损失。在成熟市场上，期权这一工具通常被基金、银行等金融机构甚至大型实业公司当作一种特定的保险工具，用来管理和保护其现货头寸。根据国际掉期与衍生工具协会在 2009 年进行的一项调查，在全球 500 强企业中超过 94% 的公司使用衍生品来管理和对冲经营性、系统性风险，超过 30% 的公司使用权益类衍生品进行风险管理。

股票期权相比其他风险管理工具具有更为精准的功能优势，在股票期权推出之后，未来中国金融市场上的股票期权的标的物范围可以发展得更广泛，对于单个股票或者少数股票组合的保护能力更强，若投资者持有大量头寸的单一或少数股票，则股票期权将是更为有效的风险管理工具。

## 期权的增强收益功能

期权不仅可以作为重要的风险管理工具帮助投资者转移风险，也可以作为投资工具来增强投资者的收益。成熟市场的经验表明，养老金、社保基金等资金往往长期持有大量的股票，通过采取备兑开仓策略（即在持有股票现货的基础上卖出认购期权的投资策略）可以起到增强收益的效果。当股票市场下跌时，备兑策略可以用权利金平滑损失；当股票市场上涨缓慢时，备兑策略也可以通过权利金来增强收益，股票期权的推出将为投资者（特别是长期资金）提供重要的风险和收益管理工具。

具体来说，标普 500Buy Write 指数（BXM 指数）是由芝加哥期权交易所（CBOE）在 2002 年推出的，用于衡量一个资产组合的潜在总收益的指数，该组合在买入一个标普 500 指数股票组合的同时，卖出一个标普 500 指数看涨期权。从美国过去十年的表现看，表示备兑策略的 BXM 指数表现长期好于标普 500 指数，这也从一个特定角度说明期权在长期可以发挥优化收益的功能。

## 期权的价格发现功能

从一定意义上说，期权代表的是投资者对市场未来的看法，期权的双向交易等特点可以实现现货的价格发现功能。衍生品市场投资者一般可以分为投机者、套利者和套期保值者等。对于投机者来说，他们进入市场的主要目的是盈利，会尽可能多地搜集和评估市场信息以预测现货市场的未来趋势，从而利用衍生品市场的杠杆功能放大盈利；对于套利者来说，他们将尽可能捕捉市场中期权合约的价格偏离机会，并进行套利；对于套期保值者来说，为了确定套期保值头寸和套期保值程度，从而尽可能地减少套期保值所花费的费用，他们也要对市场未来趋势做一定程度的判断。

当投机者、套利者和套期保值者的角逐达到市场平衡时，现货市场和衍生品市场的合理价格得以形成，这个价格成为当下和未来市场趋势的一个判断参考。比如，当现货市场或衍生品市场的价格偏离其真实价值时，投机者可以利用现货和衍生品工具构建无风险套利组合得以盈利，直到现货和衍生品价格回归理性；当现货市场被爆炒时，投机者可以利用衍生品市场的认沽功能来实现套利，最终使现货市场回归理性。因此，期权有利于提高现货市场价格发现效率和稳定性。需要注意的是，一份期权合约，有卖方也有买方，多头和空头均是对立统一而同时存在的，并不能片面地被认为是做多或做空的工具。

# 期权不会对现货市场资金形成分流压力

成熟市场的实际经验表明，相较于现货市场的资金交易规模，期权市场对资金的占用比例小得多。有学者通过研究交易所挂牌交易的期权发现，交易所在选择期权合约标的时会更倾向于一些交易量大、市值大的标的，相对于标的正股的交易额和市值，期权的交易额并不高，期权交易并不会对现货市场资金形成过大的分流压力。《南森报告》[1]通过对比美国衍生品与现货的市场规模发现，期权投资者的规模大约仅是现货投资者规模的 3%，从这个意义上来说，期权的推出并不会造成对现货市场的资金分流。

此外，股票期权的推出有利于形成现货和衍生品联通的多层次市场，逐步建立的衍生品市场可以吸引不同风险偏好的投资者进行现货交易，对于改善现货市场流动性有着积极的意义。

总体来看，股票期权并不单纯是做空或者做多的工具，而是一种具有风险转移特点的新型风险管理工具，在当前的市场环境下，有助于促进现货价格回归理性，改善其流动性。作为一种新的基础性的金融衍生品工具，股票期权的推出预示着中国资本市场的功能发挥具有更好的市场条件。

*（本文发表于《上海证券报》2015年2月9日。）*

---

[1] 1974 年 12 月，南森公司为 **CBOE** 完成了名为《芝加哥期权交易所股票期权上市交易评估》的研究报告，简称《南森报告》。

# 股市波动和金融监管体制

　　回顾中国以及全球金融监管的演变历史，金融监管改革程度不同地呈现危机推动与问题导向特征，在金融体系相对稳定时期，金融监管部门通常没有足够的动力和压力进行监管体制的改革；而在金融市场发生动荡后，监管机构通常会对市场动荡中暴露出来的问题进行反思，并针对性地加快金融监管改革的步伐，提升整个金融监管体系应对市场波动的能力。

　　在具体的监管框架改革趋势上，重新整合央行与不同领域监管机构的功能，发挥央行在应对金融危机中的主导作用，正在成为主要发达经济体和一些新兴经济体金融监管体系改革的共同趋势之一，有的国家的金融监管体制改革已经取得了明显的成效，其中对中国具有明显参考价值的模式是捷克的金融监管体制改革探索。从 20 世纪 90 年代开始，捷克实行的是分行业的四部门监管模式，即央行监管银行业，证券监管委员会监管证券行业，财政部监管保险业和养老金，信用合作社监管办公室和信用合作社。随着金融市场复杂程度的提高和内在联系的增强，这种分业监管体制的缺陷也越来越明显，并在 1997—1999 年捷克的金融危机中暴露得十分明显。经过深入研究，捷克在 2006 年 4 月进行了金融监管改革，将四大金融监管机构职能统一集中到捷克央行。这一新的监管框架在 2008 年全球金融危机中表现良好，特别是克服了市场动荡时期监管机构沟通协调效率问题，总体上提升了捷克金融体系预防、识别和抵御金融风险的能力。

2015 年 6 月中旬以来中国股市出现剧烈波动，在不到两个月的时间内上证综合指数下跌超过 40%，市值蒸发超过 20 亿元，占 2014 年 GDP 的近 30%。本轮股市暴跌虽未对中国金融体系造成系统性风险，但在股市大幅波动以及救市过程中暴露出的一些金融监管体系方面的不足，也客观上对这些问题提出了进行改革的要求。这就要求把握全球金融监管发展的大趋势，并立足中国金融市场的实际，探索不同的金融监管改革路径。

## 为什么要在股市动荡之后提出中国金融监管改革？

### 分业监管体制难以适应金融混业的发展要求

随着金融业务创新和产品创新，以及互联网金融的发展，金融机构间的功能边界逐渐模糊，不同类型的金融机构能够提供功能相同或相似的金融产品或服务，按机构类型进行分业监管容易产生监管标准不统一与监管真空的问题，使监管套利问题非常突出，形成金融体系的潜在风险隐患。特别是在这种分业监管体制下，因为不同监管者之间沟通和信息交换不充分，就会显著削弱监管部门对整个金融市场的监测能力，无法及时发现影响金融稳定的因素，也会极大降低危机时期的沟通效率。从操作角度看，分业监管也会明显增加整个金融体系的运行成本，金融机构往往需要用不同的格式向不同监管者报送大量数据，难以形成信息的充分共享。在 2008 年金融危机以后，中国"影子银行"体系的快速发展也是一个典型的例证。在 2015 年的股市动荡中，因为金融市场不同部分实际上已经形成了紧密的联系，但是基于以分业为特征的监管体制，使得监管部门在制定市场动荡的对策时，缺乏覆盖各个不同金融市场的完整信息，制约了决策的效率和针对性。

## 缺失央行全程介入的金融监管体系在风险救助上存在明显不足

随着金融结构的变化，特别是金融市场在金融体系中的作用和地位不断突出，不同类型金融机构参与金融市场的资产规模以及比重不断上升，流动性风险有逐步取代信用风险成为金融体系中最重要的系统性风险因素之一的可能性。而中央银行作为金融体系的最后贷款人，在向市场提供流动性、恢复市场信心方面具有得天独厚的优势，将中央银行排除在金融监管体系之外显然与其能力和作用不相匹配。从金融危机之后欧美国家强化中央银行金融监管权的实践看，支持银行监管者应严格独立于货币当局的传统观点，不仅在实践中受到严重挑战，而且在理论上缺乏有力依据。相比金融监管机构主要专注于个体金融机构风险和微观审慎层面监管，中央银行发挥货币政策和金融稳定等职能，更能根据宏观审慎原则来把握经济金融体系中的系统性风险，将宏观审慎监管和微观审慎监管相统一，并有针对性地调整微观审慎监管措施来防范金融危机的发生。

## 事实证明现有金融监管协调机制难以实现预期的效果

2013 年 8 月，国务院正式批复央行《关于金融监管协调机制工作方案的请示》，同意建立由央行牵头的金融监管协调部际联席会议制度，这标志着中国金融监管协作机制开始走上制度化、规范化、日常化的轨道。联席会议制度建立以来，通过定期或非定期召开会议推动出台或建立了一系列的制度安排，在宏观调控、金融监管以及金融风险防范等方面发挥了一定积极作用。但是由于现行金融监管协调机制对各监管主体实际上可以说是比较缺乏有效约束力的，同时缺少有效的争端解决办法以及外部监督机制，在实际运作中可能就容易出现议而难决、决而不行的现象。根据央行《中国金融稳定报告 (2015)》披露的信息看，到 2015 年联席会议研究了 35 项议题，但真正落地或有效落实的似乎并不多。

# 全球金融监管改革的主流趋势

在 2008 年全球金融危机中，无论是分业、多头监管模式的美国，还是混业、统一监管模式的英国，金融监管体系在识别和防范系统性金融风险上均面临巨大冲击。客观来看，这不仅暴露出分业监管模式的缺陷，也暴露出在缺少中央银行参与情况下的统一监管模式同样存在不足。金融危机爆发后，美国、英国、俄罗斯、欧盟等国家和地区纷纷对金融监管体系进行改革，其中由传统的多头监管向双峰监管甚至是一元的综合监管发展，同时强化中央银行的监管职责逐渐成为主流。

## 不同的金融监管模式及其特点

(1) 多头监管模式，是指在机构监管或功能监管模式下，由多个监管机构组成的监管体系，并分别指定专门的监管机构对不同的金融行业或金融产品进行监管，其他监管者不得越权监管。目前实行多头监管模式的国家包括美国、法国、意大利和中国。其中美国的多头监管模式比较复杂，它是一种"双重多头"的分业监管模式。2008 年金融危机以后，美国主要从两个方面对原有的金融监管框架进行了修正和补充：一是设立金融稳定监管委员会，加强分业监管机构之间的合作以控制系统性风险。二是扩大美联储的监管职权，美联储负责对具有系统重要性的银行、证券、保险、金融控股公司等各类机构以及金融基础设施进行监管，牵头制定更加严格的监管标准。同时在美联储内部设立相对独立的消费者金融保护局，使其统一行使消费者权益保护职责，美联储与联邦存款保险公司共同负责系统性风险处置。

(2) 双峰监管模式，是基于 1995 年泰勒提出的"目标型监管"构建的两类监管机构：一类是通过审慎监管来维护整个金融体系安全稳健，防范发生金融危机和市场崩溃；另一类监管机构通过行为监管来维护消费者权益，保护金融消费者和中小投资者的合法利益，也称为双峰型监管模式，澳大利亚是双峰型监管模式的典型代表。在金融危机爆发前，澳大利亚实行的是由机构监管与行为监管相结合的"双峰监管"体制。一"峰"是审慎监管局，从防范风险的角度对金融机构进行审慎监管，确保金融体系安全。另一"峰"是证券和投资委员会，针对金融机构的市场行为进行合规监管，保护金融消费者合法权益。2008年国际金融危机后，澳大利亚对双峰模式进行了完善，主要包括建立监管问责机制，成立金融监管评估理事会对监管机构履职情况进行年度审查和评估；充实证券和投资委员会的履职工具，赋予其对金融产品的早期干预权和必要的市场准入职责；等等。

(3) 综合监管模式，是指由统一的综合性监管机构对整个金融体系进行监管，金融系统中所有金融机构、金融产品和金融市场的活动都由同一个监管机构负责监管。这一监管机构既要负责监管宏观层面金融系统的安全和稳定，防范和化解金融系统性风险，又要负责监管微观层面各个金融机构的审慎经营和市场活动。目前实行统一综合监管模式的国家包括英国、德国、日本和新加坡等，其中英国的模式最具代表性。在金融危机前，英国是由金融服务局负责对银行、证券、保险业金融机构实施统一审慎监管的，英格兰银行专司货币政策和负责金融稳定。而在金融危机之后，英国以构建强有力的中央银行为核心全面调整监管机构设置：在英格兰银行下设金融政策委员会负责宏观审慎监管，设立审慎监管局和金融行为局 ( 设在英国财政部下 ) 共同负责微观审慎监管；同时明确英格兰银行为银行处置机构，并赋予其广泛的处置权力；建立多层次监管协调机制，明确英格兰银行和财政部在危机应对中的职责分工。

**综合监管模式的理论依据及实践基础**

关于综合监管模式的合理性，在金融危机之后得到了许多主流学术界人士和主要监管当局的认可。2001 年诺贝尔经济学奖得主约瑟夫·斯蒂格利茨曾担任联合国国际金融与经济体系改革委员会主席，该组织于

2010 年向联合国提交的《全球金融监管与金融结构改革——国际金融与经济体系改革委员会研究报告》认为，当前全球各国的学者和金融监管当局逐渐形成一个共识：全球金融市场已经越来越融为一体，所以需要对金融机构、国家和金融结构进行综合性监管，否则"监管套利"就有可能发生。英格兰银行金融政策稳定委员会执行董事安德鲁·霍尔丹和英格兰银行经济学家瓦西利斯·马德拉斯认为，通过提高金融监管的复杂性应对日益复杂的金融体系可能难以如愿，因为复杂的金融体系已存在大量的不确定性，复杂的金融监管会进一步增加不确定性，从而减弱监管的有效性；相反，由于金融创新和混业经营而日益复杂的金融体系可能更需要简明有效的金融监管来应对。因而一元化的综合监管模式，可能是面对日益复杂和交叉的金融体系的有效监管方式。

综合监管模式的合理性，也被多个国家和地区的金融监管改革实践所支持。如美国在金融危机以后虽然未完全改变原有的监管框架，但新设立金融稳定监督委员会以及强化美联储的监管职能实际上是在现有框架下向综合监管靠近；英国在金融监管前后均实施统一的综合监管模式，但英格兰银行由原来金融监管的外围转变成为金融监管的核心；俄罗斯总统普京在 2013 年 8 月签署了一项组建隶属于中央银行的统一大金融市场监管机构的法案，中央银行将取代联邦金融市场局对所有金融机构的经营活动实行全权统一监管；法国已经形成了以中央银行为核心，审慎监管局和金融市场监管局并行的管理框架，而欧盟则尝试通过设立欧洲银行联盟建立统一的金融监管机制。2008 年全球金融危机的应对经验使更多国家认识到，统一综合监管模式更容易把握住最佳的化解时机并能及时采取必要应对措施，所以统一综合监管模式正在成为各国金融监管改革的大方向。

在综合监管模式下，央行统一执行监管职能，基于不同的政策环境和政策目标，同样可以探索不同的内部治理模式和组织框架。例如，可以在央行的货币政策制定部门和金融监管部门之间进行隔离，也可以参考捷克的做法：央行由同一个管理委员会统一履行货币政策制定以及维护金融稳定的职责。传统上对央行行使混业监管职能的争议，主要在于货币政策目标和金融稳定目标之间是否可能存在一定的冲突。从一些国家的实践看，这种冲突影响不大，即使可能有一些冲突，这些可能的冲突在分业监管的模式下其实也是难以完全避免的，而且分业监管操作更加复杂。同时，一些可能产生的冲突多数也可以通过相应的内部架构设计来避免。另外，在市场动荡时期，由同一个监管机构实现这两种职能有利于二者之间高效率的协调以提升应对危机的能力，实际上对央行履行货币政策和维持金融稳定都是有利的。

## 对当前中国金融监管改革的政策建议

中国现行的金融监管体系的框架可以说是在 1997 年年底第一次全国金融工作会议中基本确立的。当时针对中国金融体系在亚洲金融危机中暴露出的问题，决策者及时提出对金融业实行分业监管，先后将证券、保险与银行的监管职能从央行中分离出来，并在 2003 年最终确立了分业经营、分业监管的金融监管体制。央行从具体领域的金融监管功能中分离出来，专司货币政策和维护金融稳定。现行的金融监管模式总体而言适应了过去金融机构业务界限清晰、金融结构简单的金融体系，通过专业分工促进了各个金融行业的发展，金融监管效率和效能获得大幅提升。但近年来，特别是 2008 年国际金融危机爆发后，中国的金融结构发生了巨大的变化，银行贷款在社会融资总额中的比重大幅降低，"影子银行"体系快速发展，金融机构的功能边界逐渐模糊，金融微观效率不断提升，但金融宏观体系的宏观脆弱性不断加强。在这样的背景下，如果继续坚持分业监管的模式，将中央银行排斥在金融监管体系之外，金融监管的有效性势必会大幅降低，在中国极有可能出现类似欧美等发达市场爆发的金融危机的风险隐患，2015年的股市大幅波动就是典型的例证。当务之急，中国需借鉴其他国家金融监管改革经验，结合中国金融体系的实际情况，加快推进金融监管体制改革。具体而言有三种模式可以借鉴。

### 借鉴英国金融监管模式建立以央行为核心的综合监管体系

在2008年金融危机以后，英国主要强化了英格兰银行的核心作用，撤销了金融服务局，并在英格兰银行下设了金融政策委员会、金融审慎局和金融行为局，其中金融政策委员会负责宏观审慎监管，金融审慎局和金融行为局共同负责微观审慎监管。中国可以借鉴英国的经验，参照中国外汇管理局模式，将中国银监会、中国证监会和中国保监会作为副部级单位纳入央行统一管理 [1]，由央行副行长出任三家监管机构主席，在时机逐步成熟后将三家机构的职能进行合并，由成立的金融审慎局和金融行为局负责微观审慎监管，并在央行下设金融政策委员会负责宏观审慎监管。央行主要负责顶层设计和重大政策决策以及金融监管政策的统筹协调。

### 借鉴美国模式成立金融稳定委员会，同时赋予央行对系统重要性金融机构和金融控股集团的监管权限

在2008年金融危机前，美国金融监管体系过于复杂，不仅存在多头监管，而且还有联邦和州的两级监管机构，因此要彻底改变现行监管架构在法律上和实际操作中都存有很大的困难和障碍。在金融危机后，美国采取了务实和折中的方案，在不改变现有监管架构的前提下新成立金融稳定监督委员会负责识别和防范系统性风险和加强监管协调。在人员组成上，金融稳定监督委员会体现了广泛的代表性，由十个有投票权的成员和五个列席成员组成，拥有投票权的成员包括九个联邦金融监管机构成员和一个拥有保险专业知识的独立成员；同时美国在金融危机后强化美联储的金融监管职责，将具有系统重要性的金融机构和金融控股公司划归美联储监管。

---

[1] 作者撰写该篇文章时，中国银监会和中国保监会还未合并。——编者注。

借鉴美国的经验，以现有的金融监管联席会议成员为基础成立金融稳定委员会，进一步强化其对系统性金融风险的监管职责和金融监管协调职能；同时进一步强化央行的监管权限，借鉴美联储的做法将国内的重要性金融机构以及金融控股公司划归央行监管。

**通过过渡性政策安排，逐步将银行、证券和保险的监管职能重新收归央行大框架下管理**

考虑大规模的金融监管机构调整可能对金融体系造成短期影响，可以借鉴当年金融监管职能从央行逐步剥离的经验，在金融风险可控可承受的前提下逐步将相关监管职能重新划归央行管理，同时对相应监管机构进行调整。具体而言，考虑到银行业在中国金融体系中的系统重要性，而银行类金融机构的信贷活动等与货币政策和金融稳定的关联性较强，所以可以首先将银行的监管权重新划回央行，并对省、市、县一级央行分支机构以及中国银监会派出机构进行合并重组。在时机成熟并总结经验的基础上，再逐步将保险和证券重新纳入央行统一监管。

（沈长征博士参与了本文的讨论与起草。本文发表于《第一财经日报》2015 年 9 月 10 日，原题目为《股市这么波动，和金融监管体制有什么关系？》）

# 期货及衍生品发展对市场经济的影响

在当前中国期货市场发展面临一些阶段性的调整压力时，从理论层面对期货及衍生品市场的发展进行研究和讨论是非常必要和及时的。

与股票、债券等金融产品相比，期货及衍生品市场可以说是小众市场，参与主体主要是专业机构和专业投资者，能接触和深入理解期货及衍生品市场的群体相对有限；同时期货及衍生品市场主要是通过风险管理和价格发现功能对经济发展间接发挥作用的，不像股票市场、债券市场等的投融资功能那么直接，在不同新兴市场的决策者的"政策菜单"中，"发展期货及衍生品市场"的排名往往不容易太靠前。

因此，对比不少经济体的金融市场发展轨迹可以发现，在股票市场出现异常波动的情况下，各方容易对期货及衍生品市场的发展产生怀疑甚至误解，期货市场既有的发展路径容易受到影响甚至一度中断。对于期货业界而言，需要加大对期货市场功能的深入研究，加强对期货市场知识的普及和宣传，为期货及衍生品市场的发展营造良好的外部环境。

## 期货及衍生品市场的风险管理与资本市场的直接融资

期货及衍生品市场虽然没有通常大家比较关注的融资功能，但是提供了与融资功能密不可分的风险管理职能。

期货及衍生品市场具有流动性高和交易成本低的特点，同时采用杠杆交易，利用期货及衍生品市场进行风险管理，与保险等传统风险管理手段相比，具有更高的准确性和实效性，因此可以给参与资本市场的投资者提供高效的风险管理工具。正是因为有了风险管理手段，资本市场对长期资金才会更具有吸引力，资本市场的融资功能和效率才能不断提升。在境外，几乎每一个成熟和有深度的资本市场无不例外都有一个高效发达的期货及衍生品市场与之相匹配。

在境内，比如说上市公司要定向增发融资，通常情况下定向增发价格比股票市价要低，但是要求参与增发的股票要锁定一年。一些投资者看好上市公司定向增发项目前景，并且乐意以比市价低的价格参与定增，但是又担心在持有的一年时间内市场环境的变化可能导致股票投资的风险。针对这种情况，在市场中就相应出现了专门参与定增的资产管理产品，在产品设计上通过股指期货锁定价格风险，主要赚取定向增发时市价与定向增发价格的价差。这类产品的出现，丰富了上市公司定向增发的资金来源，间接促进了资本市场的融资活动。

从研究文献看，目前国内外关于期货及衍生品市场对金融市场发展影响的学术研究成果比较多，其中比较典型的代表是 1985 年美国四家监管机构联合发布的《期货和期权交易对经济的影响研究》报告。

该报告是美联储、美国财政部、商品期货交易委员会、证券交易委员会等四家监管机构耗时两年多，对超过 100 家参与金融期货和期权市场的金融机构和商业公司进行访谈，调查、询问期货和期权市场外的专家的意见和看法，对近 50 年来的相关文献进行了梳理后形成的研究结果，该报告认为金融期货和期权市场能够使风险转移，增强流动性，有利于提升经济效率，同时对于真实资本形成、现货市场的稳定性以及货币政策均不产生负面影响。该报告对于纠正当时在监管层和美国社会中普遍存在的认为金融期货和期权会对现货市场带来负面影响的误解，起到了非常重要的作用。此后，金融期货与期权在美国得到各方认可，美国政府在发展场内金融期货新品种的问题上不再踌躇不前，各种创新产品不断问世，并扩展至全球金融市场。

在国内，也有不少有价值的深入研究。例如，有研究从风险管理和价格发现两项功能的角度，对期货及衍生品市场对经济增长的作用进行了研究，提出资源配置系统和风险配置系统共同运转，衍生品市场通过提高风险配置效率促进经济增长的观点。

2014年年底，笔者承担了一个研究课题，对中国股指期货市场运行及功能发挥情况进行研究和评估。我们的研究结果也表明，自上市以来，股指期货对资本市场的宏观稳定功能明显，价格发现功能在显著增强，同时股指期货在风险管理和金融市场创新等方面都发挥了积极的作用。虽然当前国内期货市场的发展面临一定的调整压力，但我认为，在这个阶段通过深入的研究来澄清一些分歧，会有更突出的价值。

# 期货及衍生品市场发展与大宗商品定价权

国际市场大宗商品价格通常是由期货市场形成的价格决定的，通过发展期货及衍生品市场有利于建立国际大宗商品定价权。中国经济总量在2010年超过日本位居全球第二，贸易总额在2013年超过美国位居全球第一，中国成为许多大宗商品全球最大的消费国、贸易国和生产国，每年铁矿石消耗量超过全球产量的一半，有色金属产量超过全球的三分之一，中国的大豆、铁矿石、原油、天然橡胶等基本原材料外贸依存度分别超过80%、60%、60%和50%，大宗商品进口额占中国进口总额约四分之一，但是中国对于上述大宗商品普遍缺乏定价权。

具体来说，目前全球农产品价格主要参考芝加哥期货交易所及纽约商品交易所，有色金属交易价格主要参考伦敦金属交易所，而原油交易价格通常参照纽约商品交易所和伦敦国际石油交易所，中国国内的商品期货交易所的商品期货交易量虽然连续多年位居全球首位，但是由于国内期货市场不对外开放，投资者群体单一等等，国内期货市场在全球市场影响力不突出。

由于定价权的缺失，中国企业在国际大宗商品贸易中长期处于相对不利的地位。以铁矿石为例，过去全球铁矿石贸易主要采用普氏指数进行定价，在 2015 年 9 月份必和必拓以私下议标方式首次对两船铁矿石采用上海钢联铁矿石指数进行定价。上海钢联的铁矿石指数和普氏指数编制方法趋同，但是普氏指数更多地倾向于铁矿石生产厂家的利益，而上海钢联的铁矿石指数更多倾向于钢厂的利益，因此上海钢联铁矿石指数比普氏指数平均每吨低 0.1 至 0.3 美元。以 2014 年中国进口 9 亿吨铁矿石计算，如果全部采用上海铁矿石价格指数，国内企业可以节约 0.9 亿至 2.7 亿美元的进口成本。

当然，建立大宗商品定价权的重要意义不只是体现在节约中国企业进口成本上，更为重要的是建立大宗商品定价权对于实施"一带一路"倡议和人民币国际化具有重要的意义。

首先，实施"一带一路"倡议需要大量的基础设施投资，同时也需要大量的大宗商品原材料。根据亚洲开发银行预计，2010 年到 2020 年，亚洲各经济体基础设施需要投入 8 万亿美元投资，这些基础设施直接投资及其引致的间接投资势必会带动对大宗商品的大量需求。如果中国在实施"一带一路"倡议过程中缺乏对大宗商品定价权的控制和影响力，就可能会影响到这些项目的实施效果。

其次，对于人民币国际化而言，人民币国际化实际上是使人民币的结算货币功能、储备货币功能和计价货币功能跨国界发挥作用。目前人民币作为结算货币在跨境贸易中稳步增长，同时随着人民币加入特别提款权（Special Drawing Right，简称 SDR）货币篮子，人民币作为储备货币的功能也在相应推进，相比而言，目前人民币作为计价投资货币的功能进展较慢。通过发展期货及衍生品市场，建立以人民币为计价货币的大宗商品定价权，对人民币作为计价货币，进而推动人民币国际化具有重要的意义。

经过多年的快速发展，目前中国商品期货市场已经连续多年交易量位居全球首位，但是由于长期以来中国期货市场处于相对封闭和较为单一的状态，表现为投资者结构（无境外投资者）、市场结构（无场外市场）和产品结构（无期权市场），因此中国商品期货市场在全球市场缺乏相应的影响力。在当前国内期货市场发展面临阶段性调整压力的情况下，我们需要充分利用上海自贸区或香港市场的政策优势以及"一带一路"倡议和人民币国际化，通过制度创新和产品创新，争取赢得在新的国际环境下的大宗商品定价权，建议从如下几个方面入手。

一是借助香港离岸金融市场的优势，打造期货及衍生品市场开放交易平台，鼓励中国内地的交易所到香港推广中国有代表性的期货交易品种，以人民币计价挂牌交易的方式吸引全球投资者参与交易，逐步将国际大宗商品的定价主导时间段由欧洲交易时段向亚洲交易时段转移，逐步由美元计价向人民币计价转移。

二是借助自贸区或香港的优势，探索建立既符合国际惯例又满足境内需求的规则体系，既充分满足不同投资者的交易和风险管理需求，同时又能做到风险可控可监测。在这一点上，沪港通进行了十分有借鉴意义的探索。

三是配合"一带一路"倡议实施，并以现货企业的需求为导向，在自贸区及"一带一路"沿线国家或地区设立交割仓库，充分利用互联网与物联网等新技术手段，创新物流与供应链方式，降低仓储物流成本，提升竞争力，在此基础上，发展衍生产品，用期货及衍生品市场为"一带一路"倡议的实施提供有力的金融支持。

（本文发表于《第一财经日报》2015 年 12 月 1 日，原题目为《客观评估期货及衍生品发展对市场经济的影响》。）

# 债券市场开放与人民币汇率

自 2016 年年初以来，中国债券市场开放政策持续展开，研究表明，在当前全球低利率市场环境下适时加快开放债券市场，有助于拓宽杠杆转移的政策回旋余地，也有利于市场上人民币均衡汇率的实现，并进一步推动人民币国际化进程。

## 促进投资者结构的多元化，有利于改进人民币均衡汇率的市场发现效率

在"8·11"汇改之后，美元兑人民币即期汇率一直保持宽幅波动的状态（见图 1），反映出外汇市场参与者短期内对人民币波动的预期短期内出清有限。根据 2016 年年初的央行货币政策执行报告，当时人民币兑美元汇率中间价的形成机制是"收盘汇率＋一篮子货币汇率变化"，"收盘汇率"主要反映外汇市场供求状况，"一篮子货币汇率变化"则是为保持人民币对一篮子货币汇率基本稳定所要求的调整幅度。这意味着人民币对一篮子货币的有效汇率主要作用是作为政策目标存在，提升汇率政策灵活性和货币政策有效性，而针对人民币兑美元汇率的讨论可以归结为外汇市场供求和美元走势，其中核心是国际收支反映的供求趋势。在这一背景下，尽管中国外汇交易中心（China Foreign Exchange Trade System，简称 CFETS) 人民币汇率指数显示人民币内在币值并未存在大幅

贬值基础，但外汇市场交易状态却显示人民币贬值预期是存在的。

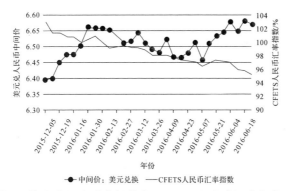

图 1　美元兑人民币中间价与 CFETS 人民币汇率指数

数据来源：Wind 资讯。

在这一时期内，外汇储备波动加剧，持续的外汇干预使得中国外汇储备充足率（外汇储备规模 /M2 比率）由 2015 年年初的 18.80% 下降至 2016 年 5 月末的 14.26%（见图 2），虽然这一水平仍处于 10% 至 20% 的合理区间，但已表现出央行在外汇市场干预的同时，需要寻找新的对冲力量，在当前的市场环境下，扩大开放债券市场可发挥这样的作用。

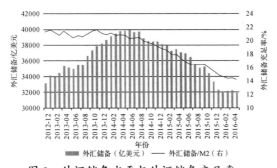

图 2　外汇储备水平与外汇储备充足率

数据来源：Wind 资讯。

从平衡国际收支的角度看，在资本流入通道进一步打开的条件下，通过债券市场流入的资本可以在一定程度上抵消资本流出规模，更重要的是其背后体现出市场参与者的异质性预期，从而改善外汇市场对人民币汇率真实水平的发现功能。在2014年之前，中国基本处于国际收支"双顺差"的运行状态，外汇政策也重点关注国际收支在"双顺差"环境下的国际资本流入情况；自2014年下半年开始，因为中美经济周期的差异和分化，中美货币政策之间也出现明显的分化与利差收窄，这也在一定程度上形成了人民币对美元贬值的短期市场预期，此时在原来的国际收支结构下形成的"严流入，宽流出"的外汇管理政策基调已较难适应当前新常态下的国际收支状态。自"8·11"汇改以来，人民币贬值预期在短期内一度加大，离岸与在岸人民币汇差一度扩大在月均400bps以上，同时境外机构投资者持有中国主要债券券种也出现了大幅减少的趋势，汇差增大与资本净流出增加在同期及前后期趋势显著；而从2016年2月末央行进一步放开境外机构投资者投资银行间债券市场后，境外投资者持有中国债券增量显著改善，且在国债与企业债的增持比例方面表现出较为均衡的配置，其中配置国债、国家开发行银行债和企业债的增长率均显著增加10%左右。与此同时，人民币离岸与在岸汇差也迅速下降，这一方面来自于美联储加息预期减弱、全球低利率环境等国际市场因素，另一方面也说明央行在汇率波动期间对资本项目的适度放开政策产生了成效，双向资本流动在一定程度上缩短了人民币真实汇率的价格发现过程，以及降低了价格发现过程中的波动成本。

此外，在人民币汇率宽幅波动影响下，人民币国际化进程在离岸市场阶段性放缓，此时开放债券市场，引入境外机构到银行间债券市场进行投资，有利于推动人民币由国际结算货币逐步发展成为国际投资货币，符合人民币国际化战略的整体要求。特别是在人民币汇率预期渐稳之后，新的SDR货币篮子生效之前开放债券市场，为外汇市场带来人民币资产供给量的增加，符合人民币真正进入SDR货币篮子后境外投资者配置人民币资产的需求。

# 丰富融资渠道，有助于拓宽杠杆转移操作空间

从国际主要经济体的实体经济部门杠杆率水平来看，根据国际清算银行的测算，截至 2015 年 12 月末，中国实体经济杠杆率为 254.8%，处于相对中游的水平，与美国（250.6%）接近，与欧、日、加拿大等发达经济体仍有一定的距离。就新兴经济体总体而言，中国实体经济（主要是企业部门）杠杆率处于相对较高水平。从增量而言，自全球金融危机以来，中国负债率呈较快增长的趋势，且不同部门表现出杠杆分布非均衡的特征。无论从绝对水平还是增速来看，企业部门均是构成高杠杆的最主要部门。一方面，企业部门去杠杆的思路之一在于优化融资结构，在这一阶段逐步开放债券市场，尤其是拓宽境外合格投资者的投资范围，引入增量资金进入资本市场，长期或可改善企业融资成本，提高直接融资比例，将企业部门"去杠杆"进程中可能累积的金融中介系统性风险降低。另一方面，在稳定总需求的基本目标下，政府部门和居民在适当范围内"加杠杆"，为企业部门在增长中平稳"去杠杆"创造条件，从而优化杠杆结构分布，这是当前平稳渡过去杠杆风险的思路之一。根据国际清算银行（Bank for International Settlements，简称 BIS）口径测算，中国政府部门杠杆率水平处于 44.4%，远低于 60% 的警戒线标准，处于新兴市场国家政府部门杠杆率的平均水平，低于绝大多数主要经济体杠杆率。从政府部门杠杆构成细分，中央政府杠杆率维持在较低水平，仍具有较灵活的加杠杆空间。截至 2015 年年末中国国债余额约为 10.66 万亿元，按照其占中央债务的 75% ~ 80% 的比例测算，中央政府债务占 GDP 比率处于 19.6%~21.00% 的区间内，相对地方政府债务仍具有较大的杠杆转移空间，带动国债融资支持财政支出。此时，对境外合格机构投资者开放债券市场，可引入增量资金，尤其目前境外合格机构投资者在投资债券市场时重点分布于国债这一券种，更增大了杠杆率向中央政府转移

的灵活性，以及通过国债渠道拓展财政政策实施空间的可能性。

## 国际范围内低利率环境持续，助推债券市场对境外投资者扩容

当前全球正处于大范围低利率环境，尤其是负利率水平的加深使得中国债券与境外债券的收益率差距增大，全球投资者在资产配置中对人民币资产的需求也有所上升。在日本和欧元区开始实施负利率之后，全球负利率的程度逐步加深，负利率债券规模也在持续扩大（见表1）。根据惠誉评级统计，随着英国退欧事件的影响扩大，2016年6月全球负利率债券规模已达11.7万亿美元（见图3），日本10年以内国债均为负利率，欧元区10年以内国债也大部分处于负利率水平。全球主要经济体的低利率甚至负利率的范围扩散使得机构投资者在配置资产时逐渐关注海外更高收益率债券市场的投资。中国国债收益率始终维持在2%~3%的水平，高于主要经济体的零利率和负利率水平。随着人民币离岸与在岸汇差的逐渐缩小，人民币币值逐渐显稳，在人民币贬值预期改善后，境外投资者对中国债券的需求预计可能会迅速增加。

表1　实施负利率经济体

| 国家/地区 | 引入时间 | 初次负利率水平/% | 目前水平/% | 负利率标的/% |
|---|---|---|---|---|
| 丹麦 | 2012年7月 | −0.20% | −0.65% | 7天定期存单利率 |
| 欧元区 | 2014年6月 | −0.10% | −0.40% | 隔夜存款利率 |
| 瑞士 | 2015年1月 | −0.25% | −0.75% | 超过上限的隔夜活期存款利率 |
| 瑞典 | 2015年2月 | −0.10% | −0.50% | 回购利率 |
| 日本 | 2016年2月 | −0.10% | −0.10% | 新增超额准备金 |

资料来源：各国央行。

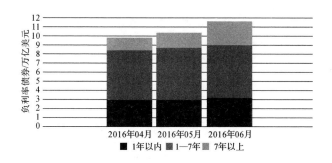

**图 3　全球负利率债券规模**

资料来源：Fitch Ratings，Bloomberg。

　　在这一背景下，债券市场的开放时机已凸显，且具有进一步开放的空间。以政府债券的持有者结构为例，截至 2016 年 5 月，境外机构投资者虽然持有中国国债比例最高，但也仅达到 2.99%，政策性金融债次之，约为 1.72%，持有信用债等其他券种比例低于 1%（见图 4），远低于亚洲其他债券市场的境外投资者持有情况。以政府债这一类券种为例，日本和韩国的外国投资者持有占比已超过 10%，而诸如马来西亚、印度尼西亚等新兴市场国家的政府债超过 1/3 的部分由外国投资者持有，且这种持有趋势增速显著（见图 5）。即使在全球主要发达经济体结束量化宽松政策后，在新兴市场的国际资本流出态势渐显的时期内，以及在 2015 年下半年以来新兴经济体币值宽幅波动的情况下，在以中长期投资者为参与主体的政府债市场上，外国投资者参与比例也未曾大幅下降。这表明，配置全球资产的中长期国际投资者主要考虑的是汇率中性下全球资产配置的风险对冲功能及不同市场上资产收益利差因素，而非简单的对币值升贬值的博弈。可以推知，在当前全球低利率环境下适时开放中国债券市场，一方面可以使中长期国际投资者的参与度提升，对于债券收益率曲线的价格发现机制具有完善的效果；另一方面，对人民币资产需求的上升也有助于人民币均衡汇率的价格发现效率提升和人民币国际化进程的推进。

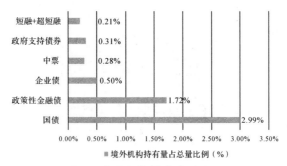

图 4　境外机构持有券种比例

数据来源：Wind 资讯。

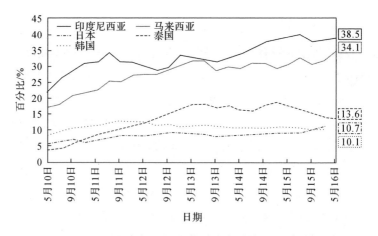

图 5　亚洲主要债券市场境外投资者持有政府债券比例

资料来源：亚洲开发银行 *Asia Bond Monitor*（2016 年 6 月）。

（朱虹参与本文的起草与讨论，本文发表于第一财经日报网站
2016 年 7 月 11 日，原题目为《债券市场开放与人民币汇率均衡发现
和杠杆转移》。）

# 从境外投资者持债动机看中国债市开放

中国债券市场经历多年的发展，各类发行和交易主体不断扩大，品种不断丰富，规模增长迅速，目前已是仅次于美国和日本的世界第三大债券市场。但中国债券市场开放程度并不高，债券市场开放的深度与广度还有待提高。

近年来，中国在债券市场对外开放方面进行了大量的改革。2010年8月，央行发布《中国人民银行关于境外人民币清算行等三类机构运用人民币投资银行间债券市场试点有关事宜的通知》，允许境外央行或货币当局、港澳地区人民币清算行、境外跨境贸易人民币结算参加行等三类机构，以人民币投资境内银行间债券市场，这是中国债券市场开放历程中的一个里程碑。2011年12月，中国证监会、中国人民银行和外汇管理局发布《基金管理公司、证券公司人民币合格境外机构投资者境内证券投资试点办法》，允许合格的基金公司以及证券公司子公司作为试点机构开展人民币合格境外机构投资者（RMB Qualified Foreign Institutional Investors，简称RQFII）业务，标志着RQFII试点业务正式启动；2013年3月再次发布《人民币合格境外机构投资者境内证券投资试点办法》，扩大了 RQFII 试点范围，RQFII 投资者正式获得了进入交易所债券市场和银行间债券市场的资格。至此，中国债券市场的境外投资者主要是合格境外机构投资者（Qualified Foreign Institutional Investors，简称 QFII）、RQFII 以及三类机构。

2016 年以来，中国债券市场开放的进程进一步提速。2016 年 2 月，央行发布了 3 号公告，允许境外商业银行、保险公司、证券公司、基金管理公司及其他资产管理机构等申请进入国内银行间债券市场，且对包括养老基金、慈善基金、捐赠基金等的中长期投资者取消额度限制，仅对额度的使用进行了规范。2016 年 5 月 27 日，央行再次发布《境外机构投资者投资银行间债券市场备案管理实施细则》和《中国人民银行有关负责人就境外机构投资者投资银行间债券市场有关事宜答记者问》，进一步明确了 3 号公告关于银行间债券市场对外开放的细节，这意味着银行间市场对境外投资主体准入门槛的进一步降低，标志着中国债券市场开放取得了阶段性的新突破。

对于中国债券市场开放而言，虽然制定与之相适应的配套金融改革措施很重要，但厘清境外投资者的持债动机同样也不容忽视。

# 美日境外投资者持债动机分析

美国和日本分别拥有世界上规模最大和第二大的债券市场，美国债券市场的开放程度较高，而日本债券市场也具有一定的开放广度和深度，日元资产往往在国际资本市场动荡之时成为国际投资者选择的避风港。

### 美国境外投资者持债动机分析

国际投资者对于美国债券市场一直保持着较高的热情，2008 年至 2015 年间境外投资者持有美国国债总规模呈现出不断扩大的趋势（见图 1）。根据美国财政部公布的《美国证券外国持有人调查报告》，截至 2015 年 6 月，境外投资者在其国债市场中的持债比例超过了 45%，其中长期国债的持债比例更是高达 48.3%。持债总规模达到 10.48 万亿美元，持有国债规模达 6.15 万亿美元。从期限上来看，境外投资者持有长期国债的数量为 5.45 万亿美元，短期国债为 0.7 万亿美元。

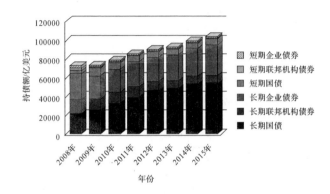

图 1　2008—2015 年美国境外投资者持债规模

数据来源：美国财政部。

美国国债的吸引力与其债券市场的广度和深度有关，而从债券本身的收益特征来看，美国国债相对较高的收益率及低波动风险的特征也是境外投资者持债的重要原因（见图 2）。

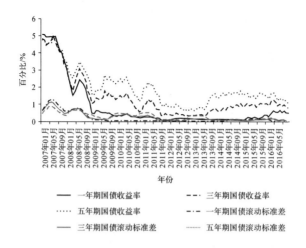

图 2　美国国债收益率及滚动标准差 [1]

数据来源：Wind；作者测算。

美国的一年期、三年期、五年期三种债券提供的收益率在金融危机期间经历了一次较大幅度的下降之后，在其余时间内一直运行得较为平稳，波动幅度也不大。同时可以发现，在 2011 年欧债危机的高峰期，美国债券的收益率有所上升，这表明投资者此时较为信任美国国债。

在 2014 年下半年之后，全球开始出现负收益率的债券，此时美国国债收益率的优势就体现得尤为明显。根据美银美林的数据，目前全球负收益率的国债规模已经达到 13 万亿美元 [2]。近期欧洲多国的国债收益率均下跌至历史新低，而美国各个期限的国债收益率均未跌至负值，这一

---

[1]　滚动标准差（Rolling standard deviation）经由国债收益率测算得到，滚动窗口期为 12 个月。2007 年 1 月为第一个月，2016 年 7 月为最后一个月。本文用一年期、三年期、五年期的国债分别代表短期、中期和长期债券。

[2]　资料来源：华尔街见闻 &Bank of American Merrill Lynch，http：//wallstreetcn.com/node/253318.

相对较高的收益率对于境外投资者而言具有一定的吸引力。

滚动标准差衡量了美国国债收益率的波动程度,可以用来代表国债收益率的波动风险。可以发现美国国债的滚动标准差从 2009 年 2 月开始在多数时间内都稳定在 0.2% 之内,收益率的波动风险比较小。

风险调整收益率( risk-adjusted return )由收益率除以滚动标准差得到,其体现的是与单位波动风险相匹配的收益率。在图 3 中,美国三种期限国债的风险调整收益率较为可观且在 2016 年 9 月呈现出上扬的趋势,其波动程度有所增加,但总体波幅仍未超过一定的区间。从风险调整收益率来看,美国国债对于其境外投资者是一种具有投资价值的资产。

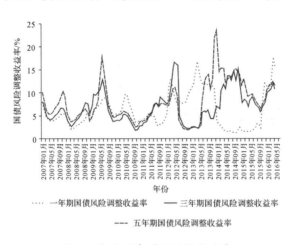

图 3 美国国债风险调整收益率

资料来源:Wind;作者测算。

相关研究表明,近年来欧洲各国投资者进行投资时的本土偏好( home bias )正在减弱,对于海外资产的配置比例正在增加。而欧元区多国深陷负利率的泥潭,像美国国债这种收益率相对高而稳定的资产是其进行海外投资的可行选择。

此外，境外投资者愿意持有美国国债与美元的强势地位也是分不开的（见表1）。近十年来美元在全球外汇储备货币构成中都占到60%以上，远超过其他几种货币，领先地位十分明显。

一般而言，一国持有国际储备主要基于偿债性需求、交易性需求以及保障性需求的动机，而美国国债市场规模庞大、品种丰富、流动性很高，其国债资产能够在国际市场上以较低的交易成本迅速变现，能满足一国持有国际储备的基本需求。美元在传统上也一直被认为是避险货币之一，出于安全性的考虑，其他国家也愿意配置美元资产。并且，多年以来美元币值一直保持较为稳定的趋势，美元的保值性也是境外投资者愿意持有美元资产的重要原因。

表 1　全球外汇储备的货币构成

单位：（%）

| 货币 | 年份 | | | | | | | | | |
|---|---|---|---|---|---|---|---|---|---|---|
| | 2006 | 2007 | 2008 | 2009 | 2010 | 2011 | 2012 | 2013 | 2014 | 2015 |
| 美元 | 65.04 | 63.87 | 63.77 | 62.05 | 62.14 | 62.59 | 61.46 | 61.24 | 63.33 | 64.26 |
| 欧元 | 24.99 | 26.14 | 26.21 | 27.65 | 25.71 | 24.40 | 24.05 | 24.19 | 21.90 | 19.78 |
| 英镑 | 4.52 | 4.82 | 4.22 | 4.25 | 3.93 | 3.83 | 4.04 | 3.98 | 3.79 | 4.88 |
| 日元 | 3.46 | 3.18 | 3.47 | 2.90 | 3.66 | 3.61 | 4.09 | 3.82 | 3.90 | 4.04 |
| 瑞士法郎 | 0.17 | 0.16 | 0.14 | 0.12 | 0.13 | 0.08 | 0.21 | 0.27 | 0.27 | 0.28 |

数据来源：IMF 数据库。

在当前全球低利率的环境下，美国国债高收益低波动风险的特点，以及美元作为国际储备货币的强势地位，均构成了境外投资者持有美国国债的重要动机。不论是出于追求收益、规避风险还是持有外汇储备的目的，美国国债都是其境外投资者进行资产配置的一个可行选择。

**日本境外投资者持债动机分析**

日本债券市场相当发达，规模仅次于美国。从债券市场开放的程度来看，2015 年境外投资者持有日本国债的比例为 9.8%[1]，这一比例不及美国，但日本国债自身独特的收益特征也成为日本国债吸引境外投资者的原因。

在国际投资中货币风险是一个不容忽视的因素，因此本文采用对冲收益率（hedged return）来表示日本的国债收益率，这一收益率已经经由汇率风险调整，与境外投资者实际所得的收益率更为贴近。在这种调整下，滚动标准差衡量了两方面的风险，一是日本国债收益率的波动风险，二是日元汇率的波动风险。

日本自 2000 年开始就已经启动量化宽松政策，其国债提供的对冲收益率并不算高，而在 2016 年以来日本央行实行的负利率政策，更使得多数日本国债已经呈现负的对冲收益率。

2007 年 1 月以来日本一年期国债对冲收益率始终未超过 1%，三年期国债收益最高时也未达到 1.2%，五年期国债收益的最高点在 1.5% 左右。但日本国债对冲收益率曲线的走势有其自身的特点，表现为在 2008 年全球金融危机和 2011 年欧债危机较为严重的两个时期其对冲收益率反而上扬。日本银行的统计数据显示，境外投资者持有日本一年期国债的余额在 2008 年 6 月达到 14.8% 的高点，随后下降至 2008 年 12 月的 10.1%，在这之后一直维持缓慢上升的状态，在 2011 年 3 月达到 17% 的新高点。而三年期国债境外投资者的持债余额也有类似的经历，其在 2008 年 9 月达到 7.8% 的高点，随后下降至 4.6%，继而又在 2011 年 9 月达到 6.3% 的高点。在这两个国际资本市场动荡的时期，日本国债对冲收益率反而上扬并且境外投资者持债余额上升，这体现了日本境外投资者对其国债的信心，境外投资者在危机时期将日本国债视为相对安全的避风港。

尽管日本国债提供的绝对收益率并不高，但在金融危机和欧债危机

---

[1]　数据来源：日本财务省 2016 年 6 月数据。

期间其他发达经济体的债券收益率往往经历了一个下降的过程，这就提高了日本国债的相对收益率，激发了境外投资者购买和持有日本国债的兴趣。

日本国债市场的另一个特点是波动风险极低，大多数时期日本三种期限国债的滚动标准差均未超过 0.2%，即便是和美国国债市场做比较，日本国债市场的波动风险仍然是较低的（见图 4）。

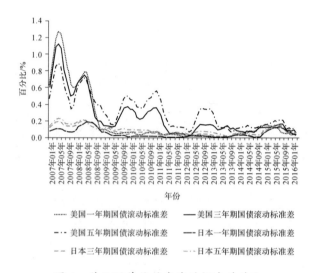

图 4　美日国债收益率滚动标准差对比

注：日本国债采用对冲收益率，在同一货币计价的条件下，两国国债收益率的滚动标准差是有可比性的。

资料来源：Wind；作者测算。

美国三种国债的滚动标准差在金融危机前、中期经历了两次较大幅度的涨落，此后三年期和五年期国债的收益率仍然经历了几次较大幅度的波动。反观日本的国债，其滚动标准差的波幅始终小而稳定，这表明

新金融、新格局：中国经济改革新思路

多数时间内日本国债收益率的波动风险要小于美国。

可以认为波动风险小是境外投资者持有日本国债的重要动机，这一特点迎合了投资者的避险需求。收益率的稳定性在危机期间提高了日本国债的相对回报，从而进一步提高了其吸引力，这也能部分地解释为何日本国债在国际资本市场动荡时期成为投资者选择的避风港。

# 中国国债回报特征及影响债市开放因素分析

随着不同类型境外投资者渐次入场，参与中国债券市场的境外投资者数量不断增加。截至2016年5月，银行间市场的境外投资者数量已经增至326家，比2015年年末增加21家；境外投资者持有的债券规模达到6234.51亿元，较2015年年末增加208.66亿元，持有中国国债的规模达到2955.26亿元。然而，尽管中国债券市场开放进程不断加快，境外投资者持有的中国债券托管总量占比也仅达到1.6%，持有中国国债托管量占比为3%。与美国和日本相比，债券市场开放程度依然十分有限。债券市场开放度较低，一方面与中国资本市场建设尚不完善有关，另一方面中国国债本身的回报特征也是境外投资者持债动机不足的一个原因。

## 中国国债回报特征分析

总体来看，中国国债的对冲收益率一直维持在一个相对高位的区间，除一年期国债在少数时期对冲收益率跌落2%以外，三年期和五年期国债的对冲收益率一直维持在2%以上。同时，中国国债对冲收益率在欧债危机期间也出现了小幅度的上扬，而在2014年市场对人民币开始有贬值预期后，对冲收益率的下降趋势较为明显。

从全球范围横向比较来看，中国国债提供的对冲收益率应当是具有吸引力的，但境外投资者对中国国债的兴趣并不大，这其中有多方面的原因，而对冲收益率的滚动标准差较大，进而表明回报波动风险较大也是其中的原因之一，这在中国国债风险调整收益率的走势中也能有所体现。[1]

美国三种期限国债的风险调整收益率均有一定波动，但总体上呈现出向均值回归的趋势，并且波动区间也不大。而中国国债风险调整收益率波动区间均较大且波动的趋同性较为明显，这表明中国国债提供的高对冲收益率并不稳定，高收益高波动风险的回报组合对境外投资者的吸引力显然不如美国国债高收益低波动风险的回报组合。

### 影响中国债市开放因素分析

通过对中美日三国国债收益特征的对比分析，可以发现一些影响中国债市开放的因素。

#### 全球低利率环境助推中国债市开放

一方面，高收益率有利于中国债券市场的开放。从三国风险调整收益率的对比中可以发现，近两年来中国一年期国债和三年期国债提供的风险调整收益率最大，美国次之，日本最小。日本在2015年3月之后就接近零收益率，近期更是跌入负区间。

这种收益率的差别与中国的资本账户还未完全开放有关，境内外的利差较大因而债券收益率的差别也较大，随着中国资本账户开放的不断推进，境内外债券收益率的利差将会逐步缩小。但在当前全球低利率的大背景下，中国国债提供的这种高风险调整收益率还是相当具有吸引力的，尤其是对于实施负利率政策国家的机构投资者而言，在成本和风险可控的情况下，适当购买中国国债是一个可行的选择。从这个角度上来说，全球低利率的环境对于中国债券市场的开放进程有一定的促进作用。

#### 高波动风险在一定程度上影响到境外投资者积极性

另一方面，中国国债较高的波动风险会减弱境外投资者的持债动机，

---

[1] 国债对冲收益率是经美元兑人民币汇率调整得到的，以2010年8月为基期，2016年7月为最后一期。

这既包括债券收益率波动的风险，也包括人民币汇率波动的风险。就中美日三国国债的横向对比而言，从 2010 年 8 月至 2016 年 9 月，中国一年期和三年期国债的滚动标准差在多数时期内均是最高的，其中一年期的短期国债表现得尤为明显。中国国债收益率的波动区间远大于美国和日本，尽管近期来三个国家债券的滚动标准差有收敛的趋势，但从过往较长的周期来看，投资于中国国债的不确定性要大于投资美国国债和日本国债。

对于中国境外投资者而言，人民币的汇率波动风险是影响其持债的一个重要因素。在 2008 年到 2013 年之间，中国经济贸易顺差较高，外汇市场也一直供过于求，造成人民币汇率呈现出单边升值的态势。而 2014 年以后，人民币开始逐渐出现贬值预期，这一贬值预期在 2014 年 7 月美元进入强周期后表现得尤为明显。"8·11"汇改深刻地影响了人民币汇率的形成机制，一时间内市场贬值预期的存在导致人民币汇率波动风险加剧。此后央行为稳定人民币汇率，采取了大量的措施，2016 年 5 月 8 日公布的以"收盘价＋篮子货币"为基础的人民币汇率形成机制相对透明，成功地稳定了市场预期。然而，在当前的汇率形成机制下，较之美元和日元来看，人民币汇率依然缺乏弹性，双向波动频繁且幅度较大，这也就意味着中国境外投资者面临的汇率波动风险仍然较大。

近年来国际的机构投资者往往会通过风险平价（risk parity）策略来进行资产配置，一种资产具有的风险越大，其在配置中所占的比例就会越低。如果中国债券本身所提供的回报和风险不相匹配，那么境外投资者对于购买持有中国债券的积极性就会随之降低。

## 提高中国债市开放度的相关建议

中国债券市场开放程度较低与中国国债本身高收益、高波动风险的回报特征有关，针对这种现状，可从以下几个方面入手来推进相关改革。

### 完善境外投资者跨境投资途径

当前境外投资者主要通过三类机构、QFII 和 RQFII 这些途径进入中国的债券市场，境外投资主体的多元化有利于降低中国债券市场的风险，可以继续完善 QFII 和 RQFII 制度，适时推出合格境外个人投资者和人民币合格境外个人投资者机制，进一步降低境外投资主体的准入门槛。同时，在风险可控的条件下，可以逐步放开对境外投资者的投资额度限制。

### 加强外汇市场建设，增加汇率风险管理工具

在人民币汇率形成机制改革取得重大突破之前，可以从外汇市场建设入手来稳定人民币汇率预期，目前已经推出的全国外汇市场自律机制，有利于市场成员之间的沟通，能够提高外汇市场的规范化水平。并且应当增加汇率风险管理工具，为境外投资者提供多种对冲汇率波动风险的手段。就小国投资者而言，其本国货币的流动性和市场深度均不够，可以继续推广并完善远期保价这一工具；而在市场成熟度较高的大型资本市场中，可与当地交易所谋求更深层次的合作，方便不同时区的投资者进行交易和管理。完善人民币期货制度，延长合约的到期期限，为长期债券投资者进行风险管理提供便捷。同时推广并完善人民币期权制度，为境外债券投资者提供锁定成本的工具；此外，应当充分重视并发挥香港这一离岸人民币中心的作用，推动香港市场的各类汇率风险管理工具的使用和发展。

### 稳步推进人民币国际化

美国和日本较高的债市开放度与美元、日元的国际储备货币和避险货币的地位分不开，境外投资者对中国债券持债动机的强弱与人民币在国际上的地位也息息相关。当前人民币已成为第三大贸易融资货币、第五大支付货币，并进入国际货币基金组织特别提款权（SDR）货币篮子，人民币国际化已经取得一定成效，但与美元和日元相比，人民币在国际上的接受度和认可度还不够，也称不上是一种安全资产。

稳步推进人民币国际化建设，可以进一步完善人民币国际化的基础设施，扩大经常项目人民币的跨境使用，拓展人民币跨境投融资渠道和双边货币合作。

（邵杨楠、陈康洁、廖慧参与本文的起草与讨论，本文发表于《21世纪经济报道》2016 年 9 月 13 日、9 月 14 日。）

# 从国际视角看中国境内债券市场

债券通的推出，被视为国家加大开放资本市场及便利外资参与者交易人民币计价资产的重要举措之一，也将进一步巩固香港作为连通内地市场和国际市场门户的优势地位。本文梳理了外资参与中国境内债券市场的结构现状、基本框架及潜在发展空间，并就进一步推动境内债券市场与国际市场的深度融合建言献策。

人民币要发展成为国际储备货币，一个发展成熟并有外资高度参与的人民币债券市场必不可少。基于中国经济及人民币债市规模庞大，外资持有人民币债券的增长潜力亦会相当可观。然而，受制于当前中国债市对境外投资者开放计划的限制，目前外资参与中国债市的程度远低于其他国际货币国家，甚至比不上部分新兴市场。中国现时设有三项主要计划允许境外投资者进入境内债券市场，分别是合格境外机构投资者（QFII）计划、人民币合格境外机构投资者（RQFII）计划及合资格机构进入内地银行间债券市场（人行合资格机构计划）。虽然相关规例已经逐步放宽，但有关额度管理、户口管理或资金汇兑的规定仍然是限制境外参与者配置有效投资策略及资金的主要方面。因此，有必要推动创新措施，增强市场基础设施，完善交易规则，提升金融产品质量，进一步推进人民币国际化。

2017 年 5 月，中国人民银行和香港金融管理局共同宣布了债券通计划，债券通计划将分阶段实施，当前为实施"北向通"阶段，未来两地监管当局将结合各方面情况，适时扩展至"南向通"。跨境债券通平台可提供健全的金融基础设施及与国际法规、监管标准接轨的市场规则，有助于减缓监管压力，为境外参与者及境内投资者提供更为便捷的交易环境，被视为国家加大开放资本市场及便利外资参与者交易人民币计价资产的重要举措之一，也将进一步巩固香港作为连通内地市场和国际市场门户的优势地位。

## 外资参与中国境内债市具发展潜力

2006—2016年，中国在利率市场化以及逐步放宽资本管制等方面不断推出措施，债券市场发展取得重大进展，债市规模急速扩张，2011—2016年以年均增长率为21%的速度增长，成为全球第三大债券市场，债券存量规模达56.3万亿元人民币（约8.1万亿美元）。然而，相比其他国际货币国家，中国债市占国内生产总值百分比仍然偏低。外资参与中国债市的程度依然微不足道，约占整个市场2.52%及主权债市场3.93%，远低于日本、美国甚至一些新兴市场，显示外资参与中国境内债市仍然有巨大增长空间。人民币纳入国际货币基金组织（IMF）特别提款权货币篮子之后，为全球参与者提供了进军中国债市的一个重要窗口。从投资角度而言，纳入特别提款权虽不至于直接刺激大量投资需求，因为特别提款权货币篮子本身仅是一种补充性的国际储备资产，约值2880亿美元，人民币在其中的权重仅10.92%，但是，获得特别提款权的地位可以提升人民币作为全球投资及储备货币的地位，将极大促进国际政府及私人部门对人民币计价资产的需求，从而使全球资产配置逐渐由其他金融部门流入中国资产，特别是流入人民币计价的债券及相关金融产品中。

目前，在政府部门方面，外国政府及半官方组织持有人民币资产（包括债券、股票、贷款及存款）总值为6667亿元人民币，相当于全球官方外汇储备总值约1%，远低于澳元或日元。如国际政府部门持有人民币的占比可大致达到澳元水平，那意味着将有 1100 亿美元的全球储备转移至人民币资产；如进一步提升至日元的占比水平，流入人民币资产的资金更高达 4000 亿美元。在私人部门方面，中国债券资产在国际基准指数中占比也不大。如中国资产纳入若干国际指数，例如在国际定息产品市场中广泛用作参考的摩根大通新兴市场债券指数，根据 IMF 的报告，中国该指数的权重将约为 1/3。若还有相关政策助推机构及私人投资者参与中国境内债市，相信外资持有的中国债券更可增持至与其他国际货币的相当水平，达债市总存量约 10%。同时，假设中国债市未来数年的增长率与 2011—2016 年社会融资总量的复合年增长率相同（即 14%），而且外资所持中国债券占整个市场的 10%，那么到 2020 年时外资所持中国债券可达人民币 95000 亿元，占国内生产总值的 9.93%。

## 外资持有境内债券的基本结构及进入市场的主要渠道

中国正逐步扩大接受外资参与境内债市的程度。随着离岸人民币中心在全球分布日渐扩大，中国与多个国家签订了双边货币掉期，2011—2016 年审批 RQFII 及 QFII 计划的合格投资者及投资额度不断提速。同时央行也加快了审批境外机构进入银行间债市的速度，流入中国在岸债市的境外资金一直稳步上扬。截至 2016 年年底，外资持有中国境内债券已创下人民币 8526 亿元新高，较前一年增长 13%。

从配置总体情况来看，2016 年年底外资所持包括债券、股票、贷款及存款在内的中国境内资产合计达 30300 亿元人民币。其中，债券资产占整体外资持有资产由 2015 年年底的 20% 升至 28%，同期存款占比则由 41% 下跌至 30%，反映境外资金有大幅转移至债券资产配置的趋势。

在已配置的债券中，外资大部分流向利率而非信用债。2016 年境外参与者所持政府及政策性银行债券增加了 2330 亿元人民币，同比飙升 6 倍，外资在中国主权债券市场的占比由 2015 年年底的 2.62% 增至 3.93%。

在 2016 年增持主权债券的投资者中，境外投资者占总增量的 14%，仅次于全国性商业银行 (38%) 及城市商业银行 (19%)，是当年中国主权债券第三大买家。相反，外资持有的信用债跌至 494 亿元人民币新低，只占 2016 年年底外资所持债券资产总值的 6%。外资所持主权债券比例增加，或反映出在近期中国债市信贷违约上升的情况下，境外投资者对中国资产态度较为审慎。鉴于中国市场基础设施薄弱，特别是欠缺可信的信用评级公司，外资机构倾向持有主权债券及高评级债券作为外汇储备。然而，由于主要发达市场目前处于低（甚至负）的息率环境，将资金配置至收益率较高的资产及信用债券的诱因将会增强。在此前提下，只要中国的市场基础设施及债市信用情况大幅改善，信用债券可能会较政府债券增长更快。

总体而言，2016 年年底外资持有中国债券占债券总存量为 2.52%，在中国债市登记的境外机构共 411 家，主要有 QFII、RQFII 及合资格机构计划等三条境外投资者进入境内债券市场的渠道（见表 1）。

表 1　目前 QFII、RQFII 及人行合资格机构计划的主要架构

| 相关规则 | QFII | RQFII | 人行合资格机构计划 |
|---|---|---|---|
| 监管批准 | 中国证监会：QFII/RQFII 牌照<br>外管局：QFII 额度<br>人行：进入银行间债券市场事先备案 | 向人行事先备案 | |
| 投资额度 | 如申请的额度于基础额度内，只需向外管局事先备案；<br>如要求的额度超出基础额度，须经审批；<br>基础额度根据资产规模一定比例计算 | 对境外机构投资者实施宏观审慎管理<br>无明确投资额度要求，须向人行备案拟投资规模 | |

| 相关规则 | QFII | RQFII | 人行合资格机构计划 |
| --- | --- | --- | --- |
| 合资格定息产品 | 交易所市场：政府债券、企业债券、公司债券、可换股债券等等<br>银行间市场：债券现券 | 外汇储备机构：所有债券现券、债券回购、债券信贷、债券远期、利率互换、远期、利率协议等等<br>其他金融机构：所有债券现券及人行许可的其他产品，离岸人民币清算行/参与银行亦可买卖回购 | |
| 外汇管理 | 在岸与当地托管商进行兑换 | 须汇入离岸人民币（取自离岸） | 在岸/离岸 |
| 汇入本金锁定期 | 三个月 | 三个月，开放式基金不设限 | 没有 |
| 汇出频次及限制 | 每日（仅开放基金）及月度汇出限制 | 每日（仅开放基金） | 累计汇出金额需符合一定比例规定 |

数据来源：截至2016年年底资料，最新规划及政策见人行、中国证监会及外管局网站。

（1）QFII于2002年推出，2013年被允许进入银行间债券市场，2016年进一步放松管制，简化了投资额度、资金汇入汇出安排的管理，并缩短了本金锁定期。至2016年年底，共向276家QFII发出873亿美元投资额度。

（2）作为QFII计划的延伸，2011年12月推出了RQFII计划，境外投资者可运用离岸人民币资金投资于在岸资产，其后RQFII计划扩展至更多国家和地区。截至2016年年底，总额度由初期的2700亿元人民币增至15100亿元人民币，已向175家RQFII发出合计5280亿元人民币额度。

（3）2010年央行推出合资格机构进入内地银行间债券市场政策，容许合格境外机构使用离岸人民币投资于银行间债券市场，同时主权财富基金及国际组织亦可据此安排进入银行间债券市场。2015年后再推出多项重要放宽措施，进一步便利境外投资者进入中国银行间债市。2016年2月，央行进一步放宽境外机构投资者进入银行间债券市场的规则，将合格境外机构参与者类别扩展至所有合格境外机构投资者，包括商业银行、保险公司、证券公司、基金管理公司、其他类别金融机构及人行认可的中长期机构投资者，并放宽了对境外投资者施行的外汇管理。随后进一步颁布详细规则，厘清了境外机构投资者在银行间债市的投资流程。

目前境内债市已较大幅度开放但仍有改进空间，例如，现时合格投资者的范围仍限于金融机构；关于债券产品及额度等限制仍然存在等。境内银行间债券市场的准入程序可进一步简化及厘清，以吸引更多外资参与。同时，银行间债券市场和交易所市场这两大交易平台及产品相对分割的情况也需要进一步融合。目前境内的机构投资者主要在银行间债市进行交易，导致逾90%债券交易量都发生在银行间市场。债市分割并涉及不同监管机构，导致流通量分散和市场深度有所限制，此外大部分对冲产品只在银行间债券市场交易，给大部分外资参与者带来风险，特别是那些主要通过QFII及RQFII安排进入交易所市场的基金及证券公司（见表2）。

表 2　中国境内两大债市比较

| 相关规则 | 银行间债券市场 | 交易所市场 |
|---|---|---|
| 监管机构 | 人行 | 中国证监会 |
| 交易平台 | 中国外汇交易中心 | 上海 / 深圳证券交易所 |
| 中央证券登记 | 中央国债登记结算有限责任公司（中债登）/ 上海清算所（上清所） | 中国证券登记结算有限责任公司（中国结算） |
| 可选工具 | 中央政府债、地方政府债、政策性银行债、央行票据、企业债券、中期票据、短期融资券、商业银行债券、金融机构债券、银行间可转让定期存单、资产支持证券、回购、债券借贷、债券远期、利率互换等等 | 中央政府债、地方政府债、公司债券、可转股债券、资产支持证券、中小型企业发行的私募债 |
| 主要投资者 | 机构投资者（银行、证券公司、保险公司、基金、财务公司、企业、离岸机构等等） | 证券公司、保险公司、基金、金融公司、个人投资者、企业 |

数据来源：人行、中国证监会。

# 进一步推动外资参与中国境内债市的几点建议

　　首先，可考虑整合交易平台及现有外资参与计划。市场规模及流通量是决定债市交易及定价效率的主要因素。而大部分中国境内债券的发行及交易仍分为银行及交易所两个市场，只有小部分可在两个市场同时交易。两个市场的成交量的相对不平衡导致交易所市场流通量低且规模小，信用利差较高，对冲能力也较弱。整合交易平台可促使流通量达到足够规模以改善定价能力。近期 QFII 及 RQFII 计划的政策改革，使彼此在投资额度及资金汇兑方面的政策更为相近，日后两项制度有可能更为划一或整合，以减低交易成本及更有效地形成更多元的投资者基础。

其次，加快跨境产品创新，将离岸外汇产品优势与境内债市有效连接。外资增持中国债券，相关风险管理的需求也就上升。为便利投资者分散人民币债券投资风险，境内债市必须推出更多工具。此外，境外投资者投资人民币债券时需要对冲人民币汇率风险，因此相关外汇工具亦很重要。近几年境内汇市进一步向境外投资者开放，利用离岸市场的对冲产品来对冲境内债券资产风险也成为一种风险管理方式。香港交易所于 2017 年 4 月 10 日推出五年期财政部国债期货（国债期货）合约，该期货为全球首只对离岸投资者开放的在岸利率产品，为境外投资者提供了管理人民币利率风险头寸高效、透明及便捷的工具。香港离岸人民币市场为持续发展人民币衍生产品及对冲工具提供了稳健基础，可便利外资参与者对冲持有中国债券资产及外汇波动风险，以便进行相应的风险管理。

再次，接通在岸与离岸债市，以实现境内市场与国际市场的深度融合。继沪港通、深港通计划之后，债券通计划是进一步便利人民币债券交易及提高定价效率的可行方案，通过香港与内地债券市场基础设施机构联结，境内外投资者可以买卖两个市场流通的债券。虽然国际投资者目前可以直接参与境内人民币市场（包括汇市及债市），但离岸市场仍然是支撑人民币作为全球货币的主要场所。基于香港较为成熟的离岸金融环境及较为完善的基础设施，跨境债券通计划可使境外投资者缓解监管压力，并提供更便捷的制度条件，例如提供符合国际标准的信用评级以及更佳的投资者保障等。对内地投资者而言，未来债券通计划亦可提供一系列的国际债券来配合境内投资者的全球资产配置策略。通过与专

业的国际投资者共同参与国际交易平台，内地投资者亦可增加应对国际
市场惯例的经验。从这个角度来看，债券通计划将助推境内债市提升深
度及广度，培养更成熟及专业的投资者。

（巴晴参与本文的起草与讨论，本文发表于《清华金融评论》
2017 年第 6 期。）

# 债券通的大框架

## 债券通与深沪港通的框架比较

经过 2016 年一年市场调整之后，随着刚性兑付的逐步打破，以及金融去杠杆的推进，债券市场有望在经历短期的波动之后，逐步进入加速发展的时期。那么，增长空间有多大？参照《十三五规划纲要》里面设定的指标，中国债券市场的余额在"十三五"期间占国内生产总值（GDP）的比例要达到 100%，2017 年这一占比在 80% 以上，不到 100%。再加上"十三五"期间 GDP 本身会增长，假设以 GDP 增速为 6.5% 来计算，2020 年中国 GDP 总量大概接近 100 万亿元人民币。根据"十三五"规划设定的比率倒推现在的债券市场的余额，2020 年前中国债券市场预计会有接近 40 万亿元人民币的增长空间。所以从总量上来推算，这将是中国金融市场未来一段时间增长非常活跃的一个金融市场，债券通可以说为国际资本参与这个活跃的市场提供了一个新的渠道。

目前，现有内地债市主要产品构成是，政策性银行债券占 25%，财政部的国债占 19%，地方政府债券占 17%，再加上其他各种类别的债券（见图 1）。这也是金融结构不断转型，从贷款为主的间接融资转向直接融资的过程中的必然现象。一个非常重要的驱动因素，就是整个融资和风险的定价由银行逐步转移到债券市场，这是经济基础设施建设的需要，以及国际市场上对于中国资产配置的客观需求。2017 年，美国指数编制公司尝试性地加入了中国的股票，主要挑选了在沪港通、深港通覆盖范围内的222只股票。可以预期，债券通的启动将有助于国际主要的债券市场指数纳入中国的债市，而这对国际投资者在地域和资产类别的多元化方面有积极的推动作用。

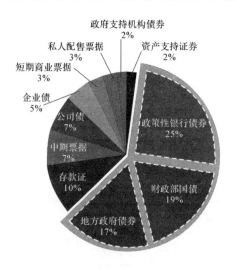

图1　中国内地债市的结构

## 推动人民币国际化进入新征程

从中国当前的宏观环境看，宏观金融政策传统的依靠数量和规模，比如信贷规模，来约束整个金融运行的调控方式起到的效果在明显减弱。在由数量型的金融调控方式转向价格型的调控方式的转换过程中，债券市场具有决定性的重要作用，包括它的基准利率传导机制、货币政策的调控效果，以及受财政政策的影响。对商业银行以及金融机构的影响也一样，一个活跃的债券市场有利于银行资产的摆布、风险对冲，以及资产市场化的定价。

如果没有一个开放的债券市场的支持，人民币很难成为一个真正的国际货币，国际货币的地位主要不是以股票市场支撑的，而是主要依托债券市场。目前人民币国际化已经在支付、贸易计价结算等方面取得了突破性的进展，主要的标志就是人民币在跨境贸易里面占比的明显上升，下一阶段的重点将是以成熟完善的境内和离岸的金融市场、金融工具来推动。2015年12月，人民币加入国际货币基金组织特别提款机（SDR）的货币篮子，占比10.92%。这里面有10个百分点来自于人民币在贸易计价中结算。而人民币计价的金融产品，贡献不到1个百分点。所以可以做一个肯定的判断，下一步推动人民币国际化的主要动力，将主要来自于人民币计价的金融产品的发展，并且其将成为国际投资者可以投资的对象。

人民币已经是全球主要的支付结算货币。人民币作为一个国际支付货币的占比是多少呢？1.67%。那么作为国际的外汇交易货币，它的占比是多少呢？这几年有明显的上升，2016年是4%。而作为国际的储备货币，在SDR里的占比是多少呢？10.92%。因此可以看到，中国作为一个国际贸易、实体经济、GDP总量的大国，离货币计价的国际化程度还有很大的改进空间（见图2）。

而目前内地在岸市场开放的程度、外资的参与率显著低于国际的平均水平。目前外资参与中国债市占比不到2%，主权债市场大概在3.92%，远远低于主要新兴市场和发达市场的平均水平。发达市场债券外资参与率的平均水平是30%多，新兴市场外资的参与率水平也在30%～40%之间，外资参与有利于建立多元化的投资者结构，形成一个更有流动性、更有活力的债券市场。中国现在的债券市场基本上是几大银行主导的，它们持有的债券份额差不多占70%～80%，而且基本上是长期持有到期，交易不活跃。非常可以理解的就是，因为国内的银行在同样一个政策环境下，它的资金松紧程度、资产配置结构往往是趋同的，所以外资的参与有利于建立多元化的投资结构，而且还可以吸引长期投资者的进入。在前一阶段美元阶段性升值、人民币有阶段性的贬值压力的时候，债券市场的开放实际上还有一个很重要的作用，我们叫它流入端改革。以前我们在外汇储备丰裕、压力增加的时候，鼓励企业"走出去"，这是流出端的改革；目前很多国际资金愿意进入中国市场，这可以说是资金流入端的改革。

图 2　人民币的国际化程度

从测算上来看，外资参与境内的债市目前处于低位，但是增长的空间非常大。目前外国政府和半官方组织持有人民币的资产，相当于全球的官方外汇储备总值的1%，远远低于澳元和日元的水平。政府部门持有人民币的占比如果达到澳元的水平，那将有1100亿美元的全球储备转移到人民币资产。如果进一步提高到日元的占比水平，流入人民币资产的国际资金达到4000亿美元（见图3）。

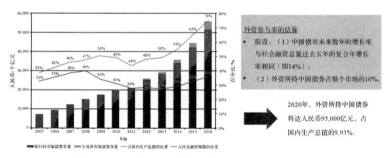

图 3　外资参与中国境内债券市场的增长潜力

从私人部门方面我们再做个测算，不考虑自主进来投资的，如果仅仅将被动跟来的投资纳入这些国际指数，比如说在国际定期产品里面有广泛参考作用的摩根大通新兴市场债券指数加入这里面的话，中国在这个指数的权重从目前的规模推算应该占到34%。如果还有相关的政策能够助推机构和私人投资者加大参与中国境内的债市的话，外资持有的中国债券可以增加到10%。模拟地推算，假设中国的债券市场未来几年的增长率跟社会融资总量2011年—2016年五年的复合年增长率相同，大概在14%的话，外资所持债券占比的市场达到10%，那么2020年在这两个假定下外资所持中国的债券将达到95000亿元人民币，占国内生产总值的9.93%（见表1）。

表1　外资参与中国境内债券市场的预测（至2020年）

| | 2016年 | 2020年 |
| --- | --- | --- |
| 国内生产总值（人民币十亿元） | 74,413 | 95,730 |
| 境内债市总值（人民币十亿元） | 56,305 | 95,100 |
| 境内债市外资持有量（人民币十亿元） | 853 | 9,510 |
| 占国内生产总值百分比 | 1.15% | 9.93% |

计算时假设：（1）国内生产总值年增长率6.5%及中国债市年增长率14%；（2）外资持有量占未偿还债务总额10%。
资料来源：2016年外资持有量数据取自人民银行；其他2016年数据取自万得；2020估算由作者计算。

"8·11"汇改之后，人民币汇率的波动是国际投资者投资中国债市一个非常重要的考虑因素，汇率如果波动幅度大，而且没有风险管理工具，国际投资者在债券市场获得的收益可能被汇率给吃掉了大部分。从图4可以看到，"8·11"汇改之后，境外资金流入中国债券市场有波动，但是总体的趋势并没有明显的改变。在目前的市场环境下，境外资金的倾向主要是流向利率债，在目前这个阶段境外资金持有中国内地主权债的比重为55%，政策性银行和国家开发银行债是39%，信用债是6%（见图4）。

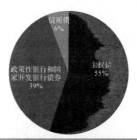

　　·在2016年增持的中国内地主权债券中，境外投资者占增量的14%。仅次于中国内地全国性商业银行（38%）及城市商业银行（19%），是2016年中国内地主权债券第三的买家。
　　·外资持有的信用债跌至494亿元人民币新低，只占2016年年底外资所持有债券资产总值的6%

图4　外资持有中国内地债券按类别价值的分布占比（截至2016年年底）

因此，债券通是近年来中国的债券市场持续开放进程中的一个标志性的事件，前期的开放奠定了债券通的基础。

债券通解决了国际投资者的哪些痛点？

图5把债券通复杂的文件简化了，左边是离岸市场，右边是中国内地市场，中间是香港，跟沪港通、深港通不一样的是，它是由香港交易所和中国外汇中心合资组建的一个债券通公司，作为在海外市场一点式电子接入的一个平台。

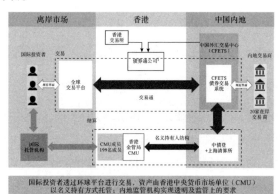

中国外汇交易中心（CFETS）及香港交易所共同拥有的债券有限公司将为北向通投资者的备案入市提供支持与协助，并会以债券通下的国际债券交易平台紧密联系

**图5　债券通：北向通运作模式**

那么海外投资者怎么买中国在岸市场的这些债券呢？即国际投资者依托现在国际主要的全球交易平台，运用自己熟悉的界面、自己交易的平台，通过债券通公司，接入中国外汇交易中心的债券交易系统，这个环节叫"交易通"。而这个连通机制实际上使海外的这一部分投资者沿用自己熟悉的全球交易平台进行交易，采用的是他们习惯的名义持有人方式进行托管，比如香港的中央货币市场单位（Central Money Markets Unit，简称CMU）有199家成员，内地再连接内地的监管框架、交易结算框架，在中间香港市场实现了这样一个转接。这就是债券通的主要运作模式，交易通、结算通，其实还可以加一个监管通，这些都需要由中国人民银行和香港金融管理局在监管方面密切合作。

新金融、新格局：中国经济改革新思路

## 债券通推动金融制度创新 [1]

目前，有关债券通的监管、交易与结算等各个领域的文件和相关规定都已经由相关机构正式发布，市场期待已久的债券通的完整框架和技术细节终于展示在海内外投资者面前。从发布的各项文件可以看出，债券通在许多环节和方面做出了明显的制度创新和探索，从而为国际投资者参与中国债市，促进中国债市的改革和开放，提供了新的推动力。

## 债券通是中国金融市场对外开放的新突破，将在促进人民币国际化和吸引国际资本投资中国债市方面产生多方面的积极影响

随着中国金融转型的持续推进，债券市场在中国金融资源配置上发挥着越来越重要的作用，同时，债券市场的开放，也正在成为中国金融市场开放和人民币国际化的重要推动力。截至 2017 年 3 月末，中国债券市场以 66 万亿元的存量规模成为全球第三大债券市场，仅次于美国和日本，公司信用类债券余额位居全球第二、亚洲第一。但是从总体上看，中国债券市场上的外资参与率还处于相当低的水平，如果可采取适当的中国债市开放举措，吸引更多的外资投资中国债市，不仅在短期内可促进国际收支的流入端改革，提高调节国际收支波动的能力，而且从中长期看，也会促进中国债市流动性的提升。

在外资参与债市方面，中国近年来开放步伐不断加快。2010 年中国首次对境外合格机构开放银行间债券市场，翌年 (2011 年) 再推出人民币合格境外机构投资者计划，两年后 (2013 年) 允许合格境外机构投资者进

---

[1] 本部分发表于《第一财经》2017 年 6 月 30 日，原题目为《债券通推动了哪些环节的金融制度创新》。

入银行间债券市场。2015 年实施多项措施，对便利境外投资者进入银行间债券市场起到实质性推动作用，具体包括：2015 年 5 月，中国人民银行允许已进入银行间债券市场的境外人民币业务清算行和参加行利用在岸债券持仓进行回购融资；2015 年 7 月，中国人民银行对于境外央行类机构（境外中央银行或货币当局、主权财富基金、国际金融组织）投资银行间债券市场推出了更为便利的政策，并明确其业务范围可扩展至债券现券、债券回购、债券借贷、债券远期以及利率互换、远期利率协议等交易。2016 年 2 月，中国人民银行发布新规，放宽境外机构投资者进入银行间债券市场的规则，以及 2016 年 5 月进一步颁布详细规则，拓宽了可投资银行间债券市场的境外机构投资者类型和交易工具范围，取消了投资额度限制，简化了投资管理程序。截至 2017 年 7 月，已有 473 家境外投资者入市，总投资余额超过 8000 亿元人民币。这些中国债市领域的开放探索，为当前推出债券通奠定了市场基础。但是，开放举措虽然吸引了一批国际投资者，但外资持有中国债市的比率依然低于 2%，这明显低于新兴经济体和发达经济体债市开放的平均水平。客观地说，前述中国债市的开放渠道，主要适应于对中国债市较为了解，能够承担较高的运作成本来参与中国债市的外国央行和大型机构，而相对较低的外资参与率意味着对于为数更多的希望投资中国债市的中小投资者来说，需要探索新的开放渠道，而且这些新的开放渠道需要回应它们在参与中国债市时所面临的一些挑战。债券通正是在这样的背景下推出的。

2016 年人民币正式被纳入国际货币基金组织特别提款权的货币篮子，占比为 10.92%，这就为以人民币计价的债券资产带来了新的参与主体和资本流量，也相应提升了全球市场对人民币作为全球投资及储备货币的认同性，无论是官方层面还是私人投资的层面，都可以促进国际机构对人民币计价资产的需求。但是，无论是人民币在官方外汇储备中的占比，还是在外汇市场交易中的占比等，迄今为止都远远低于 10.92% 的水平。这也意味着，下一步人民币国际化的主要推动力，将主要来自于国际投资者可以投资的、多样化的人民币计价的离岸与在岸的金融资产，而债券市场开放将是其中最为关键性的环节之一。

**与已成功运行的沪港通、深港通一样，债券通的制度设计实现了以更低的制度成本、更高的市场效率，将国际惯例与中国债市有效对接**

在目前的金融监管框架下，中国主要有三条途径供境外投资者进入境内债券市场，分别为合格境外机构投资者 (QFII) 计划、人民币合格境外机构投资者 (RQFII) 计划以及三类合资格机构直接进入内地银行中国银行间债券市场 (China's Interbank Market，简称 CIBM) 计划。与这些现有渠道相比，债券通在哪些方面实现了创新和突破，同时又在哪些环节回应了国际投资者参与中国债市的期待呢？

**交易前：市场准入与并行通道**

目前债券通的境外参与者与已有渠道的投资者范围一致，参照 2016 年中国人民银行发布的 3 号公告，以注重资产配置需求为主的央行类机构和中长期投资者为主要参与者，体现出中国稳步持续推进人民币在资本和金融账户开放方面的战略，同时在市场准入、备案程序、资格审核等方面，为长期资本流入中国债券市场提供了新的选择，开辟了便捷的渠道。如果说现有的各种渠道主要为满足外国央行和大型机构投资中国债市的需求的话，债券通的制度设计，则主要针对的可以是那些希望投资中国债市，但可能又不愿意承担过高参与成本的中小投资者，或者说，在债券通的投资渠道下，境外投资者不必对中国债市的交易结算制度以及各项法律法规制度有很深入的了解，只需沿用目前熟悉的交易与结算方式，这就降低了外资参与中国债市的门槛，使得债券通对于海外的中小机构投资者来说是更为"用户友好"的。

第一，在债券通开通之前，境外投资者参与内地银行间债市主要是通过代理结算的方式，即"丙类户"方式进入银行间市场，外资机构须委托中国境内的银行间债券市场结算代理人来完成备案、开户等手续，需要经过一定的入市备案程序。这些程序可能对于外国央行和大型机构来说并不十分困难，但是对许多中小机构投资者来说却在事实上成为参与中国债市的障碍。

而在债券通的开放机制下，境外机构可利用境外的基础设施，"一点接入"中国境内债券市场，境外投资者并不需要开立境内的结算、托管账户，也不需要在市场准入、交易资格等环节与境内主管部门直接接触，而是完全可以利用其在香港已经开立的现有账户直接接入内地债券市场，保证了从交易流程一开始就沿用其已经熟悉的国际法则和交易惯例，利用境外的金融基础设施来完成市场准入和备案流程，而不必重新熟悉与其长期交易结算习惯不同的中国内地市场运行规则。

在具体操作中，在债券通开放渠道下，境外由香港交易所和中国外汇交易中心合资成立的债券通平台，可以承担专业的入市辅导、材料审核等辅助性入市备案，入市备案的流程将由20个工作日左右，大大缩短为3个工作日，通过境外债券通平台，实体进入中国在岸的债券市场，运作程序更为符合国际投资者，特别是那些希望参与中国债市但是又不熟悉中国债市规则的中小机构投资者的交易习惯，可以推动其入市速度和效率的明显提升。

第二，通过 QFII、RQFII 以及 CIBM 渠道投资内地债券市场，在市场准入时，根据现有的监管要求，境外投资者有资金先期汇入、锁定期等要求，并且需要预先说明预算投资金额，并在后续交易中完成该金额的投入，这在一些场合可能会与一部分境外机构灵活运用资金的投资策略不一致，也是现实交易中影响境外机构参与境内债市意愿的因素之一。而债券通的市场准入并没有这些约束要求，境外机构可以直接自行操作中国在岸的债券交易，使得境外机构在市场准入时面临更少的入市阻碍，在配置人民币资产时获得更大空间，这对于已经参与中国债市的外国央行和大型机构可能并没有多大的吸引力，但是对希望参与中国债市的中小机构投资者来说，无疑会明显提升其参与中国债市投资的积极性。

第三，债券通的入市渠道与现有的 QFII 计划、RQFII 计划及三类合资格机构渠道并行不悖，可以满足境外投资者不同类型的投资中国金融市场的需求。境外投资者可以在 QFII 计划、RQFII 计划、三类合资格机构渠道以及即将开通的债券通等多重渠道之间进行灵活选择。可以预计，债券通开通后，境外投资者可以更好地根据自身策略选择不同的投资渠道，有的投资者可能会把新增的债市投资渠道放到债券通渠道投资，这样也就可以把调整出来的 QFII、RQFII 额度，运用到股市等其他领域，进行多元化的中国在岸金融市场的资产有效配置和产品开发。在沪港通和深港通开通之后，境外投资者的投资渠道选择就出现了类似的微调，这说明现有的开放渠道是相互补充，并服务于不同的投资需求和不同类型的投资者的，但并不能说是简单的相互替代关系。

如果债券通开通后，现有的三大债券投资渠道也逐步放宽额度管理、投资者资格管理、资金汇兑方面的要求，也可以说，这也意味着中国内地债券市场开放在债券通的带动下得以继续深化，这也会对人民币国际化和中国资本项目开放带来重要的推动作用。

**交易中：价格发现与信息沟通**

从交易方式来看，当前中国境内债券市场主要提供了提供询价、点击成交和请求报价交易等三种方式。由于中国债市的询价模式以线下交易为主，对境外机构而言，债券交易可以说是相对不太容易深入了解的市场领域。而在债券通机制下，境外投资者在境外平台上可以与做市商开展请求报价方式的银行间现券买卖，由做市商据以报出可成交价格，境外投资者选择做市商报价确认成交，这个价格形成过程对于那些对中国债市还不是十分了解的境外中小机构投资者来说，交易更为简单易行，而且相对来说价格更透明，更有利于价格发现。

另外，在代理行模式下，境外投资者不能直接与中国境内的对手方进行交易，只能委托中国境内的代理行代为交易。而在债券通机制下，境外投资者可以运用其熟悉的海外电子交易平台、操作界面和交易方式，自主选择做市商报价，自主决定买卖时点进行交易，因此，这些境外投资者在通过债券通平台参与中国债市投资时，在具体操作时并没有什么明显的制度转换成本，这对于那些对交易成本十分敏感的境外中小机构投资者来说是十分重要的。目前，境外机构主要使用的是海外电子交易平台如Tradeweb、Bloomberg(彭博)等，在经过中国人民银行的认可系统准备就绪后就可接入债券通的交易平台。境外机构在不改变交易习惯的情况下，可以直接与境内机构进行询价、交易，使得整个交易过程更加透明高效。

从整个市场运行的不同环节看，通过债券通渠道，境外投资者交易在之前的"丙类账户"的代理交易模式继续行之有效地实施的同时，还多了一种直接交易的模式选择，对于特定的境外投资者，特别是对中国市场不太了解的中小机构投资者来说，这在一定程度上降低了代理成本和沟通成本，交易效率明显提高，有利于改善市场流动性水平。

### 交易后：法律合规与托管结算

目前中国内地债券市场采用的是"一级托管制度"，这是经过长期实践探索出的，符合中国债券市场特点的重要市场制度。不过，目前境外市场长期形成的交易惯例是名义持有人制度和多级托管体系，这种巨大的制度差异为境外机构参与中国债券市场带来了一定困难。国际市场经过多年的融合发展形成而来的多级托管体系和名义持有人结构，使得境外机构投资者已存有较强的路径依赖。如果操作模式出现显著变化，境外机构投资者所在的市场监管部门、机构内部的法律合规与后台运作都将面临很大的调整困难，从而有可能制约一部分中小型海外机构参与内地债券市场。

债券通以国际债券市场通行的名义持有人模式，并且叠加上在中国的托管制度下所要求的穿透要求，实现了"一级托管"制度与"多级托管体系"的有效连接。以中债登和上海清算所（简称上清所）所作为总登记托管机构，香港金管局的债务工具中央结算系统(CMU系统)作为次级托管机构，负责帮助境外投资者在中债登和上清所开立的账户进行结算。这样，境外机构就可以在不改变长期沿袭的业务习惯，同时有效遵从中国内地市场制度的前提下，实现操作层面与国际惯例的接轨，有效降低了不同市场体系对接的交易成本，也有利于在债券通开通后进一步发展与之相关的金融产品和商业模式。

从法律框架兼容性角度来看，在原有的开放渠道下，如果发生债券违约等情况，境外投资者需直接通过中债登和上清所履行相关权利，相关法律仲裁、诉讼、索偿等将在中国的法律框架下进行，这与海外市场目前惯用的法律体系有着明显的区别，存在法律、会计制度方面的一些障碍，对于一些中小型机构投资者也形成了进入市场的成本。而债券通明确了相关交易结算活动将遵守交易结算发生地的监管规定及业务规则，在名义持有人制度下，如果发生债券违约，境外投资者可以通过国际法律体系和托管协议约定与托管机构进行处理，无须自己行权，亦无须自行去了解中国法律体系及相关流程，体现出遵循当地法律、规则及投资者交易习惯的主场原则。

同时，债券通跨境资金流动的管理方法是由香港金管局 CMU 作为名义持有人在境内银行间债券托管机构开立资金和债券结算账户，集中处理跨境债券交易的托管和交收，从而保证了资金在安全、透明、封闭的环境下流动，有利于在开放环境下更好地促进国际收支平衡。

**债券通有助于以可控的方式进一步提升中国债市的开放程度，强化和巩固香港离岸人民币中心地位，构建围绕债券通的在岸和离岸人民币产品生态圈，为人民币国际化带来新的动力**

如同已经成功运行的沪港通、深港通制度框架一样，债券通的总体框架设计，实现了相对封闭的设计，使得由债券通推动的市场开放进程是总体可控的，可以说是以创新的方式提高了中国债市的开放程度。这种债市开放程度的提高，不仅使得监管机构与国际市场的联系更为紧密，也使得在岸的金融基础设施（包括交易和结算机构等）的参与主体更为国际化，中国境内的金融机构也可通过债券通与广泛的境外机构投资者产生更为密切的业务联系，这就为中国金融机构下一步更深入地参与海外市场奠定了基础。

债券通的推出对香港的影响更是深远。香港已经是全球最为成熟的离岸人民币中心，对于人民币的使用已不仅仅局限在最初跨境贸易结算上，境外人民币的投资功能、融资功能、风险对冲功能都得到了较大发展，离岸人民币外汇交易量持续增长。沪港通和深港通先后启动，以及交易总限额取消为内地资本市场开放提供了新的渠道。但是，债市是香港金融体系的短板，债券通的推出有利于增强香港金融市场的这个短板功能，如果将来债券通的南向通开通，那么相信债券通对香港债市，以及整个金融体系的带动作用将更为明显。

从债券市场的交易特点可以预计，香港交易所与中国外汇交易中心合资成立的债券通公司不会从这些交易中获得明显的盈利，而是更多地发挥一种市场培育者和组织者的公共职能。但是，债券通的开通，以及债券通合资公司的平稳运行，对于中国在岸和离岸债券市场的影响却是深远的，其突出作用预计表现在，债券通的启动有望同时在离岸和在岸的金融市场上，带动一个与债券配置相关的生态圈的形成。债券市场作为主要由机构投资者参与的市场，其交易与金融衍生品交易和风险管理需求密切相关，也与评级等专业中介服务的需求直接相连。债券通的启动，对于在岸和离岸债市的带动作用，在更大程度上就表现为对债券通相关的金融衍生品市场、评级专业服务等的带动作用，这将使整个市场得益更多。

目前，中国境内的衍生产品市场已经具备一定深度和流通性，可供交易的外汇产品种类繁多（包括现货、远期、掉期及期权等），国债期货等产品也为人民币利率风险对冲提供了支撑手段，随着境内外汇市场进一步开放，一些合格境外投资者也可直接使用境内的衍生品。与此同时，香港市场也已推出了包括人民币外汇现货、远期、掉期及期权等一系列产品，可便利外资参与者对冲持有的中国债券资产及外汇波动风险。2017 年 4 月香港市场已推出了全球第一个离岸的五年期中国国债期货合约，该期货合约为境外投资者提供规避利率风险的对冲手段，有助于国际资本利用债券通的开放渠道进一步流入中国债券市场。目前境外机构投资者主要参与的是利率债,随着外资逐步参与信用债,可以预计,对于违约风险的风险管理需求也会相应上升,进而会催生相应的风险管理产品。

债券通本身不仅为境外投资者提供了一个符合国际惯例的交易、结算平台,而且为中国债市的开放提供了一个更为便捷的开放渠道。可以预计,随着债券通的启动,围绕债券通提供专业支持的风险管理产品、评级等专业服务也会随之获得巨大的发展动力,从而为金融市场带来新的发展空间。对于香港市场来说,债券通更大的价值在于弥补了香港作为国际金融中心在债市发展上的不足,香港离岸市场也已相应发展出更多与人民币全球配置和跨境流动相适应的市场工具和管理手段,这也可以为境外机构持有人民币债券提供专业支持。

## 带动债券交易和结算金融服务的生态圈发展

如果仅仅就债券通项目本身来说,把债券通和沪港通、深港通进行对比的话,沪港通、深港通对双方的交易所都有好处,它本身交易的收费都是增长的。监管机构也好,交易所和外汇交易中心也好,实际上更多的是起到了一个市场培育、市场组织的作用,债券通本身从交易里面挣的钱是非常有限的,或者几乎只是一个维持成本的收费水平,但是它带来的好处是带动了市场的活跃,或者说是带动了围绕债券通的一个关于债券配置的生态圈发展。比如说,债券通可以带动中国债市的交易本身更有流动性,使得原来持有债券的这些主体获益,国际投资者配置更方便,资本流入增多。再比如,机构投资者投资债券有一个非常典型的特点,即非常在意风险管理,所以一定会使得这些衍生品和风险管理交易具有非常大的活跃度。所以我们可以预计,债券通推出之后,可能它本身的交易未必有多大的活跃度,但是由此会提高利率风险管理产品、汇率风险管理产品的交易的活跃度,以及比如说跟债券相关的评级、信息披露机制、违约的风险处理等方面的内容。所以可以说它会构建围绕债券通的交易和结算的生态圈，为市场参与者提供新的业务，而且可以利用 CMU 现有的基础设施来提高运营的效率。

但是对内地在岸市场来说，价值在什么地方呢？当然，带来了多元化的投资者群体，推动了中国的金融机构与海外客户的直接互动，同时增加了境外买方的积极参与。中国虽然有那么多的开放渠道，但实际上外资持有金融资产占比 2% 不到。这个和中国金融市场的规模、中国的 GDP 总量的规模是不相称的。而且跨境的经济、交易、货币兑换、风险管理服务的提供会使跨境的经济和客户的关系更深入，有助于推动中国在岸金融机构与这些海外债券投资者的国际联系，例如国内的投资者以前可能跟海外投资者几乎没什么业务往来，现在可能遍布全球的机构投资者会来询价、交易，成为自己的交易对手，这对中国的金融市场的开放和培育国际化的投资群体有积极的推动作用，而且也推动了交易和结算基础设施的国际化，加快了在岸和离岸人民币的接轨。而且也是以全程封闭的方式来管理风险，保证了它的安全可控和平稳运行。

虽然债券通的启动未必一开始就带动很大的新增交易量，因为市场熟悉这个系统需要时间，系统不断改进需要时间，但是，从功能和趋势看，债券通预计会带动在岸和离岸市场围绕着债市交易和结算金融服务的生态圈发展，它会带动以人民币计价的风险管理产品、交易结算产品的发展，提供更多与人民币债券配置相适应的市场工具和管理手段，特别是风险管理这些衍生品的发展。而且债券通能强化相关的几个金融基础设施和交易平台作为国际化资产配置平台的功能，拓展互联互通的功能。

从整个制度框架的设计角度比较，债券通有很多地方借鉴了沪港通、深港通的经验，但是也有很多独有的东西，比如是机构投资者占主导的、场外的市场，是一个跟海外连接的市场，而且是北向的市场，这些交易在谈判过程中丰富了互联互通的独特经验，比如说怎么尊重"主场"的交易规则，怎么提供便捷的为投资者所熟悉的国际制度环境等。

## 债券通的运作模式

作为国际投资者，怎么委托国际托管机构来参与？结算和开账户环节见图6。

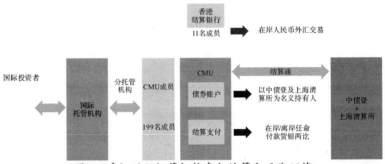

**图 6 委托国际托管机构参与结算和开账环节**

可以看出资金流向非常简单，怎么在离岸与在岸之间利用人民币来交易，或者把外币兑换成人民币来做交易，它的不同制度的安排是在离岸和在岸人民币流动的货银两讫的方向（见图 7）。

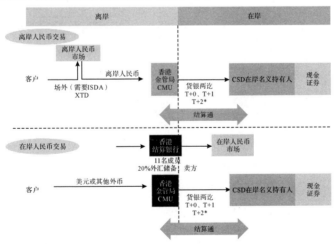

**图 7 结算流向—离岸与在岸人民币流动货银两讫**

离岸和在岸两者之间的互动，按照图 8 中的顺序分别显示了每一步该怎么做。首先报价，在岸的向中国外汇交易中心（CFETS）报价；海外投资者对这个价感兴趣，就马上把这个价格反馈到 CFETS；如果有一名在岸交易商看到这个回应还不错，马上又跟进，把他的总额和进价额、到期回报率，以及有效期，向投资者继续详细报价；投资者接受了之后，就会回应，交易确认。而现有的几个开放渠道是间接的，不能直接和交易商报价、定价，而是通过中介机构进行相对应的结算配合（见图 8）。

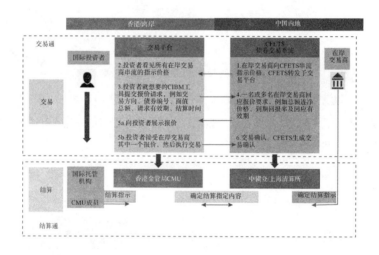

图 8　交易流向

一个海外投资者，首先通过国际托管机构，找到 CMU 的成员来开一个户，然后在交易环节找到现有的交易平台，来接入债券通公司，最后交易报价到了 CFETS。通过这样一个交易方式我们可以看到不同的结算和交易流程（见图 9）。

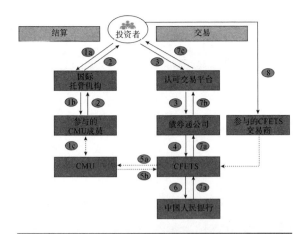

| 结算 | 投资者 | 交易 |

参与流程

1. 就债券通索取CMU户口号码：
   （a）投资者应向国际托管机构索取CMU户口号码；
   （b）收到投资者的要求后，国际托管机构会向其他指定合资格的CMU成员索取CMU号码；
   （c）合资格CMU成员填写CMU表格T1、T2及A5索取CMU户口号码（表格T1、T2向CMU索取）。
2. 合资格CMU成员向国际托管机构提供所需的预先指派户口号码，再由国际托管机构转发投资者。
3. 投资者须透过认可交易平台向债券通有限公司（债券通公司）呈交"债券通申请表格"。
4. 在整合所需资料及进行初步审阅后，债券通公司将申请CFETS。
5. CFETC与CMU互相检查登记资料。
6. 核证户口资料，CFETS将申请表交中国人民银行上海总部进行预先备案。
7. 索取CFETC交易证明：
   （a）人民银行认可后，CFETS生成投资者交易户口号码并将号码交债券通公司；
   （b）债券通公司通知投资者、投资者的托管银行和交易平台已开立交易户口及有关户口号码。
8. 投资者须找一个或以上参与债券通的在岸交易商，并完成双方的"认识您的客户"程序。

图9　参与流程

（本文为2017年6月29日巴曙松教授在"2017年中国上市公司并购年会暨新财富第十三届金牌董秘第十届最佳投行颁奖典礼"上的演讲，2017年7月4日刊载于《今日头条》，原题目为《如何用图表提纲挈领地把握债券通大框架》。）

# 汇率改革：稳步推进人民币国际化进程

# 人民币资本项目开放的现状评估及趋势展望

　　人民币资本项目的开放是中国经济金融市场化改革的重要组成部分之一，自中国 1996 年宣布人民币经常账户可兑换以来，资本项目开放进程一直渐进式推进，只是推进的速度随特定的国内外经济环境有所变化。2015 年人民币正式被同意纳入国际货币基金组织的特别提款权（SDR）货币篮子，表明人民币资本项目开放的进展以及国际化的推进得到国际认可。"十三五"规划提出"有序实现人民币资本项目可兑换"，不仅重申了继续推进资本项目开放的总体方向，还强调了开放的过程需适应中国面临的内外宏观经济新形势。本文旨在梳理人民币资本项目开放的现状与趋势。

## 人民币汇率弹性有望继续增大，汇率视角重点转向一篮子货币 [1]

　　就基本面而言，2015 年美国经济增长开始进入相对平稳的阶段，而

---

[1]　本部分发表于《金融经济》2016 年第 11 期，郑子龙参与此文起草与讨论，原题目为《人民币资本项目开放的新趋势》。

中国经济在主动调整的过程中面临着去产能、去杠杆所带来的下行压力。从资本流动角度来看，2009年以来，主要发达国家实行低利率甚至零利率政策，人民币与主要货币之间的利差，以及人民币升值的预期导致大量资本流入和企业对外负债上升。随着美联储加息预期越来越明显，中美货币政策之间的分化与利差收窄，也在一定程度上形成了人民币对美元贬值的短期市场预期。

但是从贸易数据来看，世界主要各国进口中国商品的比例反而有所上升，这一方面表明，中国目前的贸易进出口表现欠佳主要是由于海外市场需求的放缓，中国出口企业仍具有竞争力，中国暂无通过人民币贬值促进出口的必要性；另一方面也间接说明此前我们通过人民币关注美元所带来的被动升值效应所引起的人民币与内部均衡价格的背离，是导致市场中人民币贬值情绪攀升的重要原因之一。因此，在美元升值趋势明显的国际背景下，保持人民币货币坚挺，就不应再通过主要关注美元汇率保持稳定的目标，而是应逐步淡化与美元的汇率波动，重点转向参考一篮子货币的汇率定价模式。

一方面，从提高汇率弹性角度看，2015年8月11日，中国人民银行的改革措施提高了人民币汇率弹性空间。此次汇改前，尽管中间价报价机制也考虑了市场供求和一篮子汇率变化，但是由于中间价的开盘价通常是每日早上重新设定的，与上一期中间价收盘价关联度低，所以难以形成连续的汇率曲线，中间价主要反映的是央行政策意图，人民币汇率中间价与上一交易日汇率收盘价频繁出现较大偏差。以2015年上半年美元兑人民币汇率为例（见图1），此次汇改前，美元兑人民币中间价与市场汇率出现长期偏离，而在汇改之后，中间价与基于市场的汇率得以保持一致，从而增大了人民币汇率的弹性。

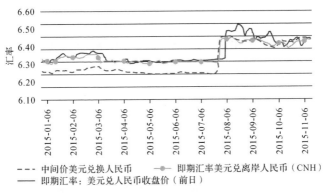

图1 美元兑人民币中间价与上日收盘价

资料来源：Wind 资讯。

另一方面，从参考货币角度来看，长期以来，市场观察人民币汇率的视角主要是看人民币兑美元的双边汇率，在美元相对稳定时期，双边汇率与一篮子货币为基础的加权汇率之间区分并不明显。但是，从2014年下半年开始，美元开始进入强劲升值通道，美元实际有效汇率由98.00上升至110.80，导致人民币在这一时期内被动随美元升值，如果人民币继续主要关注美元双边汇率，则容易形成汇率新的偏离。由于汇率浮动旨在调节多个贸易伙伴的贸易和投资，在现有国际金融环境下，仅观察人民币对美元双边汇率并不能全面反映贸易品的国际比价，在未来人民币汇率则将由主要关注美元逐步转向盯住一篮子货币，相对更利于管理市场，从而更好发挥汇率调节进出口、投资及国际收支的作用。同时与自由浮动汇率相比，也可以避免人民币汇率短期大幅超调的风险。

2015年12月11日，中国外汇交易中心发布中国外汇交易中心（CFETS）人民币汇率指数，有助于引导市场改变过去主要关注人民币对美元单一汇率的习惯，逐渐把参考一篮子货币计算的有效汇率作为人民币汇率水平的主要参照系，为市场转变观察人民币汇率的视角提供了量化指标，以更加全面和准确地反映市场变化情况。表 1 显示了 CFETS 人民币汇率指数、参考国际清算银行（BIS）货币篮子和参考 SDR 货币篮子的人民币指数中各货币权重的比较，可以看出 CFETS 人民币汇率指数更关注于中国与世界各国贸易权重，赋予亚太主要市场货币权重相对更大，尤其以港币、澳元、新加坡元、卢布等货币权重差异最为明显。对人民币汇率指数与人民币对美元中间汇率进行比较后发现，尽管人民币对美元单一货币存在一定的贬值倾向，但是从 2014 年以来，按照参考一篮子货币衡量的人民币汇率，人民币相对全球主要货币整体反而呈现出小幅升值的表现。即使 2015 年 8 月 11 日汇改之后，人民币汇率波动相对世界主要货币而言也贬值有限。同时，中国外汇交易中心披露的数据显示，2015 年以来，CFETS 人民币汇率指数总体走势相对平稳，11 月 30 日为 102.93，较 2014 年年底升值 2.93%。从更全面的角度看人民币对一篮子货币仍小幅升值，在国际主要货币中人民币仍属强势货币。

表 1　人民币汇率指数算法比较

| 货币权重 | CFETS 人民币汇率指数 [1] | 参考 BIS 货币篮子人民币汇率指数 [2] | 参考 SDR 货币篮子人民币汇率指数 [3] |
|---|---|---|---|
| 美元 / 人民币 | 0.2640 | 0.1780 | 0.4190 |

[1] 样本货币权重采用考虑转口贸易因素的贸易权重法计算而得，样本货币取价是当日人民币外汇汇率中间价和交易参考价。指数基期是 2014 年 12 月 31 日，基期指数是 100 点。

[2] 样本货币权重采用 BIS 货币篮子权重。对于中国外汇交易中心挂牌交易人民币外汇币种，样本货币取价是当日人民币外汇汇率中间价和交易参考价，对于非中国外汇交易中心挂牌交易人民币外汇币种，样本货币取价是根据当日人民币对美元汇率中间价和该币种对美元汇率套算形成的。指数基期是 2014 年 12 月 31 日，基期指数是 100 点。

[3] 样本货币权重由各样本货币在 SDR 货币篮子的相对权重计算而得。样本货币取价是当日人民币外汇汇率中间价。指数基期是 2014 年 12 月 31 日，基期指数是 100 点。

| 货币权重 | CFETS 人民币汇率指数 [1] | 参考 BIS 货币篮子人民币汇率指数 [2] | 参考 SDR 货币篮子人民币汇率指数 [3] |
|---|---|---|---|
| 欧元／人民币 | 0.2139 | 0.1870 | 0.3740 |
| 日元／人民币 | 0.1468 | 0.1410 | 0.0940 |
| 港元／人民币 | 0.0655 | 0.0080 | — |
| 英镑／人民币 | 0.0386 | 0.0290 | 0.1130 |
| 澳元／人民币 | 0.0627 | 0.0150 | — |
| 新西兰元／人民币 | 0.0065 | 0.0020 | — |
| 新加坡元／人民币 | 0.0382 | 0.0270 | — |
| 瑞士法郎／人民币 | 0.0151 | 0.0140 | — |
| 加元／人民币 | 0.0253 | 0.0210 | — |
| 人民币／马来西亚吉特 | 0.0467 | 0.0220 | — |
| 人民币／俄罗斯卢布 | 0.0436 | 0.0180 | — |
| 人民币／泰铢 | 0.0333 | 0.0210 | — |

资料来源：中国外汇交易中心。

## 人民币加入 SDR 货币篮子的短期影响有限，但是中长期的影响会逐步显现

从短期来看，人民币汇率走势受人民币加入 SDR 事件影响有限，其汇率主要仍受国内外经济环境影响。但从中长期来看，人民币在进入 SDR 后更多将体现出其在新兴市场和周边国家补充并逐步取代现有国际储备货币的角色。因此，人民币汇率政策目标更应体现为与新兴市场货币汇率保持相对稳定，而在适当范围内保持对美元汇率的灵活弹性，从而摆脱作为"准美元"的汇率同步节奏，以增强人民币在国际货币中的独立影响力。在人民币加入 SDR 篮子前后，中国人民银行先后对汇率中间价定价机制和参考一篮子货币汇率进行改革和强调，进一步反映出增强人民币国际独立地位的意图。

同时，在中长期过程中，央行货币政策操作框架也面临着内外部权衡的重塑。随着人民币成为国际储备货币，货币政策的国际协调变得更为重要，央行独立的货币政策效果将被削弱，国内经济增长问题则上升为全球经济发展问题。目前中国国内经济形势面临结构转型的压力，随着金融改革的深化，未来会面临内部经济增长目标与外部人民币汇率稳定目标之间的政策权衡，正如二十世纪八九十年代拉美国家和亚洲国家的货币当局所面临的选择。作为一个大的经济体，当前中国的货币政策应优先保证内部经济增长目标独立决策的空间，人民币汇率相对灵活，对多数新兴市场的货币可保持稳中趋强，对美元的汇率可在更大区间内保持波动。

# 人民币资本项目开放的目标与总体思路

## 人民币资本项目开放的目标设定

在 2008 年全球金融危机之前，国际货币基金组织（IMF）一直是"华盛顿共识"的主导者，主张资本自由流动可带来全球资产配置优化与风险分散效应。然而资本账户开放后资本跨境双向流动的大幅加剧，客观上增加了发展中国家金融体系的脆弱性，降低了其在应对发达经济体货币政策溢出效应时的政策有效性，出现了部分新型经济体动荡的案例。资本大规模的跨境流动在有的实例中，不但没有消除资本流入国与流出国之间收益率的差异，反而放大了发展中国家资产价格的波动性。短期资本流动的突然逆转常常会严重冲击发展中国家的金融体系。

有鉴于此，2010 年开始 IMF 转变态度，重新评估资本流动的作用，认为对资本流动进行一定程度和临时性的管理是必要与合理的 [1]，只有当

---

[1] Jonathan D. Ostry, Atish R. Ghosh, Karl Habermeier et al. Capital Inflows: The Role of Controls. *IMF Staff Position Note.* 2010.2.

金融发展达到一定水平，资本项目开放的收益才大于潜在风险。可见，国际货币基金组织等机构对资本项目可兑换的认识已开始出现重大变化。IMF 将资本账户细分为 7 大类 11 大项 40 个子项。即使在一些发达国家，也有一定比例的资本交易项目受到限制。美国、德国和日本普遍对直接投资的目标国家与地区有约束，对个人资本交易全面放开。美国主要限制非居民在境内发行资本和货币市场工具；而德国与日本主要限制居民在境外购买资本和货币市场工具；日本重点限制本国保险公司购买外币计价资产占其总资产的比例，监控其汇率风险（见表 2）。可见，从发达国家的经验来看，资本项目完全可兑换，完全不受约束往往并不是最终目标。

表 2　发达国家货币资本项目受限制情况一览

| 国家 | 受限制的项目占比 | 受限制的项目 |
|---|---|---|
| 美国 | 27.5% | 非居民境内发行资本和货币市场工具、衍生工具；担保，保证和备用融资便利；对内对外直接投资；非居民境内购买不动产 |
| 德国 | 32.5% | 非居民境内买卖、发行股票性质证券；居民境外购买债券、货币市场工具、集体投资类证券以及衍生工具；居民向非居民提供商业信贷；对内对外直接投资；居民境外购买不动产 |
| 日本 | 25% | 居民境外购买资本和货币市场工具、衍生工具；居民向非居民提供金融信贷；对内对外直接投资；居民境外购买不动产 |

注：受限制项目比例在 40 个子项范围内统计。

资料来源：*Annual Report on Exchange Arrangements and Exchange Restrictions 2011*，作者整理。

实际上，为了限制短期跨境资本流动造成的严重国际收支失衡，一些已宣布资本项目可兑换的国家，仍保留了不同程度的资本管制手段。

俄罗斯在 2006 年宣布实现资本项目可兑换，但仅仅在直接投资清盘和不动产两大类实现了完全可兑换，其余 26 个子项均存在不同程度的管制。印度虽然允许境外机构和个人直接从事股票交易，但对单一外资持有一家印度公司的股份比例有限制，同时对外国投资者投资国债和公司债的额度有限制[1]。

中国人民银行原行长周小川在 2015 年第 31 届国际货币与金融委员会系列会议上，首次提出人民币资本项目开放的目标为"有管理的可兑换"，即人民币资本项目可兑换实现之后，中国仍将视情况管理资本项目交易。周小川明确了资本项目开放过程需遵循的三个原则：第一，对私人和公共对外债务实行宏观审慎管理，防止出现大的货币错配；第二，对金融跨境交易进行监控；第三，对短期投机性跨境资本流动进行管理[2]（见图 2）。

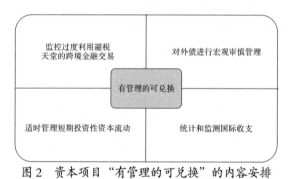

图 2　资本项目"有管理的可兑换"的内容安排

在"有管理的可兑换"的总目标下，人民币资本项目可兑换如何界定，对具体推进更具操作意义。结合既有的研究，可以从基本原则、判断标准以及制度弹性三个层面来界定人民币的资本项目可兑换。

首先，资本项目可兑换的基本原则是，资本项目下各通道均能实现

[1]　郭树清. 中国资本市场开放和人民币资本项目可兑换. 金融监管研究, 2012( 6 )：1-17.

[2]　周小川. 人民币资本项目可兑换的前景和路径. 金融研究, 2012（1）：1-19.

合法的、直接的资本双向跨境流动，管理政策不会实质性影响跨境资本流动[1]。

"无实质性影响"的含义是，基于监管考虑设置的条件以及管理政策可影响通道的宽窄，可过滤掉"非合意"的资本流，但是不会堵塞通道。在开放通道中设置的条件包括征收交易税、安排准入条件（审批）、要求实际需求背景等。如此设定基本原则不仅点明了资本项目可兑换的根本含义，还将合理管理资本项目的需求纳入概念框架中，与周小川提出的总目标相契合。

其次，用国际经验门槛设计资本项目可兑换的区间。

由于 IMF 并未给出资本项目可兑换的具体判别标准，我们可通过横向比较已宣布资本项目可兑换国家的资本管理程度，确定资本项目可兑换的最低标准，即国际经验门槛，进而确定资本项目可兑换的区间[2]。在没有公认的国际标准之前，区间的概念可成为衡量一国是否实现资本项目开放的判别标准之一。当然，这也说明，至少在当前的发展阶段，资本项目可兑换是一个相对概念。

如果将经济合作与发展组织（Organization for Economic Co-operation and Development，简称 OECD）国家作为资本项目可兑换的参考基准，OECD 在 2013 年发布的《资本流动自由化通则》中允许成员国保留一些资本管制。事实上，按照资本项目下 11 个大项来看，32 个 OECD 经济体，按照众数分布仍有 7 个项目存在管制，即至少完全开放 4 个大项可宣布资本项目可兑换；按照 40 个小项来看，如果设美国、德国与日本为参考基准，则至少完全开放 27 个小项。在此基础上，进一步确定关键项目，例如 OECD 国家开放程度最高的项目包括商业信贷、直接投资清盘、担保保证与金融支持、个人资本交易。由于所处发

[1] 参考《对资本项目可兑换区间概念的探讨》，中国人民银行，2012.

[2] 鲁政委. 资本项目可兑换的"经验门槛". 兴业银行汇率研究月度专题报告，2014 年 9 月 30 日.

展阶段可能会存在差异，中国与 OECD 国家在开放资本项目时考虑的侧重点不同，因此以新兴市场国家做参照可能更合理。新兴市场国家开放程度最高的项目包括商业信贷、直接投资清盘、个人资本交易。

最后，资本项目可兑换的判断标准设计可以存在制度弹性。

无论是从横向国际比较的参照系来看，还是从一国所处内外环境变化的发展维度来看，都并不存在一个一成不变的判断准则。例如，发达经济体的货币政策往往可通过跨境资本流动渠道影响发展中国家的对外资产负债头寸，削弱新兴经济体货币政策的独立性，资本流入规模越大的国家受金融周期的影响越大、金融体系的脆弱性越强，而这种通过资本流动渠道传导的外部性不受汇率制度的影响，这就是所谓的"二元悖论"[1]。在 1994 年墨西哥金融危机与 1999 年巴西金融危机中，跨境资本流动在传导全球金融周期共振的过程中都起到关键的渠道作用。可见，对于新兴市场国家( 也就是通常所说的外围国家 )与发达国家( 也就是通常所说的中心国家 )，围绕资本账户开放所关注的风险有较大差异：发达国家主要关注直接投资可能带来的国家安全风险，而新兴市场主要关注短期跨境资本巨幅流动增加金融体系面临的系统性风险。因此，在为新兴市场制定资本项目可兑换的标准时，应更针对新兴市场国家的特点设计规范，并根据各国自身发展现实做出调整以维持制度上的弹性。

**人民币资本项目开放的总体框架**

到目前为止，中国的人民币资本项目开放基本上采取的是主动、渐进

---

[1] Hélène Rey. Dilemma not Trilemma： The Global Financial Cycle and Monetary Policy Independence. *NBER Working Paper*. 2013. 传统的"三元悖论"认为货币政策的独立性、汇率稳定与资本自由流动三者中仅能同时取其二，而"二元悖论"总结了 2008 年金融危机以来全球信贷市场、资产价格与金融风险共振的新特征，提出对于开放经济的新兴市场，无论选择何种汇率制度，独立的汇率政策能且仅能在存在资本管制的情况下实现。资本管制应作为央行政策工具中的重要一项。

的节奏。对于资本项目中各子项目的开放次序，中国遵循的基本策略可总结为：先推行预期收益最大、风险较小的改革，后推行风险程度较高的改革；先推进增量改革，后渐进推进存量改革[1]；先推行有真实交易背景的改革，再推行带有投机性需求的改革。

具体的开放路径可总结为：长期资本流动先于短期资本流动，资本流入先于资本流出，机构投资者先于个人投资者，一级市场先于二级市场，直接投资先于证券投资，债券类投资先于股权类和衍生品类投资[2]。此外，中国还通过在自贸区推行人民币资本项目可兑换的项目，按照从试点到全面推广的方式，审慎、稳健地推动资本项目开放进程（见图3）。

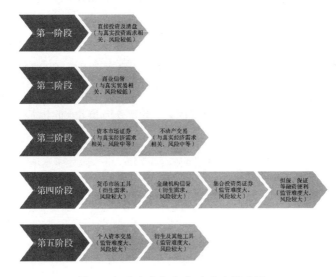

图3　中国的资本账户开放路径选择

资料来源：中国人民银行调查统计司课题组（2012），作者整理。

---

[1]　中国人民银行调查统计司课题组. 中国加快资本账户开放的条件基本成熟. 中国金融，2012（5）：14-17.

[2]　谢亚轩、刘亚欣. 资本项目开放的新动向与国际经验借鉴. 招商证券宏观研究报告，2015年10月.

# 人民币资本项目开放的现状评估

学术界评估资本项目开放的方法主要分为法律类与事实类两种，旨在通过评分法给出直观的开放程度评估结构。法律类评分法主要基于 IMF 的《汇兑安排和限制年报》。梳理各国资本项目管制程度的政策法规，优势是便于国际比较，缺点是法律规定可能与实际情况有偏差。事实类评分法是基于本国持有对外总资产与负债占 GDP 的比重来计算资本项目开放程度，优势是注重政策的实际效果，缺点是无法排除本国金融市场发育程度的干扰。事实类评分法的代表有 Lane 和 Ferretti[1] 的 TOTAL 指数。

总体上来看，近年来人民币的资本项目开放程度稳步提高，根据苟琴等 [2] 的研究，2009 年的人民币资本账户管制强度比 20 世纪 90 年代初下降了约 41%；然而从国际比较的角度看，人民币资本项目开放的程度仍不高，根据中国人民银行构建的资本项目可兑换指数，已宣布可兑换的 60 国平均得分为 85.6，新兴市场国家平均得分为 81.6，而中国的得分仅为 53.8；根据 Chinn-Ito 资本开放指数，如果以美国的资本开放水平为 1，中国的开放程度仅为 0.16（见图 4）。

[1] Lane P. R. and Milesi-Ferretti G. The External Wealth of Nations Mark II. *Journal of International Economics*，2007（2）：223-250.

[2] 苟琴，王戴黎，鄢萍，黄益平 . 中国短期资本流动管制是否有效 . 世界经济，2012（2）：26-44.

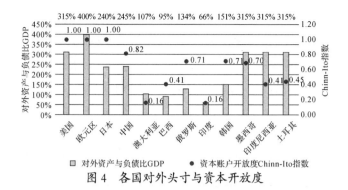

图 4　各国对外头寸与资本开放度

注：Chinn-Ito 指数为 2013 年数据，对外资产与负债比 GDP 为 2013 年数据。Chinn-Ito 指数为 1 代表了最高的资本账户开放程度。

资料来源：Chinn 和 Ito（2008），国际货币基金组织，中金研究。

需要注意的是，已有的资本项目开放度评估多为 2012 年左右的研究成果 [1]，中国近几年在推进资本项目可兑换方面有不少重要措施。人民币资本项目可兑换在投资等实体经济活动中发展很快并基本实现可兑换，而在金融交易方面发展还不太充分，开放步调比较谨慎。资本账户开放主要包含四个大的领域：直接投资与不动产、证券投资、对外债权与债务以及个人交易。下面分别评估每个领域的开放情况，主要遵循 IMF《汇兑安排和限制年报》的分类框架。IMF 按照可兑换程度从高到低，将一国货币资本项目开放程度划分为可兑换、基本可兑换、部分可兑换与不可兑换四档。

**直接投资与不动产**

第一，直接投资已实现基本可兑换，开放政策以简化流程为主线，目前以登记管理作为直接投资外汇管理的主要方式。

直接投资是引进外资与中国企业"走出去"的关键通道，主要服务于实体经济活动，与经常项目类似，属于稳定性较高的跨境资本流动，因此

---

[1]　在 2012 年，学术界针对"是否应加快实现人民币资本项目可兑换"有过激烈的讨论。

该项目开放得最早、速度最快。2015 年，中国实际利用外资额达到 1263 亿美元。2016 年 1 月实际使用外资 882.5 亿元人民币，同比增加 3.2%；2016 年 1 月份非金融类对外直接投资 120.2 亿美元，同比增长 18.2%。

　　从外汇管理的角度看，直接投资项目开放的历程可总结为"先放开流入，再放开流出；先管控额度，后转为登记"。自 2006 年开始中国逐步取消对境外投资的购汇额度限制[1]，对外直接投资规模迅速扩张，从 2006 年的 212 亿美元增长至 2014 年的 1231 亿美元，年复合增长率达到 24%（见图 5）。目前中国国内企业对外直接投资不受任何外汇额度的约束，前期费用汇出需到所在地的国家外汇管理局登记；而自然人参与境外直接投资的渠道仍不明确，仅能通过设立特殊目的公司间接实现境外投资。在外资来华直接投资方面，目前已取消外汇登记核准，行政审批手续进一步简化，直接投资清盘购汇也无须外汇局审批。

　　从项目审批的角度看，商务部门仍需对外商直接投资（Foreign Direct Investment, 简称 FDI）进行必要的事前审批，这与发达国家的实践相一致，旨在调控直接投资流向的行业与区域，并没有实质影响该项目的开放程度。OECD 国家普遍对直接投资的投向以及持股比例有明确约束：境内投资控制国家安全风险，境外投资控制私人部门资产负债货币错配风险。

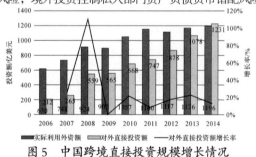

**图 5　中国跨境直接投资规模增长情况**

数据来源：Wind，作者整理。

---

[1]　国家外汇管理局《关于调整部分境外投资外汇管理政策的通知》（汇发〔2006〕27 号）。

第二,不动产交易项目基本可兑换,非居民投资境内不动产受约束较多,但从 2015 年开始逐步放开。

在不动产交易项目下的资本流出并无明确限制,可比照对外直接投资办理[1]。从资本流入来看,根据 2006 年中国住房和城乡建设部颁布的《关于规范房地产市场外资准入和管理的意见》,外资机构与个人投资境内房地产需遵循的规则包括:首先,商业存在原则,即需要设立经营范围涉及房地产投资的企业才能从事相关业务;其次,在中国境内居住满一年的境外居民购买商品房需符合自用、自住的实际需要;再次,房地产买卖的结购汇申请需经过外汇局审核;最后,外资投资中国房地产企业,需经商务部门审批。这样的制度安排部分遏制了外资通过直接投资进入中国房地产市场的兴趣。

时隔 9 年后,从 2015 年开始,限制外资投资境内房地产的政策开始逐步放开,相应的外汇管制也随之放松[2]:首先,外资投资境内房地产企业等同于直接投资的待遇,用外汇登记取代了审核;其次,取消外资投资境内房地产企业办理境内外贷款、外汇借款结汇必须全部缴付注册资本金的要求;最后,取消境外个人需在中国境内居住满一年才能购置自住房的条件。从实质上看,自房地产市场外资准入政策调整之后,在不动产交易项目下,外资流入的渠道基本打通。不动产交易项目的放开与中国房地产市场处于下行周期的背景有关。从 2014 年年初开始,房地产开发投资完成额累计增速进入下降通道,新建住宅价格指数同比连续 14 个月负增长,房地产行业去库存的压力较大。此时放开外资投资房地产,有助于为房地产市场提供增量需求(见图 6)。

---

[1]  IMF. *Annual Report on Exchange Arrangements and Exchange Restrictions 2011.*

[2]  2015 年 8 月,住建部、商务部等六部委联合出台《关于调整房地产市场外资准入和管理的意见》。

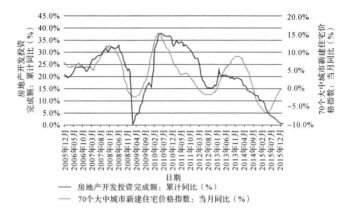

图6 2005年以来中国房地产市场运行情况

资料来源：Wind。

### 证券投资

在证券投资项目下的资本流动波动性较大，开放进程较为平稳。2012年以来，证券投资领域的资本项目开放呈加速趋势，从多个层面打开或扩大境内外双向投融资渠道。从总的进展来看，债券市场向外资开放的程度高于、速度快于股票市场，对资本流出的限制高于对资本流入的限制。居民在境外发行证券通常不受限制，非居民在境内发行证券通常管制较多。如图7所示，2015年前三季度的资本流动净额达到5037亿美元，接近中国当年GDP的6%。证券投资领域主要包括的资本项目有股票、债券、货币市场工具、集体投资类证券以及衍生工具。

第一，证券市场跨境投资部分开放，采用合格机构投资者、境内外交易所互联互通、金融开放创新区域试点三种不同层次的特殊安排提高中国资本市场开放度。

（1）在投资者层面，合格机构投资者是跨境资本市场投资的主要渠道，所有证券类资产均可通过合格机构投资者完成境内外配置，但投资额度与资金汇兑都面临严格限制。截至 2016 年 1 月 27 日，共批准合格境外机构投资者（QFII）投资额度 807.9 亿美元，合格境内机构投资者（Qualified Domestic Institutional Investor，简称 QDII）投资额度 899.9 亿美元，人民币合格境外机构投资者（RQFII）投资额度 4698.3 亿元人民币。RQFII 为境外人民币提供了回流与资产配置渠道，截至 2015 年 6 月 RQFII 试点已扩大到境外 13 个国家和地区。2016 年，境外资本投资境内证券市场的限制有所放宽，资金流入与流出的渠道更加通畅。2016 年 2 月 4 日，QFII 外汇管理制度改革的内容包括提高单家 QFII 投资额度上限、对投资本金取消汇入期限等要求。

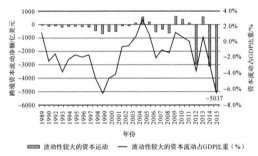

图 7　1989—2014 年中国波动较大的跨境资本流动净额与 GDP 之比

注：根据国家外汇管理局的定义，波动性较大的跨境资本流动主要包括证券投资和其他投资，在实际计算中加入净误差与遗漏。

资料来源：国家外汇管理局，世界银行 WDI 数据库，作者整理。

（2）在交易所层面，沪港通突破性地实现了内地与香港股票市场之间资本的双向自由流动。相比合格机构投资者制度，沪港通拥有投资者主体更加宽松、额度管理更加灵活、交易成本更低、制度转换成本低等优势。"闭环式"资金流动降低了资金大幅进出中国金融市场的风险。

在投资范围上，沪港通目前的投资标的局限在市场中的大中盘股票。数据统计显示，截至 2016 年 2 月 25 日，沪股通累计成交额 17400 亿元，日均成交额 59 亿元，港股通累计成交额 8802 亿元，日均成交额 30 亿元。

（3）在区域试点方面，上海自贸区金融改革试验希望率先完成人民币资本项目可兑换。与资本项目开放相关的、打算继续推进的自贸区金融改革包括合格境内个人投资者境外投资（QDII2）、自贸区内企业境外母子公司境内发行人民币债券、扩充境外人民币投资金融产品的范围等。可见，这些打算推进的改革内容重点在于促进资金跨境双向流动，构建境外人民币回流渠道。在人民币离岸中心以外，如果这些改革措施顺利推进，则上海自贸区将成为人民币资本项目开放的新窗口，且具有重要的示范性作用。

第二，债券类项目开放进展较快，目前已基本实现可兑换。在债券市场投资人对外开放方面，从 2016 年 2 月开始，中国银行间债券市场已向境外机构投资者全面开放，非居民购买境内债券工具基本可兑换；居民购买境外债券工具仍主要通过 QDII 完成。在债券市场发行人对外开放方面，居民境外发行经登记可完成兑换；非居民境内发行存在较严格的准入条件，而发行主体所受到的限制从 2014 年年底开始逐步放开。

从 2005 年开始，首批境外机构投资人进入中国银行间债券市场，直到 2014 年，银行间债券市场投资人的对外开放节奏一直比较稳健，2015 年开始开放步伐显著加快。根据央行发布的《2015 年金融市场运行情况》，截至 2015 年年末，已有 308 家境外央行、主权财富基金、QFII 等境外机构进入银行间债券市场投资，境外机构投资者数量较 2015 年年末增加约 70%。2016 年 2 月 24 日，央行发布《进一步放开境外机构投资者投资银行间债券市场》，取消境外机构投资者投资银行间债券市场的审核与额度限制，并将合格市场参与者的范围扩大到包含商业银行、保险公司、证券公司、基金管理公司及其他资产管理机构在内的各类金融机构。至此，银行间债券市场向境外投资人全面放开（见表 3）。

表 3　中国银行间债券市场投资人的对外开放历程

| 次序 | 时间 | 内容 |
|---|---|---|
| 1 | 2005 年 5 月 | 泛亚基金获批进入银行间债券市场，成为首批进入中国银行间债券市场的境外机构 |
| 2 | 2010 年 8 月 | 境外中央银行或货币当局，香港、澳门地区人民币业务清算行，跨境贸易人民币结算境外参加银行获准进入银行间债券市场 |
| 3 | 2011 年 12 月 | 人民币合格境外机构投资人（RQFII）获准投资银行间债券市场 |
| 4 | 2013 年 3 月 | 合格境外机构投资者 (QFII) 获准进入银行间债券市场 |
| 5 | 2015 年 6 月 | 境外人民币清算行和参加行可开展债券回购交易，且回购资金可调出境外使用 |
| 6 | 2015 年 7 月 | 境外央行、国际金融组织、主权财富基金获准运用人民币投资银行间债券市场 |
| 7 | 2016 年 2 月 | 合格市场参与者的范围扩大到包含商业银行、保险公司、证券公司、基金管理公司及其他资产管理机构在内的各类金融机构；取消额度限制与准入审批 |

资料来源：袁沁，张璨. 银行间债券市场对外开放的历程及意义. 银行家，2015（9）：64-65.（作者整理）

在居民境外发行债券方面，早在 20 世纪 80 年代就有成功实践的例子。1982 年 1 月，中国国际信托投资公司在日本债券市场发行了 100 亿日元的私募债。由于 2008 年全球金融危机后发达国家普遍采用宽松货币政策，导致境外融资成本低于境内，所以境内企业多选择在中国香港、英国等地发行债券。根据国际清算银行的统计，2010 年以后中国企业境外发行国际债券的规模迅速增加，截至 2015 年第三季度中国发行人发行的国际债券余额已达 4962 亿美元。其中，香港离岸人民币市场是境内企业选择发行人民币债券的首选地。截至 2014 年年底，境内企业（包括子公司）在香港发行的人民币债券余额达到 2952 亿元人民币。

在非居民境内发行人民币债券（熊猫债券）方面，境外机构的发行申请、发行规模、发行利率与资金用途等需要经过审核与管理。发行主体范围也受到较多限制，但从 2014 年年底开始逐步放开。境外开发性金融机构在境内发行债券的实践较早，2005 年国际金融公司在银行间债券市场发行了 11.3 亿元人民币债券。但是由于人民币国际化程度有限，所募集资金使用受限等原因，此后很长时间内熊猫债的发展出现停滞。2015 年开始，在人民币加入 SDR 货币篮子，人民币汇率形成机制更富弹性的大背景下，熊猫债迎来新的发展高潮，发行主体拓展至境外非金融企业、境外商业银行、外国地方政府、中央政府等（见表 4）。

表 4　境外机构在中国银行间债券市场发行债券的历程

| 次序 | 时间 | 内容 |
|---|---|---|
| 1 | 2005 年 10 月 | 国际金融公司和亚洲开发银行分别发行 11.3 亿元和 10 亿元人民币债券，发行主体仅限于国际开发机构 |
| 2 | 2014 年 3 月 | 德国戴姆勒公司私募发行 5 亿元人民币债券，发行主体拓展至境外非金融企业 |
| 3 | 2015 年 9 月 | 香港上海汇丰银行有限公司和中国银行（香港）有限公司获准分别发行 10 亿元和 100 亿元人民币金融债券，发行主体拓展至国际性商业银行 |
| 4 | 2015 年 11 月 | 招商局香港发行 5 亿元短期融资券，为境外非金融企业首次公开发行人民币债券；加拿大不列颠哥伦比亚省获准发行 60 亿元人民币债券，发行主体拓展至外国地方政府 |
| 5 | 2015 年 12 月 | 韩国政府获准发行 30 亿元人民币主权债券，发行主体拓展至外国中央政府 |

第三，股票类证券项目部分实现可兑换，境内外双向投资可通过合格机构投资者完成；通过沪港通的安排，沪港两市双向投资的参与者范围拓展到普通机构投资者与合格个人投资者[1]。境内企业在境外股票市场上市基本不受限制，而非居民在境内发行人民币股票尚待突破。

---

[1] 证券账户及资金账户合计不低于 50 万元人民币的个人投资者。

在股票市场投资人对外开放方面，由于担心开放节奏过快可能导致波动性较大的跨境资本流动加剧，总体来看开放态度较为审慎。最初的股票市场开放探索是建立 B 股市场，后来通过引入 QDII、QFII 与 RQFII，初步构建了居民直接投资海外股票市场、非居民直接投资 A 股的渠道。在此基础上，沪港通实现了两地金融市场的进一步开放与融合，投资者范围得到扩大。

在股票市场发行人对外开放方面，境内企业海外上市不受限制，香港市场和欧美市场是中国企业赴海外上市的主要目的地。境外企业在中国 A 股市场发行股票尚无先例，但是从理论上说，通过沪港通机制推动海外企业在 A 股市场发行股票并没有法律障碍（见图 8）。

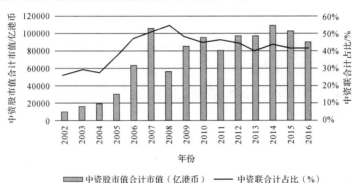

图 8　在香港上市的中资股票市值统计

注：中资股包括在香港上市的 H 股与红筹股。

数据来源：Wind。

第四，集体投资类证券项目部分实现可兑换，境内外双向投资可通过合格机构投资者完成；境外机构在境内发行集体投资类证券子项目开放程度较低，2015 年 7 月开始的内地与香港基金互认是集体投资类证券境内外双向发行开放的第一步。

由于资金流动不稳定，集体投资类项目的开放较为谨慎。2015 年 11 月，中国人民银行、国家外汇管理局发布了《内地与香港证券投资基金跨境发行销售资金管理操作指引》，集体投资类证券的境内外双向发行子项目实现部分开放。但是投资额度仍受限制，资金进出金额不高于各等值 3000 亿元人民币。截至 2016 年 1 月末，内地基金在香港发行销售资金累计净汇入 2154.33 万元人民币，香港基金在境内发行销售资金累计净汇出 4017.67 万元人民币。

第五，衍生品项目的开放程度较低，境内外双向投资都受到投资主体与品种限制。2015 年以来境内衍生品市场对外开放速度明显加快，目前外资可投资的境内衍生品种类包括股指期货、商品期货（原油期货）以及外汇市场衍生品等。境外机构在境内发行衍生品项目尚未开放。

由于衍生品具有高杠杆、高波动性、可做空等多种特征，衍生品项目实际上处于人民币资本项目开放路径的最末端。从 2015 年开始，在"构建开放型经济新体制"[1] 的整体改革框架安排下，衍生品投资的双向开放被提上日程。

从境外机构投资境内衍生品的角度看，2015 年以前，外资允许投资的境内衍生品品种仅限股指期货一种，通过 QFII 投资需受到额度限制，并且仅能从事套期保值交易 [2]，衍生品项目开放一度停滞。2015 年以来，中国衍生品市场开始进一步开放，投资主体范围与品种不断扩大。2015 年 8 月，中国证监会发布《境外交易者和境外经纪机构从事境内特定品种期货交易管理暂行办法》，允许境外交易者和境外经纪机构从事境内特定品种商品期货交易，并确定原油期货为中国首个境内特定品种。

---

[1] 参考 2015 年 9 月发布的《中共中央 国务院关于构建开放型经济新体制的若干意见》。

[2] 2011 年 5 月 6 日中国证监会公布的《合格境外机构投资者参与股指期货交易指引》中有详细规定。

2015年9月，央行发布公告允许境外央行类机构参与中国银行间外汇市场，开展包括即期、远期、掉期和期权在内的各品种外汇及外汇衍生品交易。截至2016年1月，共有14家境外央行类机构完成备案，正式进入中国外汇市场。

从境内机构投资境外衍生品的角度看，目前允许参与境外衍生品交易的境内机构与相关业务包括：由中国银监会监管的金融机构，经批准后可购买境外衍生品，用于对冲资产负债表风险或者为客户提供衍生品交易服务；QDII可投资境外衍生品；经中国证监会许可，特定的大型国有企业可参与境外商品期货套期保值；保险公司可运用衍生品进行风险对冲管理[1]。在2015年10月发布的上海自贸区金融改革"新40条"的指引下，上海自贸区内鼓励证券与期货机构通过试点的方式参与境外衍生品交易，合格的境内投资主体范围进一步扩大。

**对外债权与债务**

对外债权债务项目已实现部分可兑换。在境内机构对外提供贷款方面，实行余额管理与登记管理；在境内机构借用外债方面，中、外资企业长期面临差异性政策，中资企业受到限制较多。2015年开始实施的外债宏观审慎比例自律管理试点，是降低境内中资企业借用外债门槛的第一步。

对外债权债务项目开放程度较高，与国际贸易紧密相关的商业信贷已经实现完全可兑换[2]，中国已建立起以事后登记为主的对外债权债务管理框架。截至2014年，中国企业无担保对外借款余额达到1093.6亿美元。值得注意的是，中国外债结构中短期外债所占比例在2014年已经超过70%（见图9）。

---

[1]  IMF. *Annual Report on Exchange Arrangements and Exchange Restrictions* 2011.

[2]  IMF. *Annual Report on Exchange Arrangements and Exchange Restrictions* 2014.

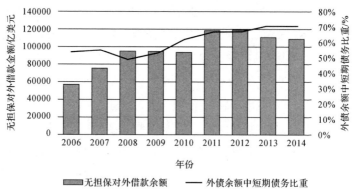

图 9　中国企业对外借款情况一览

注：借款余额数据单位为百万美元。

数据来源：世界银行 IDS 数据库。

在境内机构对外提供借款的渠道较为通畅。第一，境内银行对境外的放款基本不受限制。第二，境内非银行企业对外放款实行余额管理。如对境外控股或者参股的主体提供资金支持，放款人境外放款余额不得超过其所有者权益的30%[1]。境外放款有效期限为两年。

境内机构借用外债方面，中、外资企业适用的外债管理政策差异长期存在。外资企业借用外债适用"投注差"与登记管理模式，而中资企业借用外债面临严格的主体资格审核、长短期借债审批、资金使用要求、外债归还要求等的管理与约束。这样的"双轨制"管理政策，使得享受"超国民待遇"的外资企业借用外债更为便利，也使得中资企业在借用外债实际操作中成本较高（见表5）。

---

[1]　参考《国家外汇管理局关于境内企业境外放款外汇管理有关问题的通知》（汇发〔2009〕24 号）。

表 5　中、外资企业借用外债管理政策差异性一览

| 条目 | 中资企业 | 外资企业 |
|------|----------|----------|
| 主体审查条件 | 1、满足国家激励行业范畴，并具有相关许可证<br>2、保持连续盈利三年以上，或经营状况较好<br>3、贸易性质企业的净资产与总资产比值要高于 15%，非贸易性企业其比值要高于 30% | 投资总额与注册资本之间有差额、注册资本全额到位 |
| 借债审批条件 | 借用中长期外债（一年以上），需经国家发改委事前审批；借用短期外债（一年以内），采用余额管理 | 在"投注差"范围内自行借用外债，采用登记管理 |
| 资金使用政策 | 受到限制，短期外债不可结汇 | 外债均可结汇使用 |

资料来源：吴华芳. 中、外资企业借用外债差异性政策研究. 国家外汇管理局〔2013〕19 号《外债登记管理办法》，2013（30）：106-107.（作者整理）

从 2015 年开始，境内中资企业借用外债的管理方式向"外债宏观审慎比例自律管理"的方向改革，中资企业借用外债的管理方式更加灵活。在保留借款额度的前提下，试点地区取消了外债审批制度。2015 年 3 月，张家港保税区（金港镇）、北京中关村和深圳前海三地获批成为国内首批启动"外债宏观审慎管理"的试点区域，允许试点区域内注册企业在净资产的两倍以内自主借用外债，消除中外资企业外债管理政策的差别。

此外，外债资金实现意愿结汇制是对外债权债务项目可兑换的重要进展。根据 2015 年 12 月发布的《进一步推进中国（上海）自由贸易试验区外汇管理改革试点实施细则》，上海自贸区内的企业外债资金可以根据汇率波动情况，选择合适时点进行结汇。

跨境担保项目已经实现部分可兑换。在内保外贷领域，已经取消数量与资格限制，以事后登记为主要管理方式；在外保内贷领域，为了控

汇率改革：稳步推进人民币国际化进程

制对外债务激增给国际收支带来的影响，对担保履约实行额度管理。债务人因外保内贷履约形成的对外负债，未偿还本金余额不得超过其净资产的一倍[1]。

## 个人交易

个人交易项目部分可兑换。在资本交易项目方面，资产转移、礼品捐赠等交易活动受到个人年度购汇额度限制，移民类大额财产转出需由外汇局审批。在金融交易项目方面，直接投资、证券投资、个人贷款等仍受到严格限制。2016 年开始，合格境内个人投资者境外投资机制进入试点阶段，个人资本交易项目开放速度加快。

在个人海外投资方面，目前存在五个合法渠道：通过认购金融机构发行的 QDII（合格境内机构投资者）、QDLP（合格境内有限合伙人）、QDIE（合格境内投资企业）等跨境投资产品，投资于境外有价证券；通过个人财产转移，将资金汇到境外开展投资；境内个人在境外设立特殊目的公司，通过特殊目的公司从事海外投资；通过境内代理机构，参与境外上市公司员工持股计划、认购期权计划；通过沪港通投资香港交易所上市的股票类证券等。

2015 年 6 月央行发布的《人民币国际化报告（2015）》指出，中国将进一步推动人民币资本项目可兑换改革，包括考虑推出合格境内个人投资者制度境外投资试点。根据上海自贸区金融改革"新 40 条"，将在上海自贸区首先试点。合格境内个人投资者制度打算对符合条件的个人投资者的投资额度不再设上限，取消 5 万美元年度购汇额度限制，允许直接投资境外金融类产品，含股票、债券、基金及衍生品等。

## 总体评估

综合以上分析，本文将人民币资本项目开放的现状评估结果总结在表

---

[1]　参见国家外汇管理局 2014 年发布的《跨境担保外汇管理规定》。

6 中。总的来看，在 IMF 划分的资本项目 40 个子项目中，可兑换的有 4 个，主要集中在居民境外发行股票与货币市场工具、直接投资清盘等领域；基本可兑换的有 9 个，主要集中在信贷业务、直接投资、非居民投资境内债券市场等领域；部分可兑换的有 18 个，主要集中在股票、集体投资类证券与衍生品的双向投资、债券双向发行、非居民境内购买不动产、个人资本交易等领域；不可兑换的有 6 个，主要集中在衍生品双向发行、非居民境内发行股票与货币市场工具、个人贷款等领域；无明确法律规定的有 3 个，包括外国移民境外债务的结算、移民向国内的财产转移以及博彩和中奖收入的转移。拥有跨境资本双向流动合法渠道的子项目共有 31 个，占子项目总数的 77.5%。不可兑换项目意味着缺乏合法的资本流动渠道，占子项目总数的 15%。具体来说，信贷业务与直接投资项目的开放水平最高，其次是证券投资类项目，个人资本交易类项目的开放程度最低。无明确法律规定的子项目均集中在个人资本转移领域。在证券类项目中，债券类项目的开放程度最高，而衍生品类项目的开放程度最低。

表 6　人民币资本项目开放情况一览（截至 2016 年 2 月）

| 项目 | 子项目 | 现状评估 | | 备注 |
|---|---|---|---|---|
| 一、资本和货币市场工具 | 1、资本市场证券 | 股票或有参股性质的其他证券 | 非居民境内买卖 | 部分可兑换 | 合格机构投资者 |
| | | | 非居民境内发行 | 不可兑换 | 无法律明确允许 |
| | | | 居民境外买卖 | 部分可兑换 | 合格机构投资者 |
| | | | 居民境外发行 | 可兑换 | |
| | | 债券和其他债务证券 | 非居民境内买卖 | 基本可兑换 | 银行间债券市场对境外机构投资者全面开放 |
| | | | 非居民境内发行 | 部分可兑换 | 准入条件与主体限制 |
| | | | 居民境外买卖 | 部分可兑换 | 合格机构投资者 |
| | | | 居民境外发行 | 基本可兑换 | 登记管理 |

表6 人民币资本项目开放情况一览（截至2016年2月）（续）

| 项目 | 子项目 | 现状评估 | | 备注 |
|---|---|---|---|---|
| 一、资本和货币市场工具 | 2、货币市场工具 | 非居民境内买卖 | 部分可兑换 | 合格机构投资者 |
| | | 非居民境内发行 | 不可兑换 | 无法律明确允许 |
| | | 居民境外买卖 | 部分可兑换 | 合格机构投资者 |
| | | 居民境外发行 | 可兑换 | |
| | 3、集体投资类证券 | 非居民境内买卖 | 部分可兑换 | 合格机构投资者 |
| | | 非居民境内发行 | 部分可兑换 | 内地与香港基金互认 |
| | | 居民境外买卖 | 部分可兑换 | 合格机构投资者 |
| | | 居民境外发行 | 部分可兑换 | 内地与香港基金互认 |
| 二、衍生工具和其他工具 | 4、衍生工具和其他工具 | 非居民境内买卖 | 部分可兑换 | 可投资产品包括股指期货、特定品种商品期货、外汇衍生品等。 |
| | | 非居民境内发行 | 不可兑换 | 无法律明确允许 |
| | | 居民境外买卖 | 部分可兑换 | 合格机构投资者与其他符合监管要求的企业 |
| | | 居民境外发行 | 不可兑换 | 无法律明确允许 |
| 三、信贷业务 | 5、商业信贷 | 居民向非居民提供 | 基本可兑换 | 余额管理与登记管理 |
| | | 非居民向居民提供 | 部分可兑换 | 中资企业借用外债面临严格的审批条件与约束 |
| | 6、金融信贷 | 居民向非居民提供 | 基本可兑换 | 余额管理与登记管理 |
| | | 非居民向居民提供 | 部分可兑换 | 中资企业借用外债面临严格的审批条件与约束 |
| | 7、担保、保证和备用融资便利 | 居民向非居民提供 | 基本可兑换 | 事后登记管理 |
| | | 非居民向居民提供 | 基本可兑换 | 额度管理 |
| 四、直接投资 | 8、直接投资 | 对外直接投资 | 基本可兑换 | 行业与部门仍有限制 |
| | | 对内直接投资 | 基本可兑换 | 需经商务部门审批 |

表6 人民币资本项目开放情况一览（截至2016年2月）（续）

| 项目 | 子项目 | 现状评估 | | 备注 |
|---|---|---|---|---|
| 五、直接投资清盘 | 9、直接投资清盘 | 直接投资清盘 | 可兑换 | |
| 六、不动产交易 | 10、不动产交易 | 居民在境外购买 | 基本可兑换 | 与直接投资的要求一致 |
| | | 非居民在境内购买 | 部分可兑换 | 商业存在与自住原则 |
| | | 非居民在境内出售 | 可兑换 | |
| 七、个人资本交易 | 11、个人资本转移 | 个人贷款 居民向非居民提供 | 不可兑换 | 无法律明确允许 |
| | | 个人贷款 非居民向居民提供 | 不可兑换 | 无法律明确允许 |
| | | 个人礼物、捐赠、遗赠和遗产 居民向非居民提供 | 部分可兑换 | 汇兑额度限制 |
| | | 个人礼物、捐赠、遗赠和遗产 非居民向居民提供 | 部分可兑换 | 汇兑额度限制 |
| | | 外国移民在境外的债务结算 外国移民境外债务的结算 | — | 无明确法律规定 |
| | | 个人资产的转移 移民向国外的转移 | 部分可兑换 | 大额财产转移需经审批 |
| | | 个人资产的转移 移民向国内的转移 | — | 无明确法律规定 |
| | | 博彩和中奖收入的转移 博彩和中奖收入的转移 | — | 无明确法律规定 |

资料来源：中国人民银行，国家外汇管理局，作者整理。

下面我们从参与主体、市场层次、资本期限、资本流向等四个维度评估人民币资本项目开放的现状。从参与主体的维度来看，以机构为主体的资本流动渠道基本已经打通，个人资本项目的开放即将启动；从市场层次的维度来看，证券类项目的境内外二级市场投资渠道基本已经打通，一级市场发行渠道仍需进一步开放；从资本期限的维度来看，长期资本流动渠道比较通畅，短期资本流动项目开放程度不高；从资本流向的维度来看，资本流入的渠道基本通畅，而资本流出仍受到限制。

可见，中国近几年来在资本项目开放方面取得了明显进展，如果以已宣布可兑换的发展中国家作为参照，中国的资本项目开放水平已经达到平均标准。需要注意的是，低风险类项目已经基本开放完毕，未来需要进一步开放的项目具有风险更高、管理与监测难度更大的特点。

## 人民币资本项目开放的新趋势

### 人民币加入 SDR 货币篮子提升非居民配置人民币资产需求，以资本项目可兑换为基础促进人民币跨境流动

2015 年 11 月 30 日，国际货币基金组织 IMF 正式宣布将人民币纳入 SDR 货币篮子。人民币加入 SDR 货币篮子，可促进以人民币计价的贸易投资便利化，增强海外投资者配置人民币资产的积极性，加速人民币从贸易货币、投资货币向储备货币发展。与此同时，亚洲基础设施投资银行、丝路基金有限责任公司等机构的建立以及"一带一路"倡议，在促进中国企业"走出去"的过程中会逐步发挥作用。可见，"资本项目下输出，经常项目下回流"的人民币跨境流动已经形成。一方面，人民币资产的需求提升，要求境内资本市场进一步与国际接轨，使得人民币回流渠道更为通畅，提升资本项目可兑换程度；另一方面，在"走出去"的背景下，境内企业与个人跨境投资的规模不断提升，金融机构服务跨境投资的服务需求不断增加，需要放开资本流出的限制，提高人民币资本项目的可兑换程度。综上，为了配合人民币国际化稳步有序推进，人民币资本项目开放进程也需要相应加快。

## 资本项目开放与宏观审慎管理相结合

相比于发达国家，新兴经济体资本项目可兑换的实现更容易伴随跨境资本流动风险的出现。新兴经济体受到宏观经济不稳定、金融体系不稳健等因素影响，更难以抵御跨境资本流动的冲击，易导致金融风险的产生与放大。因此，周小川提出将"有管理的可兑换"作为人民币资本项目开放的目标，在有序开放人民币资本项目的同时，积极改革资本项目管理方法，逐步用宏观审慎和市场型工具的管理方法代替行政性审批。具体来说，资本项目管理改革的最新趋势包括以下几方面。

第一，取消包括事前审批在内的行政管理手段，转为以事后登记为主的监测管理，同时逐步建立跨境资本流动的宏观审慎监管框架。传统的汇兑管理采用微观的审批管理方式，宏观的审慎管理则是通过税收和准备金，或通过资产负债表匹配进行管理，具有减震器的作用。新兴经济体在构建宏观审慎监管体系方面的经验值得借鉴，例如智利采取的无息准备金制度，要求所有不同期限的外债均需在智利中央银行指定账户无息存入其融资总额的 20% 作为准备金。

第二，减少或取消额度管理等数量型管理工具的使用，更多地采用价格型工具调节跨境资本流动。价格型工具主要包括托宾税等，例如韩国要求境内金融机构根据所持外债期限长短设定不同比例的宏观审慎稳定税，还要求外国人在购买韩国国债和货币稳定债券后需缴纳额度为 15.4% 的预扣税。这些规定旨在约束跨境资本流动与投机性交易。中国人民银行在 2012年指出，资本项目可兑换水平较高的国家和地区，如 OECD 国家，更倾向于采用审慎性管理等价格调节措施；资本项目可兑换水平较低的国家和地区，如土耳其、捷克、韩国等，较多采用额度限制等行政性措施。可见，资本项目开放需要配合更加灵活、有效的资本管理工具。2015 年 9 月，为了完善宏观审慎管理框架，防范宏观金融风险，央行开始对开展远期售汇业务的金融机构收取 20% 的外汇风险准备金，这是针对跨境资本流动实施宏观审慎监管的尝试。

第三，开始构建对短期资本流动严密的监测管理与风险预警体系。对跨境资本流动进行宏观审慎监管的前提是对可能引发金融危机的风险来源加以识别与度量。监测体系应该包括反映国内外宏观经济走势、跨境资本流动趋势、与贸易和直接投资相关的国际支付趋势、中国外债期限结构与偿付能力等相关指标。更进一步，还需要确定监测指标与系统性风险发生的相关性，从而实现对跨境资本流动引发系统性风险的可能性进行预测。在此基础上，未来需要完善应对跨境资本过度流入和集中流出的应急预案。

（郑子龙参与本文起草与讨论，本文发表于《一财网》2016 年 4 月 4 日。）

**参考文献**

[1] 易纲 . 外汇管理改革开放的方向 . 中国金融，2015（19）：18-20.

[2] 王书朦 . 中国资本项目开放进程中跨境资本流动宏观审慎监管研究——基于新兴经济体的国际借鉴 . 金融与经济，2015（12）：32-37.

[3] 张灼华 . 人民币国际化与香港的战略定位 . 清华金融评论，2015 年第 1 期 .

# 从人民币汇率预期管理看在岸与离岸汇差调控

自 2015 年 8 月 11 日汇改开始后，人民币在岸市场和离岸市场经历了不同程度的波动，央行也相继推出了一系列政策应对措施并取得了明显成效。在当前人民币面临贬值趋势的背景下，在政策操作上应注意维持稳定的离岸在岸汇差，进一步发展离岸市场的人民币计价金融产品，扩大投资产品种类，在注重扩大汇率双向波动幅度的同时，适度提高人民币汇率波动的容忍度，有利于灵活应对离岸市场汇率波动和进一步推动人民币国际化的进程。

## 2016 年以来，人民币汇率波动较为剧烈，这背后有外部和内部两方面的深层次原因 [1]

从外部来看，欧美日等发达经济体之间由经济周期和经济政策分化所带来的外溢效应冲击是人民币汇率波动的重要原因。人民币中间价定价新规则——"收盘汇率 + 一篮子货币汇率变化"——表明，人民币汇率走势更多关注与一篮子货币相关联。2016 年以来，上述国家的汇率均呈现明显

---

[1] 本部分发表于《21 世纪经济报道》2016 年 9 月 8 日，原题目为《全球经济动荡下的人民币汇率》。

波动，美元指数最高接近100，最低值不到92。而且，由于美国经济数据的摇摆、英国退欧"黑天鹅"等事件，汇率市场波动剧烈。

从内部来看，人民币汇率的波动性和灵活性上升也是汇率正在更多由市场因素驱动的表现。伴随着汇率形成机制改革的深入，汇市的参与主体更加多元化，预期也更为多元化和分散，主体的多元化和行为的变化可能会在短期内加剧人民币汇率的波动幅度。2016年以来，受企业外币负债去杠杆以及海外兼并收购意愿不断升温等因素的影响，中国外汇市场呈现阶段性的外汇供小于求的局面，人民币对美元收盘汇率阶段性地呈现较中间价贬值的走势。

具体分析这期间人民币汇率的波动，可以发现，2016年1月份至2月初，人民币汇率的波动幅度加大，可以视为"8·11"汇改的延续，市场对汇率形成机制的变化需要一个适应的过程，离岸和在岸汇差阶段性较大的问题也需要一个过程来逐步化解。2016年2月13日中国人民银行原行长周小川接受专访，首次就汇改与市场进行全面系统的政策解读，这是该轮人民币汇率改革以来注重政策沟通的一个重要转折点。之后，央行不断强化与市场的沟通，在汇率引导上也更加市场化，干预频次在减少，但在市场出现异常波动时积极干预，有助于预期的稳定。

随着央行强化与市场的沟通，市场对汇率形成机制的理解和接受程度在不断提高。2016年2月下旬至2016年9月的人民币汇率波动幅度扩大，其实更多是汇改的应有之义。随着人民币汇率更多地由市场来决定，人民币和市场主要货币的双边波动都会有所加大。以对美元汇率为例，3月、4月美联储加息预期降温，美元指数持续下跌至92左右，而5月、6月又随着加息预期升温持续反弹，这期间，人民币兑美元也是先升值后贬值。另外应注意到，在当前参考收盘价＋一篮子货币的人民币汇率形成机制下，人民币兑一篮子货币的波动幅度通常会低于兑美元的波动幅度，2016年3月初至6月末人民币兑美元汇率中间价年化波动率为4.28%，而中国外汇交易中心（CFETS）人民币汇率指数年化波动率仅为 2.31%。一方面，人民币兑美元汇率更为灵活，双边波动呈常态化；另一方面，兑一篮子货币也在尝试保持相对稳定的基础上稳步提高灵活性，进而提升人民币汇率的市场化波动的程度。

那么，接下来人民币汇率走势又会怎样？从 2016 年年初到 2016 年 9 月，人民币汇率波动总体上呈现非对称性策略贬值趋势，也即美元走强时，更多盯住一篮子货币，人民币兑美元贬值，但对一篮子货币仍保持稳定乃至升值；美元走弱时，更多地参考美元汇率，跟随美元一起走弱，对一篮子货币贬值。从趋势看，人民币汇率是否延续这一策略，很大程度上与美元走势密切相关。一旦美元的强势得到进一步强化，非对称性、策略性贬值的"两条腿"走路策略就可能面临较大压力。类似的情况出现在英国退欧公投的黑天鹅风波中。美元走强，使离岸人民币兑换价格 (CNH) 一度达到 6.7，CFETS 人民币指数同样走贬，人民币汇率出现了"双贬值"。如果未来美元再次上演快速升值，人民币中间价仍需在"稳双边汇率"还是"对篮子货币升值"中做出不可回避的抉择。

在新的人民币汇率形成机制下，美元的走势依旧是影响 2016 年下半年人民币汇率走势的最主要因素。从国内来看，自"8·11"汇改至今，在影响汇率走势的主要因素中，由贬值预期导致的资本外流和贬值压力已大幅弱化，企业进一步去化外币负债的空间也较为有限，但居民和企业部门积极寻求海外资产配置会在中长期持续影响汇率走势。金融高杠杆和资产泡沫能否平稳化解也会是影响汇率走势的一个关键变量。同时，从更为基本的影响因素看，中国经济转型的进展如何，直接决定了中国的劳动生产率的提高速度，进而直接影响到人民币汇率的中长期走势。另外，人民币与美元利率的相对走势也有很大影响。

人民币汇率出现较大幅度地波动时，什么水平是一个相对合理的汇率呢？从理论上说，所谓合理汇率，无非就是指汇率的合理均衡水平，也就是与宏观经济运行中外部均衡目标与内部均衡目标相一致的真实汇率水平。在具体的测算上，学术界有很多研究，如购买力平价法、基本面均衡汇率、行为均衡汇率等，但结果不尽相同。这表明，基于国际收支、价格水平等不同的切入点，汇率存在多重均衡水平的可能。在实践中，人民币资本项目还在稳步开放进程中，仅仅基于经常项目的汇率均衡显然适用性下降。因此，探讨人民币汇率的合理均衡水平是与央行对汇率的干预导向以及资本项目的开放步伐等密切相关的，它其实始终处于动态变化的过程之中。

## "8·11"汇改以来离岸人民币市场汇率波动特征

一是政策因素影响市场预期，人民币汇率呈现阶段性贬值走势。纵观"8·11"汇改后的离岸市场走势，可以发现人民币汇率的波动主要出现在几个标志性事件节点："8·11"汇改公布后、2015年11月底宣布人民币进入SDR货币篮子、12月美联储加息、央行公布CFETS人民币汇率指数及英国脱欧公投结果公布。"8·11"汇改前后，人民币贬值的主要压力更多来自于之前关注美元所带来的被动升值效应；2016年年初的下行走势更多反映出市场参与者对人民币贬值预期的情绪，特别是离岸市场中投机资本的消极卖空在一定程度上加大了贬值预期和市场波动；2016年5月后受避险情绪和英国脱欧等因素影响，人民币汇率再次震荡下行。面对美元加息的背景，"8·11"汇改可以视作应对人民币贬值压力的前瞻性调整，在逐步转向参考一篮子货币汇率定价模式后，离岸在岸市场汇差呈现逐步收敛趋势。

二是离岸和在岸市场人民币的大幅汇差引发阶段性的套利交易。从特定角度看，境内银行间外汇市场和香港离岸人民币市场这两种汇率报价分别反映了管理者对人民币波动区间的意愿和境外机构对未来走势的判断。从"8·11"汇改到2015年年底，境内外日均汇差约为440基点，2016年1月6日，两地的汇率差异甚至一度扩大到1600基点左右，这种汇率差异一方面反映出市场对汇率贬值预期的分歧，另一方面也会引发大量套利交易。从理论上来说，套利者可以通过贸易项目将离岸市场买入的人民币划转至境内贸易账户，先按照较高的在岸汇率兑换为美元，再流转至境外。如果两地汇差收益能够抵补交易成本，通过这种套利模式可获得无风险收益。现实中也不乏境内企业通过境内购汇再到离岸无本金交割远期外汇交易(Non-deliverable Forwards，简称NDF)市场结汇获得汇差收益。从汇差套利交易模式看，这种套利交易本身就会带来人民币的贬值压力，它与人民币的卖空运作更是紧密联系。在央行的系列政策措施下，2016年上半年两地汇差逐渐收窄，日均差价约为161基点，反映出人民币汇率预期的有效改善，跨境套利得到抑制。

三是离岸汇率波动率大幅提高。"8·11"汇改以来，离岸市场的波动性显著增加，汇改当月离岸人民币（CNH）汇率波动率高达10.97%，而在2016年1月甚至出现人民币汇率单日下跌幅度达400至500基点的情况。在离岸市场中出现的汇率波动性急剧加大，一方面存在国际投机资本借助人民币衍生品利用高波动率进行获利的因素，另一方面则对在岸市场人民币中间价管理形成了一定的影响。虽然在岸市场人民币（CNY）和CNH市场的参与者、监管机构和价格形成机制有所不同，但两个市场之间的价格关系紧密联系。与在岸市场严格的管理机制相比，离岸市场的外汇监管相对宽松，外汇交易中的一部分也逐步演化为对冲资产价格风险，甚至引发套利交易，这种外汇交易功能的转变无形中加大了离岸市场的短期波动。而"8·11"汇改后这种短期波动对在岸市场的影响作用将更为突出。在"收盘汇率＋一篮子货币汇率变化"的人民币中间价形成机制下，离岸市场的汇率波动会间接影响在岸市场收盘汇率价格，进而影响到第二天的中间价。

## 央行应对离岸市场波动的相关措施评估

随着市场联动效应的不断增强，如果不能及时有效地应对离岸市场波动，不仅会给在岸市场汇率管理和货币政策实施增加难度，还会阶段性地加大人民币贬值压力和引发市场的看空情绪。面对此次汇改后离岸市场中的大幅波动和套利交易，央行采取了多个方面的管理政策组合，积极干预外汇市场波动，并取得了不错的市场政策效果。

一是通过增加离岸市场融资成本的形式，打击投机资本。针对离岸市场中的非理性卖空行为，央行采取了控制离岸市场人民币流动性，如对境外金融机构远期外汇卖盘头寸平盘收取风险准备金、离岸人民币征收存款准备金等措施增加了境外人民币融资成本，同时辅以加强外币现钞收付管理。加大对虚假贸易背景交易核查力度等措施控制非真实贸易背景下的人民币外流。在多项措施下，离岸人民币拆借价格的重要参考指标香港银行间隔夜拆借利率（Hibor）在 2016 年 1 月期间大幅攀升，有效提高了做空人民币的杠杆融资成本，抑制了人民币卖空规模。

二是短期内通过外汇远期等衍生品操作稳定汇率，拉近在岸离岸汇差。根据央行公布的数据，截至 2016 年 6 月末，央行持有的外币对本币远期合约和期货合约净空头头寸约 289 亿美元，除了满足企业外币负债的套保需求外，也可体现央行稳定在岸汇率的政策意图。除远期操作外，另一种更为直接的方式则是通过离岸市场代理行直接买入人民币，抛售美元。此外 CFETS 人民币汇率指数的公布，有助于引导市场改变过于关注人民币兑美元汇率的习惯，在一定程度上缓解了人民币继续贬值的预期。

通过市场化的价格手段调节跨境资本流动，央行的系列措施有效缓解了短期内离岸人民币的快速贬值，但从长期来看干预成本有所上升，对离岸市场发展和人民币国际化进程会造成一定影响。从外汇储备规模指标来看，截至 2016 年 7 月末，外汇储备余额为 3.21 万亿美元，同比下降 13%，外储充足率（外汇储备规模 /M2）由 2015 年年初的 18.80% 下降至 2016 年 7 月末的 14.33%。而截至 2016 年 3 月末，中国外债余额约为 1.36 万亿美元，中长期外债余额较 2015 年年末上升 4%，实际可用外汇储备比通常想象得低，依赖外储稳定汇率的做法无法长期持续。此外，央行干预汇市而卖出外汇的行为可能导致国内利率的升高，在当前国内实体经济下行，企业盈利和融资环境亟待改善的背景下，为减少对实体经济的影响，将不得不调整国内的货币供应，造成货币政策调控和实施上的被动，以及不同政策之间一定程度的冲突。

从离岸货币存量指标来看，截至2016年6月末，离岸最大的人民币资金池，即香港地区存款余额约7115.48亿元，同比下降28.34%。受短期汇率调控因素的影响，离岸市场人民币出现供给下降，利率上升，离岸人民币债券发行量大幅下降，2016年一季度点心债发行量较2015年同期大幅下降295亿元，降幅近74%的现象。离岸市场发展作为人民币国际化进程的重要基础设施，在沪港通、开放境外机构参与银行间债券市场、深港通等政策影响下，离岸人民币运用和回流渠道不断拓宽，通过银行间债市汇市的进一步开放，长期内人民币的国际吸引力将不断提升，离岸市场对在岸市场的影响程度也会相应增长。如何在进行外汇干预稳定市场的同时，减小对离岸市场正常发展和人民币国际化稳定进程的影响，还有待于央行维持政策目标的稳定及与市场的有效沟通。

## 政策建议

一是维持稳定的离岸在岸汇差，加强预期管理。在当前资本账户尚未完全开放的条件下，在岸和离岸两地市场环境、监管政策以及流通成本的差异造成了两地的汇率差异短期内将一直客观存在。从监管者角度来看，在岸和离岸之间的汇兑走势可以作为外汇市场操作的重要参考。当两地汇率差异较大时将衍生大量的套利交易，同时会将离岸市场的贬值预期传导到在岸市场，而央行在离岸市场的干预会逐步缩小两地之间的汇率差异，当汇差波幅逐渐收窄时，离岸市场汇率预期也会逐步趋于稳定，套利交易逐渐减少，这意味着监管者在进行市场干预操作中的一个政策重点是维持在岸和离岸之间汇差的稳定，加强预期管理。

二是发展离岸市场的人民币计价金融产品，扩大投资产品种类。从离

汇率改革：稳步推进人民币国际化进程

岸人民币持有主体来看，近年来离岸人民币市场负债业务不断上升，而资产项下业务仍主要源于境内的融资需求。与之对应，目前人民币国际化进程主要实现了境外人民币的供给渠道，而需求渠道仍主要依赖于人民币回流渠道的进一步拓宽。从欧洲美元市场等离岸货币的发展经验来看，离岸市场的重要功能之一包括了满足非居民所持有货币的投资和对冲需求，人民币离岸市场也是如此。在"8·11"汇改后，离岸和在岸市场汇率波动的加剧给人民币计价金融衍生品带来了发展机遇。以港交所推出的美元兑人民币（香港）期货合约为例，截至2016年6月底，人民币期货合约持仓量增至27819张，较2015年年底大幅增长32%，名义金额总计28亿美元。2016年上半年，人民币期货合约日均交易名义金额达到2.19亿美元。离岸市场金融产品的发展壮大不仅可以解决部分投资需求、增加人民币国际化的深度，也可给监管主体增加市场化的调控工具。

三是在注重扩大双向波动幅度外，适度提高人民币汇率波动的容忍度。"8·11"汇改进一步改善了人民币汇率形成机制的市场化程度，汇率弹性不断增加，但从人民币汇率的波动率上来看，总体仍较低。经测算，在2015年8月至2016年7月期间，人民币即期汇率收盘价的月均波动率约为2.5%，与其他国家货币相比仍然较低。随着汇率制度改革和人民币国际化进程的深入，多元化的人民币交易参与主体必然会带来市场预期的分化，汇率市场波动性增加也会渐成常态，2016年年初的离岸市场走势也一定程度上反映了这一现象。而市场对于人民币汇率波动的心理阈值将直接反映到市场的走势上，在人民币面临贬值压力的背景下，适度提高对人民币波动的容忍程度，培养市场对汇率波动增加的平常心，从而可以避免因为小幅波动造成的市场情绪变化和过多解读，减少对人民币汇率管理造成的压力。

（居姗参与本文起草与讨论，本文发表于《上海证券报》2016年9月28日。）

# 香港离岸人民币市场发展的新动力

李克强总理在 2017 年的政府工作报告中指出，要深化内地与港澳的合作，研究制定粤港澳大湾区城市群发展规划，发挥港澳独特优势，提升港澳地区在国家经济发展和对外开放中的地位与功能。

当前中国需要与世界经济进一步接轨，同时也需要在国际经济"黑天鹅"事件频发的情况下，防范人民币国际化和资本项目放开对内地金融系统可能带来的影响，香港在金融领域上发挥的作用和扮演的角色，比过往更为复杂和更具挑战性，香港应该在国家开放和经济转型中担当关键角色，在风险可控的情况下探索出资本市场开放的新路径。

## 香港是人民币国际化的"试验田""桥头堡"

回归二十多年以来，香港金融中心的独特地位不断得以巩固，香港交易所的首次公开募股（IPO）的融资额持续处于全球领先地位，全球主要的商业银行均以不同形式在香港开展业务。我们可以看到，香港金融中心的发展面临几次动力的转换，正是因为香港及时抓住了这几次不同的发展动力转换的机会，其金融中心地位才有新的发展。

改革开放以来，香港凭借成熟稳定的金融市场和"一国两制"的灵活框架，一直扮演着引导外资进入内地的桥梁角色。20 世纪 80 年代开始，大量外资企业先后在香港设立地区总部和办事处，通过在香港投资，开拓内地的市场。至 20 世纪 90 年代中期的高峰时期,通过香港进入内地的外商直接投资占中国外商直接投资(FDI)总额的比重超过 7 成。香港即使在亚洲金融风暴后,所占比重一度下跌,但在 2010 年又回升至五成比例,始终是内地最大的外来直接投资来源。

另一方面,香港也是内地企业走出去的重要平台。内地不少机构在香港设立"窗口"公司,透过香港筹集银行贷款。1992 年,内地企业开始以 A+H 股的形式在香港上市,香港逐渐成为内地企业上市的融资门户。在港上市不仅满足了内地企业的国际筹资需求,也使得内地企业提升管治水平,跟国际规范接轨,为企业国际化和全球市场布局做好准备。从 2005 年至今的十多年里,香港已经成为内地企业首次公开招股的最主要的资本市场。除全球金融危机期间,内地公司在香港市场 IPO 发行金额的占比均超过 60%,2015—2016 年甚至达到 80% 以上。内地赴港上市公司已成为香港市场融资增量的重要组成部分。

2011 年后,人民币启动国际化道路,内地资本市场逐步迈向双向资本开放。香港充分把握中国金融改革的发展方向,顺势而为,积极担当人民币国际化"试验田""桥头堡"的重要角色,目前已发展为较有规模和较成熟的离岸人民币中心,试验并推动了多个资本项目放开政策。

第一,香港是全球处理人民币跨境贸易结算、支付的最主要枢纽。2016 年香港人民币实时全额支付系统(Real Time Gross Settlement,简称 RTGS)清算额达 202 万亿元人民币,在香港进行的人民币支付量占全球比重约 7 成。第二,随着香港离岸人民币市场的深度和广度的不断加深和扩宽,对于人民币的使用已不仅仅局限在最初跨境贸易结算上,境外人民币的投资功能、融资功能、风险对冲功能都得到了较大发展。截至 2016 年 11 月底,香港人民币贷款余额达 3031 亿元,为历年新高。离岸人民币点心债市场也备受国际投资者青睐,并带动了香港整体债券市场的发展,改变了香港多年以来"弱债强股"的局面。第三,合格境外机构投资者(QFII)及合格境内机构投资者（QDII）的范围及额度不断扩大，沪港通和深港通先后启动，以及交易总限额取消等为内地资本市场开放提供了新的渠道，香港迎来"互联互通"时代。

## 该如何看待当前香港市场上的人民币离岸汇率大幅波动呢？ [1]

### 汇率政策历经转变

2016年以来，人民币汇率进入真正双向波动时期。

从市场趋势观察，在脱欧、特朗普当选总统等国际事件冲击下，人民币汇率调控在中间价机制改革、资本项目有序放开和保持外汇储备平稳等多个政策目标之间，阶段性地有所侧重和保持平衡。

目前看来，人民币汇率政策大致经历了三个阶段的转变。

第一阶段是2016年上半年，以完善人民币中间价定价机制为主基调，明确中间价参照"收盘汇价＋一篮子货币汇率"，逐步完善以市场供求为基础、参考一篮子货币的管理浮动汇率制度，从而改变以往人民币阶段性地挂钩美元的市场惯性。

第二阶段在英国脱欧公投、特朗普当选总统后，全球金融市场出现剧烈震荡，人民币基本保持对CFETS一篮子货币稳定的同时，出台多项针对性措施，包括对自贸区资本出入、对外直接投资项下的非实需资本加强管理，有效地减少了对外汇市场直接干预，稳定外汇储备规模，缓解资本外流。

第三阶段体现在有序推进资本项目方面。2016年年底，深港通推出并取消总额度限制，进一步加强内地与境外资本市场的互联互通；持续推进债券市场对外放开进程，内地监管机构不断扩大境外投资者引入范围，并

---

[1] 本部分发表于《国际金融报》2017年1月23日，原题目为《香港市场人民币大跌大涨说明啥》。

对相关流程做出优化；12 月自贸区对境外投资者的债券发行正式开展。

## 供应机制仍不完善

在人民币国际化的新阶段和新环境下，香港离岸市场运行格局进一步转变。

稳定汇率的手段之一是提高境外做空成本，通过抽紧离岸人民币流动性，抬升人民币银行同业拆息（RMB HIBOR Fixing）短期利率；同时，2016 年以来离岸人民币资金池总体规模下降，离岸人民币在套利机制以及汇率贬值预期推动下持续回流在岸，离岸市场长短期流动性的规模均出现收缩。但另一方面，离岸交易持续增长，特别是人民币加入特别提款权（SDR）以后，国际机构对债券、贷款等人民币计价的资产需求效应逐渐显现，无论是在跨境支付交易还是国际投融资领域，人民币的国际运用规模进一步深入和扩展，离岸利率多次出现大幅波动、与在岸市场利率水平相背离的情况。

离岸市场长期流动性主要来自跨境贸易结算渠道，自"8·11"汇改以来离岸资金池出现收缩。自 2009 年 7 月推出跨境贸易结算以来人民币一直是处于净输出状态，输出动力主要源于人民币汇率升值预期，至 2014 年年底全球离岸人民币存款规模达 1.6 万亿元的历史高点。但"8·11"汇改后，离岸人民币较在岸出现了更大的贬值趋势，市场套利机制反转，人民币资金开始从离岸回流在岸。同时，境外投资者持有人民币汇率的信心有所减弱，将部分人民币存款转回美元、港币资产，导致离岸人民币池进一步收缩。

而短期流动性供应机制在效率、规模及运作时间方面，与市场发展仍存有一定差距。目前离岸人民币在香港市场的日均交易额已达 7700 亿元，某些时点超过港币，但相比之下即日交收的日间资金规模却有限，市场对即日交收的短期流动性需求殷切。另外，官方渠道向市场提供的资金，有相当一部分来自于内地的央行货币互换协议，使用时需要参考内地银行间市场和清算系统的运作时间。在市场资金方面，离岸人民币掉期市场作为离岸获得人民币短期流动性的主要渠道，在进入美元加息周期后波动增加。

**方向改善流动性**

离岸人民币短期利率的大幅波动给离岸债券市场的稳定扩张带来压力，同时加大了境外机构持有人民币资产的风险对冲成本，亦可能诱发投机性的短期跨境资本流动。

随着离岸市场日均交易金额快速增长，RQFII、沪港通、深港通等的投资活动不断活跃，无论是应对金融产品交易还是长期性融资需求，离岸市场都需要获得充足的人民币流动性作为支持，可考虑从以下方向进行改善。

其一，稳步推动人民币国际化，逐步放开双向跨境资本流动渠道。从境外循环渠道来看，目前全球贸易需求疲弱，全球贸易量增长连续几年低于3%水平；中国对外贸易增长回落，2015年贸易总额下滑8%，2016年仍较2015年小幅下滑0.9%，原有的利用经常项目和贸易结算推动人民币全球使用出现停滞。如果更多利用资本项目直接投资等渠道向外输送人民币，特别是通过人民币对外直接投资（Outbound Direct Investment，简称ODI）使内地企业走出去，加之"一带一路"等区域合作倡议，那么有望提升人民币的国际接受度，加速推进人民币在海外的持续性沉淀和循环，解决离岸人民币市场规模停滞不前的问题。

其二，打通两地债券回购市场，着手推动"债券通"，拓展新的国际资本投资中国市场的新途径。如若进一步提升交易便利及效率，可考虑建设连通境内外债券市场的"债券通"跨境平台，实现境外机构利用持有的离岸债券，到境内进行回购交易并获得融资。债券通建设不仅是使中国金融市场双向开放且有序推进的重要选项之一，而且也可从实际操作角度，提升境外人民币资产的可交易性和使用便利性，打开资本项目对外输送人民币窗口，进一步促进离岸人民币市场的稳定发展。

其三，为发展利率互换、掉期等衍生品提供市场基准，进一步强化离岸人民币市场的定价效率及风险管理能力。随着人民币加入 SDR 货币篮子，资本账户进一步扩大开放，本土和国际投资者寻找跨市场投资机会将直接影响人民币流动。同业拆息定盘价（CNH HIBOR fixing）稳定性和效率的提高，有利于建立更为有效、合理的在岸、离岸人民币市场定价基准，保持在岸和离岸市场合理的价格差异，从而促使离岸市场开发出更多的债券回购、利率互换产品，深化离岸人民币市场的风险对冲功能，为人民币境外交易创造出更有深度的市场环境。

另外，拓宽离岸市场的产品规模和类别，进一步扩大离岸人民币资金池。随着沪港通、深港通总额度取消，合格境外机构投资者（QFII）、人民币合格境外机构投资者（RQFII）投资规模继续扩大，将不断拓宽离岸人民币投资渠道，有利于更多人民币资金在海外市场流转。除此之外，随着人民币国际化程度和资本项目开放逐步加深，互联互通模式将进一步拓宽到更大范围，包括进一步打通在岸与离岸债券市场、外汇衍生品和大宗商品市场，从而增加市场参与主体数量和多样性，提升市场流动性，为更多国际客户群通过香港进入内地市场提供平台。在人民币贬值压力下，离岸市场如何发展？

2015 年以后，在汇率面临阶段性贬值压力下，人民币国际化推进速度有所减缓，离岸人民币市场发展出现一定程度停滞：香港离岸人民币在套利机制以及汇率贬值预期的推动下持续回流，离岸人民币资金池整体萎缩至 6000 亿元以下，较高峰期减少 4 成。点心债市场发行受人民币利率波动影响，2016 年全年离岸人民币债券发行总额为 422 亿元人民币，按年下降近一半。人民币在环球同业银行金融电信协会（Society for Worldwide Inter-bank Financial Telecommunication, 简称 SWIFT）的排名出现下跌，全球市场份额从 2015 年 12 月的 2.31% 下降至 1.67%，在全球支付货币排名下滑到第 6 名。

在人民币贬值压力下，离岸市场应如何发展？人民币国际化呈现出的一些新的发展趋势，为离岸市场发展提供新的动力。

第一，从国际投融资角度来看，以人民币计价的资产需求以及跨境资本流动规模出现扩大趋势，人民币开始表现出国际投资及资产储备属性。具体表现为：在资产方面，人民币加入SDR以后，国际机构对以人民币计价的债券资产需求增加。2016年境外机构持有的境内债券托管余额8526亿元人民币，比年初增长近一成半。RQFII规模和使用区域进一步扩大，2016年年底RQFII申请额度达5284亿元人民币，较上年增加19%，范围已覆盖中国香港、新加坡、英国、法国、韩国、加拿大、德国、澳大利亚、瑞士、卢森堡、泰国11个主要国家和地区。在融资方面，尽管点心债出现萎缩，但离岸人民币融资活动未受到影响。这些数据表明，人民币虽然面临贬值预期，但在国际资本领域的运用范围和规模仍在进一步扩展，货币属性已经开始从支付结算向资产计价、融资投资转变，新的货币职能逐步显现。

第二，随着内地利率市场化和汇率形成机制改革向纵深发展，市场主体开始根据境内外利差、汇差变动，自主决定人民币资金的跨境配置方向和规模，企业"走出去"战略成为推动跨境人民币使用的主要因素。2016年以人民币计价的对外直接投资（ODI）及外商直接投资（FDI）达2.40万亿元，增长速度明显快于经常项目，其中人民币对外投资为1.06万亿元，按年增长44%，企业跨境投资中人民币使用比重大幅上升。

第三，配合人民币国际化进程和资本项目开放，香港离岸人民币产品开发步伐大幅推进，离岸人民币外汇交易量持续增长。香港交易所的人民币货币期货产品，2016年年底的未平仓合约达45635张，是2014年23887张的两倍。相信随着资本账户进一步开放，人民币汇率将更受市场化影响，进入真正双向波动时代，人民币外汇交易规模、频率和参与主体数量会成倍增加。

可以预见，人民币国际化的主要驱动力，将越来越依赖于境外人民币金融产品的丰富程度和与国际接轨的进度，香港离岸市场功能将进一步向风险管理、跨境资金配置、人民币资产管理、产品创新等方向转变。尽管内地外汇交易市场和债券市场已经大幅向境外投资者开放，但所用协议、定价基准等还不能与国际接轨，与之相关的法律、税收等制度，对境外投资者而言也存在一定壁垒。香港离岸市场的体制优势有利于推进人民币国际化，加之服务专业、金融基础设施完善、金融产品丰富，可以为市场提供广泛而充分的风险对冲工具，对促进人民币的境外循环和在国际上广泛使用具有重要作用。境内市场也需要一个与国际交易习惯接轨的交易市场，从而更好地推动人民币走出去，实现国民的财富投资配置多元化、国际化。

在内地经济转型、企业国际化布局和外汇管制强化的政策基调中，香港凸显出开放的融资中心、风险管理中心和区域管理中心等优势，在香港拥有相关业务平台的机构，在其国际化布局中受到外汇管理政策等调整的影响较小。

## 香港金融中心发展的新动力

目前，越来越多的内地居民和企业希望进行资产的全球配置，香港市场的上市公司对他们来说更为熟悉，与内地市场相比，总体上的估值比较有吸引力，因此，香港有条件成为内地企业和居民进行全球化资产配置的首选市场。

第一，建立和完善种类广泛的投资工具体系。相比在内地市场进行交易，在香港市场进行交易的投资者可利用许多不同的股票衍生产品和结构性产品进行股票投资对冲及套利。这些投资工具在波动的市况下起着缓冲的作用。因此，投资者更有能力应对高风险的市况，也较在内地市场有更多获利机会。在港的金融机构应该积极提供多种金融产品，满足投资者多种多样的投资需求，协助他们更好地进行资产配置和风险管理。

第二，考虑到香港市场上适应全球和中国经济转型的若干行业首次公开招股的较高定价，预计敏感的市场主体会注意到这一点，并且有条件吸引到优秀的相关行业的发行人。消费品制造、能源及医疗保健等若干行业以往在香港首次公开招股较在内地招股获得的市盈率更高。

第三，吸引市场更多关注适应经济转型方向的新经济行业股票，利用香港市场的金融工具和融资支持体系，促进中国经济的去产能去库存去杠杆，促进传统经济的整合并购以及转型升级。香港市场目前的行业组成较为集中在金融业，资讯科技及医疗保健等新经济行业仍有大量增长空间。此外，从历史数据分析，医疗保健过去在香港首次公开招股，市盈率明显高于内地。香港的金融机构应该适时吸引市场更多关注新经济行业股票，使市场行业的组成要素更加多元，使香港市场的行业组成更加多元化、国际化，长期来看有利于吸引更多相关行业的国内外投资者。

第四，相比内地市场，香港的新股发行制度限制较少，也更透明灵活。在香港首次公开招股中，由递交申请到推出发售所需的时间较少，因此申请的轮候队伍相对内地短许多。每宗首次公开招股以至上市后的集资活动，均完全是发行人的商业决定。上市后的集资方法多种多样，只要是按照相关上市规则进行，发行人均可自行决定使用哪种方法。在港上市企业有条件充分享受这种制度的灵活性带来的便利，根据其自身的业务需要和当时的市场情况在资本市场灵活地进行筹资，更好地助力企业发展壮大和进行全球化布局。

[本文发表于《21世纪经济报道》2017年3月14日评论版（第七版）。]

# 人民币国际化的新趋势与香港的定位

人民币国际化这个主题，在当下的环境里，是一个比较具体的题目，而且是和一些金融机构经营、企业全球化布局和居民资产配置关联度越来越高的一个重要题目。

## 在市场需求驱动下的人民币国际化进程：有进展，但是进展不均衡

人民币国际化近年来速度明显加快，但是基本上还是在市场需求的推动下进行的，是在欧美金融危机的背景下全球需要新的相对稳定的货币带动下的国际化。在推进的速度上采取了十分审慎的策略。这个审慎的人民币国际化和人民币可兑换策略，可以以不同时期的五年规划中的表述来对照。笔者作为"十三五"规划专家委员会的委员，参与了"十三五"规划的一些工作，例如，在 1996 年人民币实现了经常项目的可兑换之后，在人民币资本项目的可兑换方面，一直采取的是十分审慎的态度，从"十五"规划开始就提出要稳步推进人民币资本项目的可兑换，推进人民币国际化。"十一五"规划，在这个方面用的词语是"有序推进"，然后"十二五"规划用的词是"逐步推进"。到了讨论"十三五"的时候，用的是"基本实现"资本项目的可兑换。2017 年召开的第五次全国金融工作会议，在资本项目可兑换方面，用的词依然谨慎，表达方式是"稳步推进"。

可见，从"十五"规划一直到"十三五"规划，如果说在以前很多年这个主题的政策动向可能跟中国许多企业关系不大，因为当时企业对外投资有限，那么，现在这个领域的政策动向开始成为一个影响企业经营的非常重要的政策变量，特别是在 2008 年全球金融危机之后，中国的企业开始在政策的鼓励下加速进行国际化布局，人民币在升值压力下也支持企业走出去，到 2016 年中国企业的对外投资为 1701 亿美元，达到了一个历史的高点，同时中国企业对外投资的规模也超过了国际资本对中国的投资。同时中国的海外资产里面，民间持有的海外资产首次超过官方持有的海外资产，这也表明中国企业到了一个可以进行国际化配置的时代。如果说在这个时候人民币还解决不了国际化、资本项目可兑换的问题，那可能就会制约中国企业的全球化布局，以及参与全球化竞争。

在特定的市场条件下，因为政策目标出现限制的变化，我们可以看到对外投资领域的数据变化之大。2017 年上半年中国对外投资下降 45.8%，其中在房地产、文化传媒这些领域的对外投资下降 82.5%，在目前的这个阶段，如果没有人民币国际化的支持，那么资金流出一紧缩，资金出不去，往往再好的项目也只能干着急，因此人民币资本项目可兑换，以及人民币国际化，正在变成一个越来越现实的需要企业深入研究和了解的课题。所以，如果我们要预期一下未来五年到十年中国金融界会有什么大问题需要破解的，人民币国际化一定是排在前面的。这可以说是中国企业发展到特定阶段的客观要求。

对于英国脱欧问题，有专家谈到，英国在欧洲现有的治理架构中影响力有限成为英国脱欧的重要原因之一，脱欧之后，英国就需要重新在全球化中寻找空间，这就必然需要拓展与中国的经贸往来。在处理中国与英国的经贸往来方面，中国香港具有独特的地位和作用，因此，有专家判断，英国脱欧之后，对于香港的投资会明显增加。笔者在这里尝试把人民币国际化和香港的定位结合起来，给大家介绍一下我们所思考的人民币国际化的趋势和香港的角色，怎么看待目前这个阶段以及香港的定位。

当前我们在谈人民币国际化的时候，首先应当提到的，就是人民币加入国际货币基金组织特别提款权（SDR）的货币篮子，目前占比 10.92%，这是具有标志性的事件。那么，人民币国际化目前进展如何呢？作为国际支付货币，我们可统计出来人民币占国际支付货币多大的比重呢？截至 2017 年 8 月，从统计数据看是 1.67%，这还是非常初步的起步阶段。从货币国际化的进度看，美元依然占据主导地位，人民币离国际化的程度还有很大的差距，还有许多的工作要做。另外一个指标就是衡量货币在外汇交易中的占比，现在人民币在外汇交易里面的占比是 4%。把这几个数字摆出来对比可以看出，国际支付占比 1.67%，外汇交易占比 4%，SDR 占比 10.92%。实际上在国际货币基金组织（IMF）商讨加入人民币的 SDR 的货币篮子时，首先需要计算人民币应该占多大的比重，按照 IMF 原来的计算公式，贸易权重占比高，模拟测算的结果应当比 10.92% 还要高，大概在 15% 左右，但是因为中国金融市场的开放度和人民币国际化程度确实相对偏低，所以降低了贸易权重占比后计算出来的结果在 10.92%。这个 10.92% 的贡献度是如何分解的呢？大概十个百分点的贡献是基于人民币在贸易计价结算中的使用，而只有不到一个百分点是人民币在金融领域的使用贡献的，这形成了一个显著的反差。人民币国际化的进展，以及人民币在国际货币体系中的影响力，与目前中国在全球经济体系中的影响是不匹配的，2016 年中国的 GDP 占全世界总量的 14.84%。希望人民币在不同指标中的占比也能上升到这个水平。

当然，人民币国际化，并不是为了国际化而国际化，大量的历史和现实数据证明，经济规模的此消彼长，带动全球经济结构的调整和经济增长重心的转移，全球化进程中经济秩序的多极化，客观上需要按照这种新的国际经济结构来调整国际货币体系，这应当是一个大趋势，同时，人民币也成为第一个被纳入 SDR 货币篮子新兴市场的国际货币，而且一加入进去就排在货币篮子中的第三位，起点并不低。在 2008 年国际金融危机之后，国际货币市场的大幅波动，客观上也需要在现有的发达经济体的货币之外有新的相对稳定的货币。或者说，正是在全球金融危机的动荡中，变动的国际市场对于人民币在国际贸易结算、金融产品计价，以及作为储备货币的需求，虽然目前看还不太均衡，但是总体上是在逐步上升的。

## 人民币国际化的动力需要从贸易计价结算驱动转向人民币计价的金融产品市场的创新与发展

根据目前的发展阶段，人民币国际化在"8·11"汇改以前，至少在香港离岸市场上来观察，人民币升值预期带来的套汇机会，人民币利率较高带来的套利机会等，吸引了海外市场持有人民币的投资者和投资机构，同时，人民币国际化的推进在贸易计价结算环节相对占据主导地位。

"8·11"汇改之后，人民币国际化的动力开始出现转变，具体来说，就是开始转向人民币计价的金融产品的创新和市场发展。在逆全球化的经济背景下，贸易增长动力减弱，即使人民币贸易计价结算比例有提高，但是，在逆全球化的背景下继续靠人民币在贸易计价领域的发展来提高人民币国际化的程度，应当说空间有限。与此形成对照的是，新的人民币国际化的动力正在形成。例如，人民币汇率波动灵活性上升带来的汇率风险管理的需求在持续上升；"一带一路"倡议的持续推进，带来了大量的跨境投融资需求和资产配置的需求。在这个推进过程当中，如果说之前的发展阶段，中国主要是资金的吸收方和接受方，通常并没有太强的话语权说用什么货币，那么现在中国更多的是作为对外的投资方，此时就更有条件在"一带一路"倡议的实施进程中，配合推进人民币的使用，扩大使用的范围，这应当成为下一步非常重要的政策努力方向。

分析人民币国际化下一步的发展方向，可以对比一下主要国际货币的国际经验。从这些经验来看，人民币下一步要进一步提升国际化的水平，需要有深度的金融市场和丰富的金融工具来支持，也需要协调好人民币国际化和人民币资本项目可兑换的进展，这不能仅仅停留在口号上，而是需要大量的人民币计价的金融产品的创新，基础设施的配套完善，本币市场和海外金融市场的开放，跨境交易的便利性，以及市场的深度和广度的培育等等。从这个角度来说，目前人民币的国际化进程应该说基本上是一个重要的战略性起步阶段，在贸易结算环节，人民币的占比已经有了明显的提高，但是在境内和海外的离岸市场金融工具产品的多样性和开放性，对于境外投资者来说交易的便利性等方面，还有不小的差距，在目前这个发展阶段，不要说和美元比，就是和其他的几个占比不是那么高的国际货币，如澳大利亚元、日元等相比，都还有很大的差距。因此，人民币国际化已经有了一个良好的起步，目前也正在出现新的趋势，需要发展更多人民币计价的产品，拓展更多的渠道来对外投资和互联互通，这几个方面都呈现出一些新的变化趋势。

在目前的国际环境下，来自贸易计价结算这个方面的需求动力在减弱，具体表现在贸易上，就是贸易的增长速度持续低于 GDP 的增长速度，由此带动的贸易计价结算的需求实际上是在减弱的。同时，之前也有政策建议，试图在海外发展离岸人民币市场，但是在人民币面临阶段性的贬值压力时，外汇管理和对外投资政策的调整，不仅对一些活跃的跨境投资企业带来显著的影响，香港的离岸人民币市场也受到很大的影响。从近年来的统计数据可以看到，香港离岸人民币市场的规模在高峰的时候，突破了一万多亿元人民币，现在下降到五千多亿元人民币。这也意味着原来推动人民币国际化的一些动力因素正在出现调整，如贸易扩张、人民币升值预期等，但是，同样不容忽视的是，现在我们也看到推进人民币国际化的新动力，越来越转向人民币计价的投资产品发展方面，国际机构对人民币计价产品的需求，对于人民币风险管理产品和人民币金融资产的需求在持续上升，沪港通、深港通和债券通正是在这样的背景下成功启动运行的。

2017 年 7 月启动了债券通，这为境外资本投资中国在岸的债市提供了一个更为符合国际投资者交易结算习惯的新渠道。目前，外资持有中国在岸债市的比重还是很小，2016 年外资在中国债市的投资为 8526 亿元人民币，仅仅在 2016 年就增加了 15% 左右，但即便如此，外资持有占整个中国的债券市场余额的比重不到 2%，这一开放水平不仅显著低于主要发达经济体，也低于像马来西亚这样一些发展中的经济体。预计随着越来越多的市场交易平台接入债券通平台，通过债券通交易中国债市的投资者数量会稳步上升，成为带动人民币国际化的一个重要动力，因为对许多机构投资者例如央行等来说，债券市场是其资产配置的主要选择。

香港市场上离岸人民币规模的变动，也值得深入分析。在经历了离岸人民币规模持续上升之后，"8·11"汇改以来，人民币在香港离岸市场上的规模出现了明显的下降，但是，与此同时，在香港市场上以人民币计价的融资活动并没有明显下降，2016 年香港离岸人民币市场上的人民币贷款余额达到了 3031 亿元，这是历年统计数据的新高。

与此同时，人民币在境外使用的形式和渠道开始趋于多样化，市场导向以及企业跨境并购使用人民币的比重在上升，香港市场上人民币的存款余额虽然下降了将近一半，但是人民币计价的产品开发以及人民币计价产品使用的多样性有了很大改进。虽然人民币国际化中来自贸易计价结算的增长动力在减弱，但是来自于投资和金融产品计价的需求在持续上升，在风险管理、储备配置这些方面的需求也在上升，因此，人民币国际化的动力转换目前处于一个重要的转折点，由此会在外汇交易、风险管理、跨境资金配置、人民币的资产管理等方面带来新的需求。

这一趋势在债券通项目上也表现得很明显。2017 年 7 月 1 日，习近平主席在香港宣布了债券通的启动，2017 年 7 月 3 日债券通正式启动，目前运行平稳。启动之初，由于外资持有的债券占中国债券市场的比重不到 2%，债券通开通之后，不少人很关心其能在多大程度上提升外资投资中国债市的比重。如果一定要找一个参考指标的话，笔者认为，通过债券通等多种债市开放渠道的共同努力，如果能够把外资持有中国债市的规模从目前的相对较低的水平，提高到目前人民币在 SDR 货币篮子里所占的权重 10.92% 的水平，那将会是一个非常巨大的债市开放程度的跃升。

中国"十三五"规划对债市发展也提出了明确的要求，其中一个指标，是在 2020 年的"十三五"期间，债市与 GDP 的比值要达到 100%，现在这个比值在 80% 多的水平，考虑到未来几年中国的 GDP 还会继续增长，2020年 GDP 规模按照目前的增长预期有望接近一百万亿元人民币，债市如果要达到一百万亿元的规模，还有巨大的增长空间。在这个巨大增长的债市中，如果外资持有的比重达到人民币占 SDR 货币篮子的 10.92% 的水平，那么，这就是十万亿元的巨大规模。债市开放不仅会促进人民币国际化的进度，而且也会带动金融体系的发展，进而支持新的人民币国际化。例如，国际投资者要通过债券通进入中国债券市场，如果投资者没那么多人民币，就可以用美元买，这就产生了美元汇率避险的需求。债券通这个项目最大的价值就在于其的带动作用，会带动一系列配套的金融产品和金融市场的发展，从而形成一个围绕债券通的，服务于债券市场投资的生态系统，为人民币的国际化提供支持。

## 中国企业通过全球化布局来提升核心竞争力，为人民币国际化带来新空间

"8·11"汇改以来，因为中国对外投资政策的调整，一些跨境投资受到一定的影响，但是从趋势看，如果这些企业的对外投资能够促使中国进行资源和市场的布局，能够促进中国企业国际竞争力的提升，而不是投机性的资本流出，那么，经过短期的调整之后，应当依然还是一个发展趋势，而中国企业"走出去"与人民币国际化如果能很好地结合起来，就可以成为推动中国对外投资健康发展的重要力量。

实际上，具体从统计数据观察，2017 年以来，对外投资下滑是比较显著的，主要是少了一些投机色彩较为浓厚的房地产等领域，但与"一带一路"相关的、能对接中国市场发展等的项目，实际上还是保持了稳步的上升趋势。从理论上来分析，中国的国际收支周期确实也到了通过对外布局来提升竞争力的发展阶段，中国企业对外投资的规模也超过了外资对中国的投资规模。同时，在中国对外资产里面，民间持有的对外资产超过了官方持有的对外资产。换一个角度说，如何评估中国企业的对外投资？我认为，背后的原因，还是要看投资的风险收益水平，也就是说，是把外汇集中起来以外汇储备的形式投资美国等发达国家的债券，还是以企业市场化投资的形式进行全球布局，我想一个基本的评估指标，应当是企业投资这些项目的回报水平要明显高于投资美国国债的收益率，这样就是对中国国家资产负债的改善。

从国际收支波动的不同阶段来看，实际上国际收支的格局在不同的阶段也有明显不同的特征。中国的国际收支从改革开放初期的注重资本流入，到现在开始要进行全球的布局，实际上也符合历史上一些追赶型经济体国际收支波动的演变历程。

从历史数据分析，追赶型经济体的国际收支波动在不同阶段往往有以下不同的基本特征：在经济体规模相对小、开始起飞并参与全球市场时，面临的主要问题是资本稀缺和技术稀缺，这就需要通过大规模吸引外资来弥补发展中经济体的储蓄和技术缺口。随着经济发展水平的不断提升，经济逐步进入成熟期，劳动力要素成本上升，资本开始有向外投资的机会和需求，同时企业也有动力通过对外投资以及海外并购向产业链的高端转型，这是经济转型或者说推动供给侧改革、提升效率的题中应有之义。

因此，从这一点出发，我们也想到一个统计方面的问题，我们现在过于关注 GDP，实际上随着企业全球化的布局，是不是可以多关注一些统计指标，除了关注 GDP 之外，还要看看国民生产总值（Gross National Product，简称GNP），企业对外布局时在海外购买的资产所贡献出来的经济增长，同样也是这个国家经济实力的体现。我们可以考察一下一些发达经济体的发展历程，对比其GDP和GNP，当这些国家的企业开始进行全球化布局时，往往GDP增长速度明显变慢，但是如果把海外投资统计起来来看，GNP增长速度明显要快一些。实际上中国有不少优秀的企业，大股东往往来自日本等国的投资机构，它们分享了增长的巨大收益。经济研究报告会提到日本经济"迷失了"三十年，"迷失了"二十年，但是为什么日本经济"迷失"了几十年，总体生活质量还保持了较高的水准？及早进行海外投资布局，分享全球最有活力的经济体比如说中国等的增长收益，应当是一个原因。

从数据来观察，韩国在不同的发展阶段，同样也经历过最开始GNP小于GDP，之后经过对外投资布局，GNP超越GDP的过程。

结合中国国际收支的发展阶段，应当说，中国也到了这样一个全球化布局的发展阶段，这也会带动人民币国际化程度的上升。在日本经历了通常所说的经济"迷失"的二十年背后，国际化的资产配置部分对冲了本国经济增长乏力、人口老龄化等等带来的负面影响。目前，中国也即将进入人口逐步老龄化阶段，传统增长动力在逐步减弱，企业通过进行全球化布局来获取资源和市场，进而提升自己的全球竞争力的阶段正在到来，中国的企业如果能很好地进行全球化配置，分享全球经济增长活跃地区的动力，来对冲未来人口老龄化等可能带来的经济增长动力减弱的负面因素，这应当说也是值得从中长期战略角度研究的题目。

目前中国企业对外投资的分布，从地区上看，还是集中在欧美成熟的发达经济体。"一带一路"倡议逐步实施，中国在这些相关的新兴经济体里的投资占比从目前看还是以相对低的水平在逐步提高，2016年接受投资最多的地区是欧洲，同时从行业来看也比较分散。下一步中国企业如何根据中国经济的现实需要、中国企业的比较优势以及中国产业转型升级的需要等，来探索可行的企业走出去的模式，同样值得关注。

从人民币的使用角度来看，"一带一路"倡议相关的项目融资、跨境贷款、贸易支付这些金融领域使用人民币的意愿在逐步提高。特别值得关注的是，印度尼西亚、澳大利亚等和中国的经济关联度比较大的经济体，在向中国内地和香港付款的占比货币结构中，已经有超过 10% 的付款是用人民币，这在货币国际化发展中是一个重要的拐点。通常来说，如果一种货币在一个市场的使用率达到 10%，往往就意味着该货币在这个市场即将进入一个快速发展的拐点。

因此，在新的国内外经济金融环境下，人民币国际化的推动力，如何从贸易输出、工程输出逐渐转到金融输出，把人民币国际化与"一带一路"沿线的贸易、投资、工程承包、信贷、国际产能合作结合起来，形成一个沟通、融合、相互推动的格局，将在很大程度上提升人民币国际化的水平。

## 人民币国际化与资本项目可兑换良性互动

人民币国际化和资本项目可兑换，可以说是既相关联，又不是完全一样的两个概念。实际上资本项目可兑换从国际范围来看，还没有一个统一的定义。将中国的人民币和已经宣称资本项目可兑换的六十多个国家的货币进行对比后，我们发现，在这些宣称实现资本项目可兑换的经济体中，既有强调不对汇率有限制就已经实现了资本项目可兑换的，也有既对交易没有限制，也对汇率和资金流动没有限制才认为是实现了资本项目可兑换的。中国目前看来选用的是不对汇率有明显限制就应当算是基本实现了资本项目的可兑换，但是还有可能根据需要对资本项目的部分交易进行限制。

如果逐一对照国际收支平衡表中的资本项目的不同项目，现在人民币在资本项目中属于完全不可兑换的只有三个项目，其他的基本都是可兑换，或者是部分可兑换的。因此当前面临的问题是，部分可兑换的项目如何提高可兑换的水平，三个完全不可兑换的项目如何逐步实现部分可兑换。

从目前监管部门的政策逻辑看，资本项目可兑换的逐步推进，大致可以总结为以下几个方面的框架：第一，均衡管理，资本的流入流出需要总体上保持平衡状态；第二是稳步开放；第三是便利化；第四是国民待遇。

在这样的市场环境下，中国的资本项目可兑换，可以看出以下几个方面的政策偏好。

第一，强调的是先资本流入，后资本流出。就以2017年7月份启动的债券通项目为例，理想的状态当然是北向和南向同时推出，但是在目前的国际收支形势下，就只通了北向，吸引外资流入中国在岸市场这一边，资本可以先进来，但要通过这个渠道对外投资则需要再另议。

第二，先直接投资，后间接投资，直接投资项目有投资厂房等可见实体，易于监管，而间接投资相对来说监管难度较大。

第三，先实体投资，后衍生品类投资；先机构投资，后个人投资。

从另一个角度来考察，资本项目可兑换也有不同的政策导向：

第一，基于真实性交易背景基础的资本项目可兑换。

第二，基于合规性基础的可自由流动。

第三，基于金融市场监管法规完善的可自由交易。

如果按照这三个步骤来划分，人民币可兑换实际上还处于第一个阶段。

"8·11"汇改以来，在面临阶段性资本流出压力时，决策者取消了沪港通和深港通的总额度，这是值得深入分析的，这也说明沪港通、深港通、债券通这种互联互通机制是符合中国目前的决策者的政策导向的。具体来说，在金融市场开放方面，金融决策者可能既希望有一定程度的开放，又希望这个开放带来的影响是可控的、积极的，至少不希望对现有的市场形成很大的冲击。从这个角度说，沪港通、深港通、债券通的制度设计至少满足了他们的政策诉求。具体来说，沪港通、深港通在内地和海外市场的资金流动方面，相当于一个透明、封闭的天桥，一个国内的投资者用人民币买香港的股票，看似资金流出来了，过了半年股票卖出，卖出股票所得的资金只能通过沪港通和深港通的渠道原路返回，实现资金回流。实际上沪港通和深港通就形成了一个可控的金融市场开放，这样的开放既是风险可控的，又实现了资本项目开放程度的提升，并且形成了一个闭环式的资金流动。

## 在人民币国际化进程中，中国香港的独特定位

全球的经济金融体系运行到今天，一方面是欧美主导的海外金融市场，形成了自己长期积累的、运转有效的一套交易、结算、监管等的习惯与制度。与此同时，中国作为一个崛起中的庞大经济体，金融市场经过长期的发展，也形成了较大的规模与比较独特的金融架构、交易习惯，以及交易、结算、托管等制度。人民币国际化，从这个角度看，无非就是要让这两个系统对接起来，让资金能在这两个系统中相互流动起来。以目前的市场格局，让中国的金融体系放弃现在已经形成的这么大规模的金融市场，完全按照欧美的金融制度来，肯定是不可能的；同样，让欧美市场把已经形成了上百年的金融市场惯例全部放弃，按照中国的金融制度来，看起来也并不现实。

这就给中国香港发挥独特的功能创造了空间，那就是可以同时联通两个金融体系，并在其间担任独特的桥梁作用。在海外市场与中国在岸市场之间发挥独特桥梁作用的，是中国外汇交易中心（CFETS）和香港交易所共同建立的债券通公司。而在中国在岸市场的交易，也基本是按照中国的交易制度来进行的。在沪港通、深港通成功启动之后，现在债券通也成功运行，下一步还有条件拓展到新的资产领域，这既促进了中国金融市场的开发，又带动了人民币国际化程度的提升，还发挥了香港独特的金融中心的价值作用。

这样，在原有的各个开放渠道之外，债券通的启动增加了一个海外投资者投资中国债市的渠道。我们可以对比一下债券通和其他代理行机制的差异。在其他代理行机制下，投资者要投中国的债市，就得完全按照中国债市的规矩来，从开户到额度到审批交易、托管账户、收益权处置等，需

要海外投资者对中国内地市场非常熟悉，而且机构运行的成本相对较高，时间也相对较长。债券通的启动，在海外环节沿用了海外投资者习惯的交易结算机制，海外投资者此时要投资中国内地债市，不用对中国内地的交易结算体系有非常深入的了解，因为有一个债券通的转接平台，海外投资者还是按照原来熟悉的交易习惯，比如说名义持有人制度、多级托管制度等的实施，使得债券通的启动给更广泛的海外投资者群体进入中国债券市场提供了新的便捷的可能性。

香港金融中心地位的形成，本身也显示了香港独特的优势和价值。二十多年前，如果从上市公司的构成来说，当时的香港还很难说是一个国际金融中心，因为当时在香港上市的公司，大部分是香港本地的一些公司，产业结构比较单一，二十多年后，香港的上市公司不仅数量大幅上升，而且从产业构成上也变成了一个高度国际化的、上市公司产业构成非常多元化的国际金融中心。香港做了什么促成了这样的重要转变？回到改革开放初期，中国内地的企业高速发展，需要大量资本；海外的资金想进中国内地市场，但不得其门而入，香港敏锐地利用自身"一国两制"的优势，抓住这个机会，把内地的企业和资金需求请出来，与海外的投资者资金进行匹配。应当说，二十多年来，香港成功地做了这么一件事，就变成了活跃的国际金融中心。

一直到现在，内地企业筹资的需求依然还在，特别是现在内地新经济发展活跃，十分需要新的上市框架来支持它们从国际市场中筹集资金，所以香港推出了创新板的咨询。

与此同时，香港又正在面临一个越来越大的新的金融服务需求，这就是：内地的企业和居民开始要"走出去"了，到海外配置资产，香港可以通过自身的独特定位，让这些内地的投资者在香港实现资产配置的"家门口"的国际化，不用远涉重洋到纽约、伦敦这些金融中心去开户投资。香港此时要做的，就是要发挥金融专业优势，设计出适应内地投资者需要的金融产品，并把全世界好的金融产品也积极吸引到香港，让中国内地的投资者以较低的制度成本，实现"家门口"的国际资产配置。

随着内地居民资产海外配置需求的上升，未来香港金融市场会从目前主要的两类市场主体，即内地的企业和海外的资本，转变为四类市场主体，增加的是内地居民需要进行海外配置的资金，以及海外的多种金融产品。此时，香港需要做的，就是不断发展人民币计价的多种金融产品，不断扩大互联互通的资产类别，搭建支持中国企业和居民"走出去"的平台，使其成为人民币的定价中心、风险管理中心、新经济融资的中心，以及人民币商品定价的中心。

国际货币演变的历史告诉我们，每一次国际金融体系的洗牌，往往伴随着大的市场动荡，其中一个非常重要的市场波动的根源，就是给一个原来没有纳入国际体系中的特定的货币进行在国际化条件下的定价。从这个角度说，所谓货币的国际化，实际上可以说就是货币的首次公开募股（IPO），这个货币原来在没有进入国际体系时很少有海外市场在用，现在进入市场了，进入国际体系了，越来越多的人要开始用时，大家都还不知道这个货币应当如何定价。此时，往往容易导致金融体系的剧烈洗牌，促进不同类型的资产的重新配置，比如说美元的崛起，德国马克、日元的崛起，都一度引起十分剧烈的国际市场动荡。现在我们要推动的人民币国际化，实际上就是如何让国际体系接纳人民币，并且对人民币进行定价，在这个过程中，最为需要的，就是如何为支撑人民币的国际化提供多种多样的人民币计价的产品、风险管理的产品等，这个需求目前看来是非常巨大的，有大量细致的工作需要我们去做。这也正是香港可以发挥独特作用的地方，包括在这个过程中，如何协助内地企业走出去，发挥自身独特的价值，成为区域管理的平台，也成为内地居民进行国际化资产配置的平台。

香港在支持中国内地的企业进行全球化布局方面，还可以发挥区域管理总部和海外融资平台的功能。以前不少企业说，在海外有没有管理总部、有没有上市平台以及投融资平台并不重要，反正国家政策是支持企业对外布局的。但是，近期对外投资政策的调整，凸显了这些企业有没有海外融资中心的差别。如果没有海外的投融资平台和稳健的融资方案，资金流出的门稍稍一关紧，可能许多项目就谈不成了。

目前，中国也是全世界主要商品的主要消费国，中国和"一带一路"沿线经济体的很多项目和大宗商品、资源能源相关，而且大宗商品价格直接涉及定价权。目前，海外成熟市场的商品市场结构可以说呈现的是正三角形的形态，从现货市场发展起来，再到贸易融资和中间市场，最后到塔尖上一部分金融投资者投资的期货市场。而中国国内的商品市场是典型的赶超型的市场，与成熟市场相反，中国有庞大的资金是做投机性的期货炒作的，往往推出一个新的产品，就可以轻松达到交易量世界前列，但是中间的交易和融资服务并不足，再往下到服务实体经济方面，就往往只有很少一部分参加。因此，如果能把内地商品市场与海外市场联通起来，国际、国内市场都是双赢的。如果把国际上服务实体经济的现货体系对接到中国市场，把中国的流动性引入国际市场，这既能够提高在国际市场上的中国投资者的价格影响力，也能够改善中国的实体经济得到的来自商品市场的服务。

## 香港离岸市场可获新的发展机遇 [1]

在这种情况下，香港离岸市场的发展将面临三个方面的转变。

一是离岸市场的发展动力由主要依靠人民币升值预期和境内外套利交易等，转向发展金融产品的丰富性和深化度，提供更多与人民币全球配置和跨境流动相适应的市场工具和管理手段。国际货币基金组织（IMF）报告

---

[1] 本部分发表于《清华金融评论》2017 年 3 月 5 日，巴晴参与本部分的起草与讨论，原题目为《人民币国际化新阶段与香港的机遇》。

显示，目前日本、英国和美国等发达国家信贷、股票、债券占 GDP 的比重达到 500% 以上，而中国在 210% 左右，在金融市场的深化和金融产品的多样化方面还有很大的发展空间。随着人民币加入 SDR 货币篮子，资本账户进一步扩大开放，本土和国际投资者寻找跨市场投资机会的行为将直接影响人民币流动。香港可以进一步发展和丰富多层次金融产品，包括离岸人民币的存放、融资、外汇交易，以及人民币计价金融产品创设与投资等，使得离岸市场继续成为推动中国内地企业对外投资，实现国际跨境投资需求，便利机构管理风险的重要场所。同时，香港离岸市场发展的着眼点要从前一阶段规模的扩张转向巩固市场的深度和有效性上，通过建立更为有效、合理的在岸、离岸人民币市场定价基准，改变人民币定价体系分割现状，保持在岸和离岸市场合理的价格差异。这就需要进一步打通在岸与离岸债券市场、外汇市场和衍生品市场，提升市场流动性，增加市场参与主体数量和多样性。

二是在内地经济金融体系面临转型压力时，香港可以成为内地转型与经济金融结构调整的风险管理中心。例如，人民币汇率的波动更为灵活，是下一阶段人民币成为国际货币的必然趋势，一种货币从受到严格管制到相对灵活的波动，必然产生大量的汇率风险管理的需求。中国内地的企业越来越多地进行全球化布局，参与"一带一路"沿线的相关项目，香港有条件成为为这些企业管理海外投资风险、进行全球化布局的管理中心。

三是在金融市场开放逐步提高之后，香港市场将不仅仅是一个活跃的投资目的地市场，也正在成为一个活跃的门户市场。这一点在深港通启动之后将表现得更为明显，沪港通和深港通的先后启动，以及交易总限额的取消、保险资金的入市等，使得香港市场与深圳和上海市场联结为一个有七十万亿元市值的巨大的共同市场，这个共同市场以香港市场为门户，为内地资金进行国际化配置，以及国际资本进入内地资本市场投资，提供了良好的基础设施和平台，可以预计，如果未来这个互联互通的框架继续拓展到新股通、债券通和商品通等其他产品领域，将进一步强化香港作为门户市场的关键地位。

因此，在人民币国际化发展的新阶段，应重视香港作为连接内地与全球的最重要的双向平台和离岸人民币枢纽的作用，香港也完全有条件继续利用自身优势，以"共同市场"的新角色，为自身的长远发展开拓更大的创新空间。

（本文发表于《今日头条》2017 年 8 月 23 日。）

# 多层次国债市场为境外投资者提供重要支持

　　国债市场一般包括境外本币国债、境外外币国债和境内国债市场三个部分。自从 2009 年 9 月 28 日中华人民共和国财政部（简称财政部）首次在港发行人民币国债后，人民币本币国债在港发行已成为一项长期的制度安排，体现了中央政府对巩固和提升香港国际金融中心地位的大力支持。

## 有助于为离岸市场人民币资产形成基准的利率曲线

　　2009 年至 2016 年，财政部在香港累计发行人民币国债共计 1640 亿元。其中，2009—2011 年分别发行了 60 亿元、80 亿元和 200 亿元人民币国债，包括 2 年、3 年、5 年、7 年和 10 年期等主要期限品种；2012 年及 2013 年香港人民币国债的规模各达到 230 亿元人民币，2014—2016 年每年均增加至 280 亿元人民币，并且还增加了 15 年、20 年及 30 年期的长期限债券，更好地适应了机构投资者的期限偏好，也为离岸人民币资产提供了一条相对完整的基准孳息率曲线，为海外人民币资产定价、风险管理等提供了重要的参考。

　　2017 年人民币国债发行规模为 140 亿元人民币，分两次在香港发行，上、下半年各发行 70 亿元，同时还发行 20 亿美元。连同 140 亿元人民币国债，2017 年整体发债规模与以前持平。而增加的美元债为 2013 年来财政部首次于海外发行的美元计价国债，不仅有助于提升海外市场对中国主权债的信心，还可进一步丰富香港债券市场品种，有利于巩固香港作为全球资产管理中心的地位。

## 推动了人民币的海外交易和使用

除了财政部之外，过去近十年里，离岸人民币债券市场上的主权级发行人，已包括了更为广泛的发债主体，形成了多元化的人民币主权债市场。来自境内的发债主体，还包括了国家开发银行、中国进出口银行及中国农业发展银行等内地政策性银行的准主权级的发行人。来自境外的发债主体，主要包括：一是由国际机构发行的准主权级别人民币债，比如亚洲开发银行、世界银行、国际金融公司均是离岸市场上较为活跃的、有主权级别的人民币债发行人；二是外国政府或地方政府发行的主权债，比如 2014 年英国政府发行的 30 亿元人民币计价的主权债券，以及 2013 年加拿大不列颠哥伦比亚省政府发行的 25 亿元人民币债券。境外主权级别的发行人发行以人民币计价的高等级债券，不仅令主权债发行结构更加完善，也可推动其他离岸人民币业务发展。这些机构发债筹集的资金可以为本国的外汇储备提供支持，或再投资到人民币离岸市场中，推动了人民币在海外金融市场上的交易和使用，便利海外投资者投资人民币资产。

## 人民币与美元发债币种替换，有利于减少发债成本，灵活安排外汇资金

2016 年以来，离岸人民币资金池有所收缩，截至 2017 年 8 月末，香港人民币存款为 5327 亿元人民币，较 2014 年年底的 1.003 万亿元人民币规模流失近五成。离岸人民币市场流动性不足，以及美国处于加息周期，推高了境外的债券发行成本。境外的利率水平与境内相比，出现了明显倒挂。2017 年 6 月发行的 3 年期离岸人民币国债利率为 3.99%；5 年期中标利率为

4.10%，创 2009 年人民币国债在港首发以来新高；相比之下，中债境内国债的到期收益率，3 年期品种为 3.51%，5 年期为 3.73%。如果再发行较长年期的离岸债券，将变相增加发债成本。

离岸人民币资金池萎缩以及融资成本攀升，已经对近期的离岸人民币债券发行产生影响。2017 年上半年全球离岸人民币债（不包含存款证）发行较为惨淡，发行量降至约 210 亿元人民币；人民币存款证的发行量则为 593 亿元人民币。除了财政部上半年发行的 70 亿元国债外，其间数额较大的主要是东方资产发行的 8.5 亿元人民币债券以及中国银行发行的 15 亿元人民币债，其余发行规模较小。

如果调整发债币种结构，减少人民币发债规模，同时增加美元主权债，不仅可以减少发债成本，同时也可运用主权债发债方式增加外汇资金来源。作为财政部于 2004 年以来首次于海外发行的非本币债，其已经受到国际投资者的广泛关注，说明市场对中国主权信用评价的信心，并没有受到穆迪调降评级或人民币汇率的影响。

## 同时发展本、外币国债市场还可为内地企业海外发债提供定价指引，助推企业走出去

随着"走出去"的趋势不断扩大，中资企业已经成为亚洲美元债市场的主要发行人，募集大量海外资金用于支持境外业务扩张。2016 年全年，中资美元债发行规模为 1786 亿美元，2017 年上半年中资美元债发行规模已经达到 1682 亿美元。其中最活跃的发行人是中资银行，发债占比 47%；随后是工业企业发债，占 23%；房地产行业发行占比也从 2016 年的 9% 大幅升至 21%。随着政策层面以简化海外发债程序来鼓励外汇流入，以及境外融资成本相对较低，相信中资美元债的海外发行仍将保持较高水平。

国债一向是企业债券、证券化资产等金融资产的定价基准。海外美元国债的发行，有利于衡量人民币资产的海外无风险利率水平，为中资企业

确定海外发行成本，以及为海外投资者提供重要参考。

## 债券通有助海外机构投资人民币债券市场

离岸人民币债券规模减小，并不意味着市场对人民币资产热情降低。相反，我们看到近年来海外投资者对人民币债券，特别是国债的兴趣正在逐步增加。根据中国银行间债券市场债券托管的数据，截至 2017 年 9 月末，境外机构持有人民币债券达到 8960 亿元，同比增长 23.35%，较去年年末增长 15.4%，其中国债持有 5261 亿元，较去年年末增加了 1025 亿元，或 23%。

债券通，以可控的方式进一步提升了中国债市的开放程度，在交易前的市场准入环节，交易中的价格发现与信息沟通换节，以及交易后的托管结算环节，都减少了境外投资人的交易成本，提高了市场效率。利用这个平台参与人民币债券投资的海外主体已经越来越多，截至 2017 年 9 月末，已有超过 180 家的基金或机构加入了债券通平台，日均交易约 13 亿元人民币。

从境外本、外币国债发展来看，离岸人民币国债和政策性银行发行的准主权债已经形成离岸人民币资产的基准利率曲线，美元债的发行也可为内地企业海外发债提供定价指引。而境内的国债市场二级市场交易活跃，国债及政策性银行债余额达到 25.8 万亿元，占整体债券市场规模的 35.8%，成为海外机构投资人民币资产的主要板块。多层次的国债市场将为国际资本流入中国资产，促进人民币国际化提供重要支持。

（巴晴参与本文的起草与讨论，本文发表于《腾讯财经》2017 年 10 月 25 日，原题目为《多层次国债市场将为境外投资者投资人民币资产提供重要支持》。）

# 稳步推动人民币国际化

2016 年人民币国际化从高歌猛进阶段迈入调整巩固期，政策与市场领域有进有退，基础建设日趋成熟完善。2017 年 7 月召开了第五次全国金融工作会议，会议指出要深化人民币汇率形成机制改革，稳步推动人民币国际化，稳步实现资本项目可兑换。可见人民币国际化是一个平稳推进的过程，并不能一蹴而就。

在国际金融危机冲击下，主要国际货币波动显著加大，国际经济治理格局出现变化，直接扩大了对人民币的需求。从客观上看，国际金融危机反而成为推动人民币国际化难得的时间窗口，这种因为金融危机动荡和主要储备货币的波动带来的人民币的需求，直接成为人民币国际化的主要推动力。人民币国际化的推进取决于特定的国际国内环境，当外部环境对人民币需求大或者说国际市场对人民币有需求的时候，人民币国际化的速度就会加快一些。而当国际市场发生波动，美元走强或者人民币面临阶段性的贬值压力时，人民币国际化的推进速度就可以放缓。总的来说人民币不是为国际化而国际化，国际市场的需求一方面也推动人民币国际化的发展，且人民币的推进速度是一个相机抉择的过程。

## 人民币国际化的进程和现状

近年来，在国际经济大环境的驱动下，我国相应采取了一系列配合措施，以积极稳妥的方式实现人民币国际化目标。

### 跨境贸易人民币结算金额高速增长

为了促进中国外贸企业的贸易和投资便利化，中国于 2009 年 7 月开始，在上海等 5 个城市进行跨境贸易人民币结算试点，首批试点企业 365 家。2011 年 8 月试点扩大至全国，至此跨境贸易人民币结算不受地域限制，业务范围涵盖货物贸易、服务贸易和其他经常项目，并逐步扩展至部分资本项目，在政策支持和市场需求的合力推动下，人民币跨境贸易结算量不断加速增长。

### 货币互换协议规模继续扩大

2008 年 12 月以来中国与周边国家和地区加大了货币合作，2009 年 12 月底，东盟十国与中日韩正式签署清迈倡议多边化协议，与之前的清迈倡议相比，在多边框架下的货币互换使各成员国可获得的贷款总额整体上升。与此同时，在清迈倡议框架下的双边货币互换协议使网络规模也得到了进一步的扩大。截至 2015 年 10 月，中国人民银行已与韩国、马来西亚、中国香港、阿根廷等 33 个央行或货币当局，共计签署了 3.31 万亿元人民币的本币互换协议。通过签署本币互换协议，人民币可通过官方渠道进入这些经济体的金融体系，促进人民币结算和流通效率的提高。目前已有大部分互换协议进入实质启用阶段，起到了缓解流动性紧张，促进双边贸易和投资发展，维护区域金融稳定的作用。

### 资本项目下人民币业务不断突破

在跨境直接投资人民币结算方面，中国人民银行自 2010 年以来就按照"风险可控、稳步有序"的原则，开展了人民币境外直接投资个案试点。2010 年 10 月，新疆在全国率先开展跨境直接投资人民币结算试点。2011 年 1 月和 10 月，中国人民银行先后公布一系列管理办法，规定获准的境内企业可以用人民币进行境外直接投资，境外的企业和个人也可按规定使用人民币来华开展直接投资。2016 年全年累计办理人民币对外直接投资（ODI）结算 1.06

万亿元，按年增长 44%，人民币外商直接投资（FDI）结算 1.40 万亿元。在跨境金融投资人民币结算方面，2010 年 8 月中国允许境外央行、港澳清算行、境外参加行等三类机构运用人民币资金投资银行间债券市场。2011 年 12 月人民币合格境外机构投资者（RQFII）制度开始试点，符合资格的境内基金管理公司、证券公司的香港子公司，可以运用在香港募集的人民币资金投资境内证券市场。在银行发放境外项目人民币贷款方面，2011 年 10 月中国出台了《境内银行业金融机构境外项目人民币贷款的指导意见》，允许具备国际结算能力的境内银行业金融机构，对中国企业机构的各类境外项目提供信贷资金支持。现在 RQFII 规模和使用区域进一步扩大，2016 年年底 RQFII 申请额度达 5284 亿元人民币，较上年增加 19%。随着 QDII(合格境内机构投资者)、QFII（合格的境外机构投资者）、RQFII(人民币合格境外机构投资者)、沪港通等一系列政策的实施,资本项目下的人民币结算业务发展迅速。

## 香港人民币离岸市场发展迅速

人民币离岸市场是人民币国际化的缓冲带，为我国经济隔离了影响在岸市场价格和我国宏观调控的风险。在人民币国际化的推进过程中，香港离岸人民币市场得到了快速发展，目前已经成为境外人民币存量最大、业务开展最为齐全、产品创新最为活跃的市场。另外，香港为内地企业全球化布局有四大平台优势：作为亚太区及"一带一路"沿线国家交通枢纽的区位优势；作为全球最自由经济体的开放合作的先发优势；作为国际金融、航运和贸易中心的服务业专业化优势；作为东西方文化交融之地的人文优势。这些优势促进内地居民通过香港市场进行资产的国际化配置，使香港金融市场成为一个活跃的投资目的地市场和重要的门户市场。陆续启动的沪港通、深港通及债券通实际上是借助香港以相对封闭可控的方式来实现市场的对外开放和人民币的国际化。

## 人民币的国际货币职能平稳起步

人民币已经成为中国主要的跨境贸易结算货币之一，并在周边国家的更大范围内被接受为交易媒介，尤其是在与中国经贸联系密切的周边国家，人民币在贸易结算和日常支付中被普遍使用，流通总量和范围不断增加。人民币已与多种外币建立了市场化的汇率兑换机制，部分国家已经开始接纳人民币作为储备货币，比如韩国、白俄罗斯、马来西亚、泰国等。此外，人民币在国际货币体系中和国际金融治理中更受关注。2008 年以来的金融危机冲击全球，也在特定程度上暴露了过分依赖美元的国际货币体系的不足，改革国际货币体系，建立适应新的国际经济金融格局的多元化国际货币体系，开始成为更多国家的共识。在动荡的国际金融环境下，中国经济依然保持了高速稳健发展，人民币维持稳定升值的强势地位，国际金融市场对人民币的认可和需求明显上升。2009 年 9 月中国人民银行与国际货币基金组织（IMF）签署协议购买不超过 500 亿美元 IMF 债券；中国还参与了特别提款权自愿协议交易，帮助 IMF 成员国，特别是欠发达国家及时获得可兑换货币，应对全球金融危机。这些都提高了人民币在国际货币体系中的地位，为逐步创造条件将人民币纳入特别提款权货币篮子奠定了基础。

## 人民币纳入特别提款权（SDR）货币篮子

2015 年 11 月 30 日，国际货币基金组织执董会决定将人民币纳入特别提款权（SDR）货币篮子，SDR 货币篮子相应扩大至美元、欧元、人民币、日元、英镑 5 种货币，人民币在 SDR 货币篮子中的权重为 10.92%。加入 SDR 是人民币国际化进程中的标志性事件，人民币成为第一个被纳入 SDR 篮子的新兴市场国家货币。2015 年 10 月 8 日人民币跨境支付系统（Cross-border Interbank Payment System，简称CIPS）一期在上海正式投入使用，该金融设备提升了我国跨境业务及离岸市场金融业务的货币结算效率。截至 2017 年 7 月，CIPS 共有 31 家直接参与者，584 家间接参与者（其中亚洲422 家，欧洲82 家，北美洲22 家，大洋洲16 家，南美洲16 家，非洲26 家）。

### "互联互通"实现了金融市场的有序开放

沪港通、深港通突破性地实现了内地与香港股票市场之间资本的双向流动。相比合格机构投资者制度，沪港通、深港通拥有投资者主体更加多元、额度管理更加灵活、交易成本更低、制度转换成本低等优势，取消了总额度，"闭环式"资金流动降低了资金大幅进出中国金融市场的风险。债券通于2017 年 7 月启动，先启动北向通，没有总额度限制，且是闭环式管理推动现货债券市场的互联互通，有助于支持国际资金的流入。在中国内地与香港之间开通的沪港通、深港通及债券通均使用人民币进行结算，既顺应了资本市场国际化发展趋势，也扩大了我国人民币离岸市场规模，能够更好地推进人民币国际化进程。

## 人民币国际化未来的发展路径

尽管人民币国际化在市场需求的推动下，取得了明显进步，但与美元、欧元、日元等国际货币比较，人民币的国际化进程还面临多方面的挑战。比如，在当前国际金融市场上推动人民币国际化的时间窗口是阶段性的；人民币国际化涉及面广泛，需要清晰的顶层设计和清晰的时间表；人民币跨境结算的结构不平衡；香港人民币离岸市场还处于起步阶段；资本项目开放程度和投资回流渠道有限；等等。

目前，从人民币在跨境贸易、直接投资中的使用规模来看，人民币已经实现了作为国际支付和结算的货币功能，下一步我国应构建成熟完善的在岸和离岸市场为目标，开发丰富的金融工具，作为对人民币国际化的支持。

**对于人民币国际化未来发展的路径，应该以逐步满足市场需求为基础，稳步推进人民币国际化**

在世界金融史上出现的主要国际货币先后有英镑、美元、日元和欧元等。纵观每一种国际货币地位的形成，往往是依托本国强大的经济贸易实力，随着本国金融体系的开放而逐步渐进形成的结果。国际市场对一种货币的认可，其实质是以对该国经济发展前景和金融体系稳定性的信心为基础的。因此，人民币国际化程度的提高，是顺应国内外市场需求而逐步推进的过程，是中国经济发展和金融开放进程的自然产物。稳步推进人民币国际化取决于国际市场是否平稳，是否逐渐恢复常态，美元是否升值，新兴市场货币是否有升值压力等。人民币国际化是顺应国际需求的决策，中国也应该以本国经济的发展和壮大为基础，在金融体系完善和开放的过程中，逐步增加丰富多样的人民币计价的金融产品。

## 培育在岸市场与离岸市场人民币计价产品多样性，促进境内外人民币市场协调发展

现在贸易计价结算的需求在逐步减弱，离岸市场人民币规模逐步减小。以前无论是在岸还是离岸市场，人民币国际化主要依靠贸易计价结算的推动，现在需要转到依靠发展多种多样的人民币计价的金融产品上，这也将成为人民币国际化下一步的发展重点。香港离岸人民币产品开发步伐大幅推进，离岸人民币外汇交易量持续增长。例如：香港交易所的人民币货币期货产品，2016年年底的未平仓合约达45635张，是2014年23887张的两倍。

这些对人民币在投资、风险管理、储备领域的需求的上升，逐步使人民币外汇交易规模、频率和参与主体数量显著增加，对风险管理、跨境资金配置、人民币资产管理、产品创新等提出更大需求。此外，要想通过在岸和离岸市场，促进境内外人民币市场协调发展，首先，要不断完善和开放境内本土金融市场。这一方面要求境内金融市场层次体系较为健全，要有丰富的人民币产品种类、足够大的市场规模和稳定安全的运行机制，这与人民币汇率形成机制改革、利率和汇率形成机制的市场化等紧密结合。另一方面要求境内市场是较为开放的，能够和境外人民币市场进行双向流动，并能充分吸纳境外人民币资金流动，这又与人民币资本项目开放的程度紧密相关。其次，要加强香港人民币离岸市场的培育。目前看来，香港与内地紧密的经贸联系使其成为境外人民币最主要的集散地，同时香港作为成熟的国际金融中心，有着成为人民币离岸中心的良好硬件和软件条件，而且中央政府也通过一系列政策明确支持香港成为人民币离岸中心。在这

个趋势推动下，未来香港的人民币离岸市场的广度和深度有望继续得到扩大和提升，以更好地满足境外人民币投资保值的需求，吸引更多国际投资者参与离岸人民币交易，逐步在香港形成境外人民币交易流通的离岸金融中心；在此基础上，通过香港离岸人民币市场来发挥聚集和辐射作用，促进人民币在东南亚乃至更为广泛的国际范围内被接受和使用。第三，要进一步拓宽人民币跨境流动渠道。当境外市场上的人民币存量达到一定程度后，就会产生投资回流境内市场的需求，因而要建立顺畅的人民币跨境双向流动渠道。

**与跨境人民币业务开展相结合，稳步推进资本项目开放**

资本项目是对国际收支平衡表中资本和金融账户的总称，具体包括资本转移、直接投资、证券投资、信贷业务和其他投资等部分。在人民币国际化平稳推进的进程中，逐步放松资本项目下的严格管制是可以预期的。但资本项目开放不可能一蹴而就，也不可能等资本项目完全开放之后再开始推行人民币国际化。未来资本项目开放应与各项人民币跨境业务的开展相结合，两者必然会呈现同步进行、相互促进的格局。当然，许多国际经验表明，资本项目管制并非越少越好，过快或过度地开放资本项目管制容易导致短期国际资本的大进大出，如果控制失当则可能冲击国内资产价格和金融市场的稳定。目前资本项目不可兑换子项目仅剩三项，主要集中在境内资本市场一级发行交易环节，如非居民境内发行股票、货币市场工具和衍生品业务。根据中国已明确的资本项目开放的"四项基本原则"（均衡管理、稳步开放、便利化和国民待遇），中国的资本项目开放的总体思路预计为：先资本流入后资本流出，先直接投资后间接投资，先实体类投资后衍生品类投资，先机构投资后个人投资。同时，资本项目的开放顺序可总结为三步走：第一步基于真实性交易背景基础的可兑换，第二步基于合规性基础的可自由流动，第三步基于金融市场监管法规完善基础的可自由交易。所以，人民币国际化的过程需要分步推进，使人民币资本项目开放与境内外人民币资金跨境流动的需求相匹配，与国内金融市场改革和建设的进程相平衡，与防范国际资本流动冲击的监管要求相适应，把握好开放的力度和进度，使资本项目开放成为人民币国际化程度进一步提升的重要驱动力。

**从主要国际货币走过的"周边化—区域化—全球化"的区域扩展顺序看，人民币下一步的使用地域范围会继续拓展**

首先是"周边化"，人民币是在中国与相邻国家的边境贸易结算中，逐渐在周边国家开始流通的。人民币的边贸结算最初是一个自发的市场行为，在中国与越南、蒙古、白俄罗斯、俄罗斯等周边国家签署"本币结算协议"后得到了强化和加速。然后是"区域化"，即人民币在中国地缘附近区域的国家和地区中，更有效率地运用于国际贸易、跨境投融资结算等，乃至被接纳为外汇储备货币，逐步成为特定区域内普遍接受的国际货币。最后才是"全球化"，也就是成为全球各国普遍认可的国际贸易结算货币，在国际金融市场上被国际金融机构广泛用于计价交易，并成为全球外汇储备中重要的储备货币之一，由此可见，人民币全球化还需要较长时间。2017年，人民币正式成为全球储备货币，但是这并不能表示人民币已经实现了"全球化"。可以说人民币已经完成了"周边化"，正处于"区域化"阶段，但离成为能和美元、欧元等相比肩的"全球化"国际货币还有非常大的差距。

**从主要国际货币在功能演进的"结算货币—计价单位—价值储备"顺序看，人民币在货币职能上需要继续深化**

当前人民币的国际化首先是继续完善其成为国际贸易的重要结算货币功能。在跨境贸易中充当结算货币是人民币国际化的起步，目前中国对外贸易中以人民币结算的比例已超过30%，人民币作为跨境贸易结算货币的职能得到体现。但在没有中资企业参与的国际贸易结算中，以人民币结算的比例仍相对较低。人民币要成为美元那样被第三方国家普遍接受的国际贸易结算货币，在全球国际贸易结算中占据相应份额，未来还面临更艰巨的任务。其次，人民币贸易计价结算的需求逐步减弱，我国要逐步创造条件，丰富人民币计价产品。这要求有相应的有效率、有深度的金融市场作为载体，不仅境内的人民币市场要相当成熟和开放，而且境外的人民币离岸市场也要有充分的广度和深度，同时境内外市场之间要有通畅的人民币双向流通渠道，使国际市场上人民币的持有者能够有效率和更有选择地进行人民币计价产品的投资交易。人民币最终要成为全球各国的价值储备货币则必然需要更长的时间。衡量国际货币地位的主要标志之一就是其在国际外汇储备中的占比。2017年人民币成为全球储备货币，全球央行持有人民币的规模为84.51亿美元，占已支配外汇储备中排名第七位，约占总份额的1.07%。未来人民币只有在国际贸易结算和国际金融市场交易中被广泛使用，且币值相对稳定，兑换相对自由，才可能会被更多国家广泛接纳为外汇储备货币，最终成为国际外汇储备中的重要构成，从目前人民币的功能看，这应当说是相当长的目标之一。

（本文发表于《今日头条》2017年7月20日，原题目为《如何理解全国金融工作会议中强调的稳步推动人民币国际化》。）

### 参考文献

[1] 巴曙松．人民币走向国际化．紫光阁，2012(7)：24-26.

[2] 巴曙松．对人民币国际化未来发展路径的思考．中国经济时报，2012-02-14(003).

[3] 中国人民银行．人民币国际报告2017[R/OL]；http://www.askci.com/news/chanye/20171023/090437110191.shtml.

# 在人民币国际化进程中的金融开放：
# 逻辑、进展与趋势

十九大报告在建设现代化经济体系部分对新时代的经济开放做出了具体部署。作为经济开放的重要领域，我国金融体系的对外开放始终遵循积极稳健、服务实体经济的推进思路。人民币逐渐融入国际货币体系为我国未来金融开放提供了新的动力。我国企业与个人的资本国际化布局意愿以及国际投资者的人民币资产配置需求，共同促进了境内金融市场国际化与金融机构对外开放的加速进行。未来进一步推动扩大金融体系的对外开放，不仅需要深化人民币汇率形成机制的市场化等金融体制改革，还应考虑完善宏观审慎政策架构，有效管理在开放过程中外部金融波动可能带来的风险。

十九大报告提出"主动参与和推进经济全球化进程，发展更高层次的开放型经济"基本方略，扩大金融开放将为形成全面开放新格局添加推动力。改革开放以来，我国金融体系的对外开放进程一直遵循服务实体经济与国家总体发展战略的思路。特别是金融危机以后，我国所面临的国内国际经济金融形势发生了深刻变化。随着企业国际化从资源与市场获取阶段转向创新、技术与财务的全球配置，以及在全球金融一体化深化背景下人民币跨境金融交易需求的显著提升，与之配套的金融对外开放政策一直在积极、稳健地推进实施。2016 年人民币正式纳入国际货币基金组织特别提款权，标志着我国对全球经济金融体系治理的深度参与，这也成为未来金融开放新的动力来源。以人民币融入国际货币体系为主线，新时代的金融开放将更富有主动性和建设性，增加金融市场国际化水平有助于提高人民币资产在全球资产格局中的地位与配置价值。随着金融开放的深化，外部经济环境变化通过金融渠道传导的影响更为显著，健全宏观审慎政策框架从而强化风险管理显得更为重要。

## 我国金融开放的逻辑脉络

### 机制改革来源于服务企业贸易投资与调节外部失衡的共同需求

基于便利企业贸易投资的需要，人民币汇率改革与资本项目开放共同驱动了我国外向型经济发展。从国际上看，本币可兑换是封闭经济向开放经济转变的必然要求。在实现经常账户可兑换以后，企业部门日益增大的对外经贸往来也会催生资本项目下的交易需求。按照有真实交易背景优先的原则，人民币资本项目的开放遵循了直接投资先于证券投资，资本流入先于资本流出，长期资本先于短期资本的思路。资本项目开放后需要汇率维持在相对较为均衡的区间，为构建更为灵活的汇率形成机制提供了依据。

2008 年金融危机以前，我国面临以美国巨额贸易赤字和对外债务、新兴市场国家大量贸易盈余和外汇储备为特征的经济失衡。推动汇率制度市场化改革有助于调节经济外部结构性失衡，减弱央行因干预外汇市场损失的货币政策有效性以及外汇储备成本。

在金融危机后，我国的外部环境出现显著变化。由于发达国家实施量化宽松政策，我国国际收支逐渐由经常项目主导转变为跨境资本流动主导，人民币汇率的资产价格属性开始显现。根据国家外汇管理局的数据，从 2005 年到 2008 年，经常项目顺差对我国国际收支顺差的平均贡献率约为 78%；而从 2009 年到 2011 年，其平均贡献率约为 44%，资本项目顺差的平均贡献率提升到 56%。

2014 年美国量化宽松政策推出以后，随着短期资本流动加剧，我国资本项目连续出现逆差，导致经常项目、资本项目"双顺差"格局暂时消失，"经常项目顺差、资本项目逆差"的国际收支格局出现。2015 年 8 月启动的新一轮汇率市场化改革有利于释放人民币贬值预期，取代资本管制形成更为均衡的跨境资本流动调节方式。根据国家外汇管理局的数据，2016 年全年我国经常账户实现顺差 1964 亿美元，占同期 GDP 的 1.8%；非储备性质的金融账户逆差 4170 亿美元，占同期 GDP 的 3.7%。

**我国企业全球价值链重构与居民资本国际化配置对金融开放提出新要求**

从企业国际化进程来看，我国企业全球化的动力已从初期的通过出口与并购获取资源、市场与提高效率，转变为通过境外直接投资实现创新技术、产品与资源的全球化布局，提升企业的全球竞争力。我国企业寻求参与全球产业链重构的过程，带动了资本的国际化配置，我国已成为新生的对外投资者，而资本输出需要相应的开放环境予以配合与保障。2016 年，我国对外直接投资（ODI）人民币收付金额达到 1.06 万亿元，同比增长 44.2%。

利用"一带一路"倡议契机推动企业"走出去"对外投融资，有利于人民币扩大境外使用范围与方式。自"一带一路"倡议提出以来，我国与沿线国家贸易投资往来活动日益活跃。根据国家外汇管理局发布的《2017年上半年中国国际收支报告》，2016 年我国与参与"一带一路"国家间跨境相互投资总金额达 1784 亿美元，相比 2013 年增长 93%。以开发性金融为主要融资方式，我国企业参与"一带一路"相关投资规模稳步扩大。2017年上半年，我国企业对"一带一路"沿线 47 个国家新增投资 66 亿美元，比去年同期增长 6 个百分点。

"藏汇于民"的政策，使对外资产持有主体发生了结构性变化。官方外汇储备形成的对外资产比重逐渐降低，而市场主体所持有的份额不断增加。根据我国国际投资头寸表，从 2014 年年末到 2017 年 6 月末，储备资产占我国对外总资产的比重由 60.6% 降低到 47.4%。为顺应居民的外汇资产或境外资产多元化配置需求，个人资本交易、证券投资项下资本流出等相关子项目有进一步开放的动力。统计数据显示，2017年上半年，我国对外证券投资（净流出）增加401亿美元，同比多增6%，其中股权投资增加142亿美元，债券投资增加259亿美元。

### 金融危机后人民币国际化迎机遇趁势而为，取得关键进展

在全球金融危机期间，我国周边一些国家和地区出现外汇流动性紧缩的现象；再加上区域内贸易与经济往来便利，使用人民币进行贸易投资结算的需求在我国贸易伙伴当中显著增加，人民币迎来区域化的窗口机遇期。根据《2017人民币国际化报告》统计数据，截至2016年年末，中国人民银行与36个国家和地区的货币当局签署了双边本币互换协议，协议总规模超过3.3万亿元。

因此，需要以区域金融合作和人民币跨境结算使用为先导，带动人民币的跨境金融交易使用，完善境外人民币回流与资产配置渠道。境外使用人民币的规模扩大以及更具弹性的汇率机制，让人民币更加具备投资货币和储备货币的功能与特征。纳入特别提款权（SDR）既是人民币国际化的关键进展，也体现了我国金融改革的积极效果。随着人民币逐渐融入国际货币体系，人民币资产在全球资产配置中的吸引力也相应提高。根据国家外汇管理局的统计数据，2017年上半年境外对我国证券投资净流入206亿美元，同比增长3.5倍。从投资存量看，截至2016年年末，非中华人民共和国居民持有境内人民币金融资产余额为3.03万亿元。

### 治理全球金融周期需要引入人民币，以实现国际储备货币多元化

随着全球金融一体化程度加深，新兴经济体的资产价格、信贷增速以及资本流动总量随着发达经济体货币政策变化而产生共振的情况更为显著。储备货币发行国的货币政策通过金融渠道对其他经济体的影响更为广泛与深入。在全球金融周期作用下，新兴经济体的对内对外政策协调难度和金融体系脆弱性均不断提高。全球金融周期现象的出现与现行国际货币体系

存在的内在缺陷密切相关。以美元为主导的国际货币体系无法从根本上解决"特里芬难题"，储备货币发行国的国内货币政策与其他各国对储备货币的需求仍存在矛盾。

从治理全球金融周期的政策选择来看，从溢入效应的传导渠道入手，可以采用宏观审慎政策体系管理顺周期的信贷增速和企业杠杆率，维护金融稳定。而更加主动和根本性的解决方案是推动人民币参与全球货币体系的优化与重构，从加强区域货币金融合作入手降低对美元的依赖，进而逐步提升人民币在储备货币体系中的地位，减弱美国经济环境变化对我国内外部经济政策选择的掣肘与制约。

## 我国金融开放的新进展评述

### 机制改革视角：汇率形成机制市场化与资本项目开放稳步有序推进

经过多轮市场化改革，人民币汇率逐渐形成以市场供求、一篮子货币汇率以及逆周期调节因子为基础的决定框架，有利于实现汇率双向波动与相对稳定的协调统一，并适度对冲和缓解市场情绪的顺周期波动。自 2005 年人民币汇率开启市场化改革以来，经过多次扩大银行间市场汇率中间价的浮动区间，外汇市场开始进入多重均衡状态，人民币汇率的弹性显著提升。从 2015 年 8 月开始，人民币汇率形成机制引入外汇市场上一日收盘价，后来又逐步添加一篮子货币和逆周期调节因子。更加灵活的人民币汇率形成机制可以有效吸收资本流动与经济基本面变动带来的调整压力，增强国际投资者对人民币资产价值稳定的信心。

在人民币资本项目开放方面，证券市场跨境投资进展较快，已形成合格机构投资者、境内外交易所互联互通以及银行间债券市场直接开放三种不同层次的制度安排。首先，合格机构投资者主体范围与投资额度不断扩大。截至 2017 年 9 月末，共批准合格境外机构投资者（QFII）的投资额度944.94 亿美元，人民币合格境外机构投资者（RQFII）的投资额度5894.56

亿元人民币。其次，沪深港三地交易所联通，构建了内地与香港证券市场双向投资交易的通道，将投资主体拓展到个人。最后，自2016年2月起，我国银行间债券市场向境外机构投资者全面开放。截至2016年年末，共有407家境外机构获准进入银行间债券市场，债券托管余额超过8000亿元。

综合评估目前人民币资本项目开放的程度，从参与主体看，以机构为主的资本流动渠道已打通，个人资本项目还需进一步开放；从市场层次看，证券类项目的境内外二级市场投资渠道开放程度较高，非居民在境内发行证券仍有限制；从资本期限看，长期资本流动比较通畅，短期交易性资本流动也在逐渐放开；从资本流向看，资本流入基本通畅，流出仍受限制。

### 市场开放视角：以互联互通模式开创国内金融市场国际化新局面

从2014年到2016年，将沪深港三地股票市场联结成共同市场的"沪港通""深港通"相继推出上线，以互联互通模式实现了海外产品与投资者"引进来"以及内地产品与投资者"走出去"，提供了国内国际资产布局的高效平台。2016年，沪股通和深股通资金流入总金额1105.5亿元，港股通资金流入276.1亿元。目前投资规模仍较小，随着未来开放区域的扩展，三地市场间的相互影响将更加深入。

随着互联互通的延伸，"债券通"于2017年7月正式运行，为三地共同市场加入定息及货币产品，进一步补充可供投资的人民币资产组合，将在岸与离岸债券市场连成一体。"债券通"的北向通与现有的机构投资者直接投资内地债券市场渠道存在互补关系，可对接多样化的投资者类型与投资需求。"债券通"降低了国际投资者进入内地债券市场的门槛，他们不必深入了解内地市场的制度体系，可沿用目前熟悉的方式进行交易。

互联互通模式联结了各地市场形成区域市场，进而形成国际化市场，用稳步有序的节奏推动金融市场开放。首先，互联互通以对本地市场的制度进行最低程度的改变和相对封闭的设计模式，保证内地资本市场国际化节奏的总体可控性。其次，互联互通既为国际投资者提供投资多样化人民币资产的便利渠道，也为内地居民全球化配置资产提供了新的规范化窗口。再次，互联互通机制助推人民币资产融入国际金融市场，有助于促进在岸离岸人民币金融产品创新和提升流动性，进而完善人民币资产价格发现与风险对冲功能，成为推动人民币国际化的新动力。最后，接触香港资本市场成熟的规则体系以及国际专业机构投资者的投资策略，可以培养出更加成熟专业的内地投资者，促进我国资本市场的监管理念与制度框架更加成熟与国际化。

### 行业准入视角：自贸区试点加大金融服务业对外开放力度

从 2013 年正式建立上海自贸区开始，金融开放试点的步伐不断加快。根据连续更新的四版自贸区外商投资准入负面清单，首先，开放范围显著扩大。2015 年负面清单仅适用于上海、广东等四个自贸区，而 2017 年版已覆盖全国范围内 11 个自贸区。其次，限制与约束大幅减少。截至 2017 年11 月，限制性措施总数从最初的 190 项削减至目前的 95 项。再次，对金融业的要求更加具体和透明。2017 年 6 月上海自贸区推出了针对区内金融业的对外开放负面清单指引，细化了包括金融租赁、货币经纪、银行卡清算、金融信息服务等宽口径金融服务业的分类开放政策，提出了关于外商投资的股东资产总额、资本金规模、经营业绩、控股比例等 10 个类别的管理措施。最后，很多国家均对本国国有金融机构设有一定程度的特殊保护，而我国并没有设置相关保护条款。

上海自贸区的金融服务业对外开放负面清单首次以完整、透明、细致的政策体系为外资进入金融业各个子行业提供了明确指引，但是在开放程度选择上仍较为谨慎。例如，在股权限制方面，跨太平洋伙伴关系协定中关于马来西亚和新加坡都只有两项相关条款，美国有一项条款，澳大利亚、加拿大和日本均未设置任何限制，而我国 2017 年版外资准入负面清单中有六项相关条款。通过国际比较可见，发达经济体的金融业普遍开放程度较高，而新兴市场国家在本地化经营、股东资质等方面存在诸多限制，我国相比发达经济体的金融业开放水平仍存在一定差距。

# 我国金融开放的趋势展望

## 继续推动人民币国际化需要进一步深化相关机制改革

资本项下证券投资与资本流出限制的继续放开，便利境内资本的国际化配置以及中国企业的全球化布局。一方面，人民币资产的需求提升，要求境内资本市场进一步与国际接轨，使得海外人民币回流机制更顺畅；另一方面，境内企业与个人跨境投资的规模不断扩大，金融机构服务跨境投资的需求逐渐增加。可见，为了便利人民币资本跨境流动，需要进一步放开资本项下证券投资与资本流出的限制，配合人民币国际化的稳步推进。

可逐渐降低美元在人民币汇率形成机制中的影响，提高一篮子货币所起到的锚定作用，在汇率中间价决定机制中引入反映宏观经济基本面的指标。我国对外贸易投资多地区、多元化、多伙伴的现实要求人民币汇率形成机制更多参考一篮子货币，这样可以进一步增强人民币对一篮子货币的汇率稳定性。随着汇率弹性逐渐增大，对外汇市场波动的容忍度也应随之提高，尽量减少使用干预手段调节汇率。基于市场预期的分化，人民币汇率双向波动常态化，这本身反映了汇率水平更加接近均衡。应逐渐引导市场主体树立汇率风险意识，利用风险对冲工具管理汇率风险。

## 从全球视角提升人民币资产的配置价值需要进一步延伸与拓展国内国际金融市场联通

扩展境内外交易所联通范围与资产类别，以互联互通模式促进境内金融市场与国际对接，为人民币资产提供更优质的风险定价平台，提升人民币的投资货币属性。从产品类别看，可以从目前的股票与债券品种延伸到大宗商品、股票和货币衍生品、人民币利率产品以及其他风险管理工具，满足投资者对冲其跨境投资组合风险的需要。从市场深度看，围绕沪港通、深港通、债券通提供风险管理、信用评级、投资咨询等服务的专业机构将获得发展动力，为金融市场的深化带来新空间。从联通范围看，可考虑逐渐将合作范围扩大至纽约、伦敦、法兰克福等金融中心的交易所，实现境

汇率改革：稳步推进人民币国际化进程

内金融市场由区域化走向全球化。金融市场的双边开放将带来人民币跨境金融交易的增加，人民币的投资货币属性更为显著。

在交易结算货币和投资货币属性的基础上，提升人民币的储备货币属性。随着人民币储备货币的角色逐渐被认可，有更多央行把人民币作为其储备资产。2017年上半年，欧洲央行共增加等值5亿欧元的人民币外汇储备，新加坡、俄罗斯等60多个国家和地区将人民币纳入外汇储备。丰富以SDR计价、人民币结算的产品，有助于扩大SDR的使用，提升人民币以及SDR计价资产的市场规模和流动性，促进其他国家增持人民币作为储备货币。2016年8月，全球首只以SDR计价、人民币结算的债券（木兰债）由世界银行在我国银行间债券市场成功发行，合计额度20亿元SDR。

**为促进国内金融机构提升经营效率，需要进一步开放金融业外资准入**

从提升行业效率的视角来看，外资机构的进入将促使国内金融行业对齐国际标准优化业务模式、治理体系以及市场建设，有助于提升金融部门整体的全球竞争力。从服务实体经济的视角，外资金融机构"引进来"可以为我国企业"走出去"提供更便利的境内外金融服务，降低企业国际化发展的经营成本与资金成本，发挥人民币在跨境投融资方面的优势作用。"一带一路"倡议的实施将带来大量跨境金融合作机会，也为我国金融业对外开放提供新的动力与机遇。

十九大报告提出："全面实行准入前国民待遇加负面清单管理制度，大幅度放宽市场准入，扩大服务业对外开放。"从自贸区金融业准入负面清单来看，目前仍存在包括持股比例、业务范围、股东资质在内的多方面限制。首先，从降低准入门槛的角度，可以进一步压缩负面清单内容，重点削减持股比例与股东资质的限制条款，缓解外资机构面临的政策约束；其次，从转变管理思路的角度，可以由强调事前审批全面转向备案管理、事后监测，用宏观审慎管理逐步替代准入要求及业务限制；最后，从推广改革经验的角度，可以一方面增加自贸区试点，另一方面根据各地差异化的经济金融发展水平采用多层次的开放政策框架，在强调金融监管的前提下全面深化金融业的开放。

**为加强在金融开放过程中的风险管理，需要进一步完善宏观审慎政策架构**

金融风险的跨国传导为我国的金融开放带来了不可忽视的外部风险。2008 年的金融危机表明，资产价格、信贷总量等金融因素的大幅震荡可能通过金融系统对实体经济产生巨大影响，只有处于相对平稳阶段的金融周期才有利于经济增长和金融稳定。而金融周期的跨国扩散使得我国金融体系被动承受外部金融波动带来的溢出效应，并且削弱了我国经济政策的有效性。

全球金融周期主要通过跨境资本流动传导外部冲击，在通过宏观审慎框架管理企业与金融机构行为的同时，注重利用较为平衡的市场机制调节短期资本流动。已有研究表明，金融周期主要通过国际银行系统间的总资本流动进行国际传染。从控制传导渠道的角度，可以对金融机构的杠杆水平实行更有效的逆周期管理与调节，从而控制金融机构对外部冲击的放大效应。资本管制措施无法从根本上解决外部金融波动带来的影响，反而还会造成投资者恐慌，有可能引发更严重的资本外流与货币危机。提升我国金融体系的整体稳健性，配合灵活的汇率制度与政策沟通引导，有助于有效缓解外部冲击，调节跨境资本流动。

# 拓展开放条件下的人民币监测体系：国内协同与国际合作 [1]

货币的国际化会不断加强原来相对分割的不同地区的金融市场的互动性，人民币的国际化将推动金融机构的国际化业务不断扩张，同时国内金融市场和国际市场的互动和联系也会随之增强。这就对监管协作提

---

[1] 本部分来自于《今日头条》2017 年 8 月 23 日，原题目为《人民币国际化促进宏观金融政策转型》。

出了更高的要求。

人民币境外流通规模虽然目前看来并不大，但是从趋势上看正在快速扩大。海外人民币市场规模的扩大，客观上要求传统的局限于国内市场的人民币监测体系能够进一步延伸到海外市场，否则，国内货币政策的制定就会缺乏完整的判断依据。

目前看来，可以从如下几个方面来拓展新的人民币监测体系。

一是进出口贸易的海关统计。在人民币国际化的初级阶段，在跨境贸易中充当支付媒介和计价单位仍然是推进人民币国际化的重要动力。

二是积极与周边国家建立开放的贸易结算机制。

三是将人民币的跨境流通纳入商业银行体系，建立国际化的支付清算系统，扩大系统覆盖的范围。

四是人民币国际化的进展需要加强金融监管的国际合作。

十九大报告指出："我国经济已由高速增长阶段转向高质量发展阶段，正处在转变发展方式、优化经济结构、转换增长动力的攻关期。"这就需要围绕人民币国际化的主线，扩大金融对外开放范围，从经济全球化进程中汲取提升我国经济发展质量的新动力。一方面，高水平的贸易和投资自由化政策环境可以便利我国企业创新技术与提升资源的国际化布局，助推企业逐渐迈向全球产业链的中高端，直接改善我国产业结构以及提升经济效益；另一方面，加快融入全球金融体系可以提升我国金融部门服务实体经济的效率，通过优化资源的国际化配置提高我国经济发展的全要素生产率。在金融开放的过程中还需同步构建更加稳健的宏观审慎管理框架，控制外部金融波动可能对我国产生的不利影响。

（郑子龙参与本文的起草与讨论，本文发表于《金融时报》2017年11月7日，原题目为《新时代人民币国际化进程中的我国金融开放：逻辑、进展与趋势》。）

## 参考文献

[1] 管涛 . 汇率的本质 . 北京：中信出版社，2016.

[2] 国家外汇管理局 . 2017 年上半年中国国际收支报告，2017.

[3] 李稻葵，梅松 . 美元 M2 缩紧诱发世界金融危机：金融危机的内外因论及其检验 . 世界经济，2009 年第 4 期：15-25.

[4] 王道平，范小云 . 现行的国际货币体系是否是全球经济失衡和金融危机的原因 . 世界经济，2011 年第 1 期：52-72.

[5] 王喆，叶岚 . 金融服务业推行负面清单管理模式研究 . 经济纵横，2015 年第 1 期：87-91.

[6] 杨嬡，赵晓雷 .TPP、KORUS 和 BIT 的金融负面清单比较研究及对中国（上海）自由贸易试验区的启示 . 国际经贸探索，2017 年第 4 期：69-81.

[7] 张明 . 次贷危机对当前国际货币体系的冲击 . 世界经济，2009 第 6 期：74-80.

[8] 周小川 . 关于改革国际货币体系的思考 . 中国金融，2009 年第 7 期：8-9 页 .

[9] 周小川 . 金融服务业受益于对外开放 . 中国金融家，2017 年第 7 期：16-17.

[10] 周小川 . 共商共建"一带一路"投融资合作体系 . 中国金融，2017 年第 5 期：6-8.

[11] 中国金融四十人论坛 .2017 径山报告：积极、稳健推进中国金融开放，2017.

[12] 中国人民银行 . 人民币国际化报告（2017），2017.

# 金融科技：发展大数据、区块链与人工智能

# 大数据风控的现状、问题及优化路径

    在互联网技术和信息技术的推动下，大数据在金融行业的风控中获得了引人注目的进展，但是在实际运用中其有效性还需进一步提高。当前大数据风控有效性不足既有数据质量的障碍，也有大数据风控的理论性障碍，还有数据保护的制度障碍。消除这些障碍，提高大数据风控的有效性，需要金融企业、金融研究部门和政府监管部门的共同努力。

    大数据已经渗透到了世界的各个角落，包括从商业、科技到医疗、教育、经济、人文等社会其他各个领域。早在 1980 年，阿尔文·托夫勒（Alvin Toffler）在《第三次浪潮》一书中就预言大数据将成"第三次浪潮"。奥巴马政府将大数据定义为"未来的新石油"。凯文·凯利（Kevin Kely）认为所有的生意都是数据生意。2013 年的互联网金融将"大数据"推向了新的高度。金融的核心是风险控制，将风控与大数据结合，不断完善和优化风控制度和体系，对于互联网金融企业和传统金融企业而言都同等重要。

## 大数据风控发展迅速，但有效性不佳

    在应用层面，金融行业利用大数据进行风控已经取得了一定的成效。使用大数据进行风控已成为美国等发达国家互联网金融企业的标准配置。美国金融科技公司 ZestFinance 开发的 10 个基于学习机器的分析模型，对每位信贷申请人的超过 1 万条原始信息数据进行分析，并得出超过 7 万个可对其行为做出测量的指标，而这一过程在 5 秒钟内就能全部完成。为网上商家提供金融信贷服务的公司 Kabbage 主要目标客户是易贝（eBay）、亚马逊（Amazon）、PayPal 等电商，其通过获取这些企业网店店主的销售记录、信用记录、顾客流量、评论、商品价格和存货等信息，以及他们在脸书（Facebook）和推特（Twitter）上与客户的互动信息，借助数据挖掘技术，把这些店主分成不同的风险等级，以此来确定提供贷款金额数量与贷款利率水平。

中国互联网金融企业对于大数据风控的运用也如火如荼。阿里巴巴集团推出了面向社会的信用服务体系芝麻信用，芝麻信用通过分析大量的网络交易及行为数据，对用户进行信用评估，这些信用评估可以帮助互联网金融企业对用户的还款意愿及还款能力做出结论，继而为用户提供相关的金融和经济服务。腾讯的微众银行推出的"微粒贷"产品，其风控核心是，通过把社交大数据与央行征信等传统银行信用数据结合，运用社交圈、行为特征、交易、基本社会特征、人行征信五个维度对客户进行综合评级，运用大量的指标构建多重模型，以快速识别客户的信用风险。

对于大数据风控的理论研究尚处于萌芽阶段，本文以"大数据风控"为主题在中国知网（CNKI）数据库进行搜索，与此相关的文献数量可以从侧面反映大数据风控的理论研究现状。

CNKI 数据库中以"大数据风控"为主题的文献共 46 篇（截至 2016 年 2 月统计数据）。在这些文献中，以报道性的文章较多，重要报纸全文库和特色期刊总共为 23 篇，占比 50%；而理论研究的文章较少，中国学术期刊总库为 12 篇，占比 26%；尚没有中文社会科学引文索引（CSSCI）2014—2015 年的来源期刊（见图 1）。

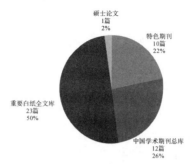

**图 1　CNKI 数据库与大数据风控相关的文献数量和分类**

**（截至 2016 年 2 月）**

资料来源：作者根据相关数据自行整理

　　虽然大数据风控在实践上已经有所进展，但是其有效性也受到一些挑战。例如，以大数据风控为基石的 P2P 平台就频频暴露问题，对于 P2P 平台来说，由于其纯线上操作的特点，大数据风控的有效性是决定其经营状况的重要因素，如果大数据风控有效性较差，则面临的坏账压力较大，容易出现提现困难甚至跑路的问题。

## 当前大数据风控有效性不足的原因分析

　　一些学者对于大数据风控的有效性问题进行了研究。王强[1] 指出了当前个人大数据征信的问题：一是数据的真实性，二是数据收集的法律障碍，三是坏账的不可预测性的问题[1]。甚至有作者认为大数据风控是无效的，陈宇[2] 援引各种证据认为大数据风控是无效的。总体而言，当前大数据风控有效性欠佳的原因主要有以下几个方面。

---

[1]　王强 . "垃圾进垃圾出"：大数据征信的难题 . 财新网，2015-04-23.

[2]　陈宇 . 风吹江南之互联网金融 . 上海：东方出版社，2014(06)：234-240.

## 数据的质量问题

当前大数据风控的有效性欠佳，其首要原因就是数据的真实性不高，数据包括社交数据和交易数据两个方面。

一是社交数据的真实性问题。美国 P2P 公司 Lending Club 和 Facebook 合作获取社交数据，中国宜信 [1] 也曾大费周折地收集借款人的社交数据，最后两者得出的结论都是社交数据根本就不能用。美国很多大数据征信公司的信息错误率高达 50%。

二是交易数据的真实性问题。当前许多电商平台的刷单现象非常严重，这将导致交易数据严重失真。随着网购的火爆，有关电商平台刷单的报道屡见报端。电商刷单有两种方式：一种是商家找所谓的消费者进行刷单。卖家买快递单号，其收件人和寄件人与实际的买家、卖家不一致。另一种是快递公司发空包，但快递公司并未完成配送，而是帮助商家完成平台上的物流信息。

## 大数据风控的理论有效性问题

从信息技术（IT）层面论证大数据风控的实践性案例已经很多，但是在经济金融的理论层面，大数据风控还面临一些问题需要解决。

一是金融信用与社会信用的相关性不确定。目前大数据主要来源于互联网，而人们在网络中的表现并不能完全反映其真实的一面。相同的人群在不同场合呈现的特征是不一样的，尤其是目前人们在线上、线下割裂的状态，其行为方式往往会出现强烈的反差。例如有些人不善交际，却将自己做的美食展示在微博上，吸引大量关注，粉丝暴增。因此网络并不能确切地证明某人社交圈子的真伪，也就是说互联网的数据很难还原用户现实

---

[1] 公司创建于 2006 年，通过大数据金融云、物联网和其他金融创新科技，为客户提供个性化的财富管理和金融科技服务。

中的信息。

二是大数据对于"黑天鹅"事件的滞后性。在现实世界，总会出现不可预测的"黑天鹅"事件，一旦出现则有可能冲击大数据风控模型的基本假设，进而影响大数据风控的有效性。大到美国的次贷危机，小到个人意外事件的发生，在某种程度上大数据风控是无法预测的，但这些事件的发生，对宏观经济和微观主体都会产生重大的影响[1]。例如，2008 年美国次贷危机后产生了一种"策略性违约"行为，即贷款主体本身有能力还款，但是其在房价远低于贷款总额的时候，重新购买一套房子，并对之前的房贷断供，以此方法进行"套利"。虽然此类违约者会因此有不良信用记录，但是这对信用报告的影响有限，因为违约者其他的债务仍按期偿还。而大数据对这种突变事件的预测能力则非常有限。

**大数据收集和使用的制度问题**

在数据收集和使用的过程中也面临着合法使用的问题。如何高效、适度地开发和使用大数据，不仅仅是一个技术问题，也是一个社会问题，这些泄露的数据大量流入数据黑市，造成了用户安全、企业安全甚至国家安全方面的连锁反应。数据的收集和使用在很多时候都没有征得数据生产主体的同意，这导致了数据的滥用和隐私的泄露。

近年来，个人数据泄露事件频频发生，因个人数据泄露而造成损失的新闻屡见报端。猎豹移动安全实验室发布的《2015 年上半年移动安全报告》显示，截至 2015 年上半年，猎豹共监测到 496 起数据泄露事件，影响超过544 万人。2015 年 10 月 19 日，乌云网发布消息称，网易的用户数据库疑似泄露[2]。

---

[1] 陈宇.风吹江南之互联网金融.上海：东方出版社，2014(06)：234-240.

[2] 梁宵.企业数据安全"乌云"密布：难以估量的"未来"危机.中国经营报，2015-11-01（6）.

数据安全也将越来越多地将企业推向风口浪尖。上海汉均信息技术有限公司发布的《2005—2014年全球泄密事件分析报告》显示，十年间，在全球泄密事件中，我国泄密事件数量占比为58.5%，其中高频发地域主要是东部沿海经济较发达、产业格局以高技术含量为主的一二线城市（见图2）。威瑞森（Verizon）发布的《2015年数据泄露调查报告》覆盖95个国家，其中有61个国家出现了安全问题，涉及79790个安全事件(security incident)，超过2000(2122)个确认的数据泄露(data breach)事件。

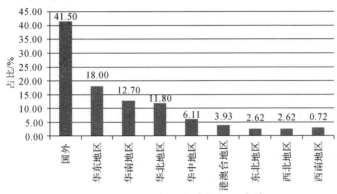

图2　2005—2014年国内外数据泄密情况

资料来源：上海汉均信息技术有限公司《2005—2014年全球泄密事件分析报告》。

## 提高大数据风控有效性的路径

尽管大数据风控的有效运用尚存在诸多障碍，但这并不能成为大数据风控无效的理由。因为对于数据这个资源的挖掘尚处于初级阶段，需要在消除障碍、解决问题中前行，这是大数据风控发展的必然趋势。有效扫除当前大数据风控的障碍需要各方面的共同努力，其中金融企业、金融研究部门和政府监管部门的角色尤为重要。

对于金融企业而言，要从基础数据上保证客户数据的多样化、连续性和实时性，确保数据真实可靠。对于金融研究者而言，可从经济学、数学等多个角度综合论证大数据风控的有效性，为大数据风控提供理论支持。对于政府监管部门而言，需要从法律制度、会计制度等方面进行建设，构建数据合理运用的良好环境体系。

**对于金融企业而言，要构建多样化、连续性和实时性的基础数据库**

一是多维度地收集数据，以实现互联互通，打破数据的孤岛。美国征信系统的完善是因为美国政府对其拥有的大数据资源的开放程度日益透明化。目前我国的大数据风控系统还没有实现互联互通，阿里、银联、平安、腾讯以及众多的 P2P 公司，都是各自为政，P2P 公司拿不到央行的数据，几家大的互联网平台也没有相关大数据。因而，各金融企业要在建立互联互通机制、打破数据孤岛方面进行信息分享，从而能多维度地收集数据，确保数据之间能够相互验证 [1]。

二是从供应链交易环节获取数据。获取真实数据最好的途径就是要切入客户的交易环节，尤其是稳定可持续的交易环节，即供应链。一方面，经过了几十年的发展，当前的供应链都有一套完整的上下游进入和退出机制，数据的真实性对于核心企业而言至关重要，因而这些数据非常可靠；另一方面，这些数据和数据维度对于供应链中的企业评价是可靠的，金融企业可以此为基础，加上自身的风险控制经验，构建一套全新的基于数据的信用评价机制。

三是积极布局"物联网 +"。物联网覆盖了产品生产、交易和使用的环节，因而互联网只是物联网的一部分。在物联网下，不仅要获取交易环节的数据，更重要的是获取生产环节和使用环节的数据。因而，金融企业要积极布局"物联网 +"，为获取更为全面的数据打下基础。例如，企业机器运行数据，可以收集客户汽车驾驶数据，可穿戴设备反映的身体状况数据，等等。这

---

[1] 朱剑红 . 打破信用信息"孤岛"（政策解读）人民日报 ，2015-06-26(02).

些数据都是大数据风控不可或缺的部分。

**对于金融研究部门而言，可从经济、金融等多个角度综合论证大数据风控的有效性，为大数据风控提供理论支持**

当前对于大数据风控模型的构建大多是从技术的角度探讨的。但是，从经济、金融角度进行的探讨亟待加强，不同的经济假设会使模型推导的结果产生截然不同的变化。因而，从经济、金融等角度对大数据风控进行有效性的研究就显得很有必要。比如大数据风控如何顺应经济周期的变化，如何从统计上论证过去的数据对于未来行为判断的准确性，如何解决道德风险所带来的不确定性。例如，唐时达（2015）提出要把数据提升至与传统抵质押品同等重要的高度，建立"数据质押"风控体系[1]。

**对于政府监管部门而言，要推动和完善与数据相关的制度建设**

首先是加强法律制度的建设，对数据的收集和使用予以法律上的保护。我国对于数据保护的制度性举措散见于多部法律中，如宪法、刑法、侵权责任法等，多是以保护个人隐私、通信秘密等形式出现，尚缺乏一部数据保护的专门性法律。这导致了数据的法律边界不明，数据保护法律的操作性不强，数据保护执法机制滞后等问题，制约了数据收集和运用的发展。对此，最理想的状况是出台一部《信息保护法》。在完善个人信息保护法律制度的道路上，应出台《个人信息保护法》，明确国家机关、商家和其他法人、自然人掌握个人信息的边界和使用的范围[2] [3]。齐爱民、盘佳认为要构建数据主权和数据权法律制度[4]。2014 年 10 月最高人民法院颁布的《关

---

[1] 唐时达，李智华，李晓宏．供应链金融新趋势．中国金融，2015（10）：40–41.

[2] 叶文辉．大数据征信机构的运作模式及监管对策——以阿里巴巴芝麻信用为例．海南金融，2015（7）：66–68.

[3] 韩天琪．个人信息保护圈如何划．中国科学报，2014-11-02(5).

[4] 齐爱民，盘佳．数据权、数据主权的确立与大数据保护的基本原则．苏州大学学报(哲学社会科学版)，2015（1）：64–70.

于审理侵害信息网络传播权民事纠纷案适用法律若干问题的规定》（以下简称《规定》）就是此领域的进展之一，《规定》首次明确了个人信息保护的范围。

其次是会计制度建设，对数据资产予以明确的计量。随着数据重要性的提升，数据列入企业资产负债表只是时间问题，数据将和土地、劳动力、资本一样，成为一种生产要素（Viktor Mayer-Schönberger）。越来越多的理论界和实务界的研究者都倾向于认为数据将成为个体的财产和资产。2012年达沃斯世界经济论坛发布的《大数据，大影响》报告认为，数据已经成为一种新的经济资产类别。姜建清在2014年达沃斯世界经济论坛上发表的观点认为个体的数据其实就是个体财产的一部分，没有经过本人同意不应该被滥用。因此，需要建立相应的会计制度对数据价值进行科学有效的评估。有学者对此进行了初步研究，例如，刘玉（2014）从会计的角度对数据的资产可行性进行了分析，探讨了数据资产的计量方法，研究了大数据资产的折旧、披露等问题[1]。

（侯畅、唐时达参与本文的起草与讨论，本文发表于《金融理论与实践》2016年第2期）

---

[1] 刘玉.浅论大数据资产的确认与计量.商业会计，2014（18）：3-4.

# 金融科技的发展历程与核心技术

金融科技基于大数据、云计算、人工智能、区块链等一系列技术创新，全面应用于支付清算、借贷融资、财富管理、零售银行、保险、交易结算等六大金融领域，实现金融＋科技的高度融合。金融科技涉及领域广泛，应用场景多元，本文重点介绍人工智能、区块链这两大核心金融科技在智能投顾、数字货币、保险业领域的应用。

12 世纪之前，欧洲还处在自给自足的农业经济时代，日常交易主要通过物物交换达成。13 世纪开始随着城市的形成，商品贸易活动逐渐集中繁荣，催生了货币体系的构建。此后威尼斯建立的资金清算所，使得地区硬币运输减少，交易成本下降。同时威尼斯开始采用的新的大面额的纯银铸币，成为货币流通使用的标准，城市与商贸的繁荣催生了以货币为核心的金融体系的建立。18 世纪 60 年代英国爆发的第一次工业革命，使得其生产能力发生了质的飞跃，债券、银行以及券商体系随之诞生，实现了全国资金融通。无论是从前还是现在，金融工具的变革都是金融体系变革的必要条件，从海外市场的角度看，金融科技（Financial Technology，简称 Fintech）更专注于科技（Technology）。而 Financial 更多的是表达科技所运用的领域。我们有理由相信金融创新能够推动产业发展，而技术则是金融科技发展的关键。一言蔽之，金融科技是将科学技术应用于金融行业，服务于普罗大众，降低行业成本，提高行业效率的技术手段。

# 金融科技的过去和现在

从信息技术（IT）对金融行业的推动和变革角度来看，至今为止金融科技经历了三大发展阶段。

第一阶段为金融 IT 阶段：主要是指金融行业通过传统的 IT 软硬件来实现办公和业务的电子化，提高金融行业的业务效率。IT 公司并不参与金融公司的业务环节，IT 系统在金融公司体系内属于成本部门。代表性产品包括自助取款机（ATM）、POS 机、银行的核心交易系统、信贷系统、清算系统等。

第二阶段为互联网金融阶段：金融业搭建在线业务平台，通过互联网或者移动终端渠道汇集海量用户，实现金融业务中资产端、交易端、支付端、资金端等任意组合的互联互通，达到信息共享和业务撮合，本质上是对传统金融渠道的变革。代表性业务包括互联网基金销售、P2P 网络借贷、互联网保险、移动支付等。

第三阶段为金融科技阶段：金融业通过大数据、云计算、人工智能、区块链等最新 IT 技术，改变传统金融的信息采集来源、风险定价模型、投资决策过程、信用中介角色等，大幅提升传统金融的效率，解决传统金融的痛点。代表技术如大数据征信、智能投顾、供应链金融等。

经历了上述三个发展阶段后，许多研究通过风投融资额来判断 Fintech 领域在全球的发展现状。从不同的地域来看，Fintech 的发展以北美为主导，欧洲与亚洲紧随其后，三大洲几乎占据了所有的 Fintech 市场。在过去的五年间，三大洲 Fintech 投融资规模从 2014 年开始暴增，2015 年，北美、欧洲、亚洲地区风投驱动下的融资额分别为 77.0 亿美元、14.8 亿美元、45 亿美元，同比增长 75.00%、33.33%、309.09%。截至 2016 年 6 月，全球共有超过 1362 家 Fintech 公司，来自 54 个国家和地区，融资总额超过 497 亿美元。埃森哲的研究报告表明，全球金融科技产业投资在 2015 年增长 75% 至 223 亿美元。

美国纳斯达克和精品投资银行 KBW 携手推出了 KBW Nasdaq 金融科技指数 KFTX，该指数共 49 只成分股，全部市值约为 7850 亿美元，占美国国内股票市值的 4%，这也是第一只仅包含在美国上市的金融科技公司的指数，预示着该行业越来越受到全世界的关注。中国金融科技的发展尤其迅猛，2015 年中国金融科技行业增长 445%，接近 20 亿美元。中国人民银行也表示将考虑应用数字货币并着手开始研发相应技术。

从业务类型发展来看，行业内 Fintech 公司大部分是以支付和借贷为主要业务，根据澳大利亚金融科技风投公司 H2 Ventures 公司与毕马威（KPMG）公司发布的《2015 年金融科技 100 强》报告中的数据统计，主营业务为借贷或者支付的公司占据了 69%。从知名大数据调研机构 CB INSIGHTS 网站上获得的国外估值前 10 家 Fintech 独角兽公司主要业务情况数据也可以看出，在估值排名前十的公司中，以贷款或支付为主要业务的公司占到了 80%。由于支付和借贷是人们使用金融的基础需求，加上网络借贷和移动支付提升了传统金融的便利程度，预计在 Fintech 金融领域之中，支付清算以及借贷融资或将成为 Fintech 初创公司打开市场并累积客户数的途径之一。

## 金融科技的核心技术

从金融的功能角度来说，金融的核心是跨时间、跨空间的价值交换，所有涉及价值或者收入在不同时间、不同空间之间进行配置的交易都是金融交易。然而人工智能以及区块链是基于大数据和云计算，在时间和空间上加速推动金融科技发展的两大核心技术。

区块链是从空间上延展了消费者支配价值的能力。区块链最初为人所知是因为它为数字货币底层的核心技术，包括守恒性、不可篡改和不可逆性。区块链诞生的那一天创造了一种数字货币，它可以借助区块链点对点地进行支付和价值转移，无须携带，持有这种数字货币的人一样可以得到区块链跨越空间进行价值传递的好处。相当于自己通过技术手段在空间上到了异地，直接掌控钱包和个人保险箱。另外，区块链还可以解决因通过中介交换价值而产生的信息不对称的问题，比如通过区块链设计事后点评的智能合约，将所有实名消费记录记载在区块链上。如果签署的差评多到一定程度，就可以通过智能合约发布商家事先私钥签名的含有退赔、召回、道歉等具体内容的声明，这样的技术手段可以真正做到由消费者而非中介来直接掌控交易信息。

人工智能正在提升价值跨时间使用的能力，证明时间就是金钱的这一说法。人工智能能够在以下三个方面"跑赢"时间。

首先是快速吸收信息，将信息转化为知识的能力。人工智能在对文本、语音和视频等非结构化信息的获取方面出现了较大飞跃，人类手工收集、整理、提取非结构化数据中有用信息的能力已不如人工智能程序。特别是文本信息，在自然语言处理和信息提取领域，这样的技术不仅限于二级市场的量化交易，对一个公司上市前各融资阶段或放贷对象的基本面分析乃至在实体经济中对产业生态和竞争格局的分析等都可以使用这样的技术来争取时间优势。

其次是在领域建模和大数据分析基础上预测未来的能力。时间最本质的属性就是其不可逆性。未来是不确定的，但又是有规律可循的。基于知识图谱的领域建模、基于规模化大数据的处理能力、针对半结构化标签型数据的分析预测算法三者的结合，是人工智能在时间维度上沟通过去和未来，减少跨越时间的价值交换带来的风险的优势所在。

再者是在确定的规则下优化博弈策略的能力。价值交换领域充满了博弈，博弈皆须解决局势判断和最优对策搜索两个基本问题。人工智能可以比人更充分地学习有史以来的所有公开数据，可以比人更充分地利用离线时间，采用左右互搏的方式来增强学习效果，还可以使几万台电脑共同协作，相对于几万人的协作而言不存在人类面对利益时的考量以及各种不淡定乃至贪婪的表现，所以人工智能在博弈环节的普遍应用也是一个必然的趋势。

# 金融科技核心技术应用场景探索

金融科技核心技术的实操水平决定了 Fintech 企业的核心竞争力，大数据思维主导了 Fintech 行业的发展方向。人工智能和区块链作为金融科技的核心技术，目前已经在很多可应用的场景崭露头角。新业务模式、新技术应用、新产品服务对金融市场、金融机构以及金融服务供给产生了重大影响，但其与传统金融并不是相互竞争的关系，而是以技术为纽带，让传统金融行业通过摈弃低效、高成本的环节从而形成良性生态圈循环。传统金融机构是否能成功转型或是金融科技公司能否具备行业竞争力，取决于其是否能够研发出自己的核心技术并且让核心技术与金融环境相结合而使金融服务更高效。从具体应用上看，金融科技核心技术目前在如下领域已经开始成熟且逐渐延伸。

### 人工智能的应用场景之一：智能投顾、量化投资

对标全球，世界最大的对冲基金桥水在 2015 年组建了一个新的人工智能团队。Rebellion Research 运用机器学习进行量化资产管理，于 2007 年推出了第一只纯投资基金。2016 年 9 月末，安信证券开发的 A 股机器人大战 5 万投资者的结局揭晓，从 6 月 1 日至 9 月 1 日的三个月里，机器人以 24.06%（年化 96%）的累计收益率战胜了 98% 的用户。机器人运作模式是先从基本面、技术面、交易行为、终端行为、互联网大数据信息、第三方信息等衍化成一个因子库，属于数据准备过程。之后将因子数据提炼生成训练样本，选取机器学习算法进行建模训练，最后保留有效因子生成打分方程输出组合。机器人大数据量化选股较人类智能而言，更偏向从基本面、技术、投资者情绪行为等方面挑选因子，对 IT 技术、数据处理技术的要求较高。另外人工智能还能够自动搜集企业公告、上百万份研报、维基百科等公开知识库等，并通过自然语言处理和知识图谱来自动生成报告，速度

可达 0.4 秒 / 份，60 分钟即可生成全市场 9000 份新三板挂牌公司报告，在时空上的优势由此得以体现。

### 人工智能的应用场景之二：信用卡还款

截至 2015 年年末，全国人均持有银行卡 3.99 张，现代消费模式中人们已习惯了通过信用卡或者手机绑定信用卡进行消费。一人多卡的现象有时会让持卡人忘记按时还款，逾期不还款的高额滞纳金会让用户产生损失。此类情况下人工智能能够将用户所有的信用卡集中管理，帮助用户在不同的还款期内合理安排资金，以支付最少的滞纳金。若账户没有余额的情况发生，开发公司会提供比信用卡公司利率更低的贷款，帮助用户还信用卡账单。

### 区块链的应用场景之一：数字货币

瑞银、德银、花旗等许多银行都已着手开发自己专用的数字货币。领先的比特币支付处理商 Snapcard 与格鲁吉亚共和国最大的支付服务提供商之一的 UniPAY 达成了战略合作伙伴关系，整合 Snapcard 的数字货币支付处理技术，并将为商家和用户提供一种新型支付选项，除了可以使用比特币支付以外，还可使用莱特币、狗狗币等其他数字货币，商家和用户还能将这些数字货币兑换成当地货币。未来数字货币或将通过其交易效率高、交易成本低的优点代替现金以及信用卡。

### 区块链的应用场景之二：保险业规避传统保单中的信息不对称风险

阳光保险推出的"区块链 + 航空意外险卡单"，是国内首个将区块链技术应用于传统的航空意外险保单业务中的金融实践。传统的航空意外险对于普通投保人一直存在着显著的信息不对称问题，这也造成了航空意外保险一直是保险中介"上下其手"的"重灾区"。区块链技术正好可以解决中介环节中信息不对称性问题。保险公司、航空公司、客户依托区块链技术多方数据共享的特点，可以追溯保单从源头到客户流转的全过程，各方不仅可以查验到保单的真伪，确保保单的真实性，还可以进行自动化的后续流程，比如理赔等。区块链作为一项分布式共享记账技术，利用统一共识算法构建不可篡改的数据库系统与保障机制，结合传统保险诸多环节形成资产数据流，使保险产品自动"流动"起来，减少了由于信息不对称造成的成本与道德成本。此外区块链航空意外险卡单设立在区块链上，没有中间商，保险卡单价格会很明显地降下来，还可以防止保险产品被中间商抬高价格后转嫁到消费者身上。

**区块链的应用场景之三：其他领域**

区块链在其他领域的应用场景可概括为三大类：一是登记，区块链具有可追溯的特点，是记录各种信息的可靠数据库，可在客户信息登记领域广泛使用。二是明确产权，区块链数据共享的特点使得各个机构和个人均可参与整个系统的运作，每个参与节点都能获得一份完整的数据库资料。三是智能管理，区块链"去中心化"的特点可以使智能合同自动执行合约条款。在各个领域的应用可归结在表 1 中。

表 1　区块链技术分布式账本在登记与明确产权等方面的应用

| 分类 | 实　　例 |
| --- | --- |
| 公共记录 | 土地和房产证、车辆登记证、营业执照、结婚证、死亡证 |
| 证件 | 驾驶证、身份证、护照、选民登记证 |
| 私人记录 | 借据、贷款合同、投注、签名、遗嘱 |
| 证明 | 保险证明、权属证明、公证文件 |
| 实物资产 | 豪宅、汽车租赁、酒店客房 |
| 无形资产 | 专利、商标、版权 |

资料来源：Ledra Capital Mega Master 的区块链清单，中国上市公司研究所。

此外，金融科技核心技术能否促使金融行业健康发展，与监管模式是否创新也息息相关。对比西方国家，初创公司和大型金融机构均在政府的监管要求下不断地进行创新和探索。反观国内，"行业自律先行—政府监管跟上"的监管发展路径也许在某种程度上有利于促进创新，不会将金融创新扼杀在摇篮中，但探索监管的创新模式也需要和行业发展齐头并进，清晰的监管体系或许能够让行业创新保持可持续发展。希望金融科技初创公司或是传统金融机构能够在健康的监管环境下，适当借鉴西方国家的创新概念将应用场景落地，缩短中西方行业发展的差距，使国内金融行业更加高效、便捷、安全、利民。

（白海峰参与本文的起草与讨论，本文发表于《清华金融评论》2016年第11期，原题目为《金融科技的发展历程与核心技术应用场景探索》。）

# 金融科技：改变中国的金融业

## 全球金融科技市场：电子支付和个人金融主导，中美领先

全球金融科技（Fintech）交易规模不断增长，2016年交易金额达到2.6万亿美元，同比增长26%。从交易结构来看，电子支付占比最高，达到85.4%，其次为个人金融，比例为9.6%，商业金融仅为5%。根据Statista的估计，未来商业金融和个人金融增速高于电子支付，2021年电子支付比重将下降到67%左右。

从地域来看，中国金融科技交易金额位居世界第一（见图1）。2016年中国金融科技交易金额达到1.08万亿美元，居第一位，其次为美国1.02万亿美元。中美两国交易金额相比于第三位的英国的交易金额（0.19万亿美元），已经拉开数量级的差距。

| 国家 | 金额/亿美元 |
|------|------------|
| 中国 | 1,086,492.5m |
| 美国 | 1,025,519.0m |
| 英国 | 190,773.8m |
| 日本 | 145,104.7m |
| 德国 | 115,016.4m |

图1　2016年全球金融科技交易地区排名

数据来源：Statista。

# 金融科技目前究竟包含哪些领域?

金融科技通常被界定为金融和科技的融合,就是把科技应用到金融领域,通过技术工具的变革推动金融体系的创新。2016年3月,全球金融稳定委员会发布了《金融科技的描述与分析框架报告》,这是第一次从国际组织层面对金融科技做出初步定义,即金融科技是金融与科技相互融合,创造新的业务模式、新的应用、新的流程和新的产品,从而对金融市场、金融机构、金融服务的提供方式形成非常重大影响的业务模式、技术应用以及流程和产品。

金融科技的外延囊括了支付清算、电子货币、网络借贷、大数据、区块链、云计算、人工智能、智能投顾、智能合同等领域,它们正在对银行、保险和支付这些领域的核心功能产生非常大的影响。

目前,巴塞尔银行监管委员会将金融科技分为支付结算、存贷款与资本筹集、投资管理、市场设施四类(见表1)。

表1  金融科技的分类

| 支付结算 | 存贷款与资本筹集 | 投资管理 | 市场设施 |
|---|---|---|---|
| ·零售类支付<br>移动钱包<br>点对点汇款<br>数字货币<br>·批发类支付<br>跨境支付<br>虚拟价值交换网络 | ·借贷平台<br>借贷型众筹<br>线上贷款平台<br>电子商务贷款<br>信用评分<br>贷款清收<br>·股权融资<br>投资型众筹 | ·智能投顾<br>财富管理<br>·电子交易<br>线上证券交易<br>线上货币交易 | ·跨行业通用服务<br>客户身份数字认证<br>多维数据归集处理<br>·技术基础设施<br>分布式账户<br>大数据<br>云计算 |

# 金融科技渐进前行的三个发展阶段

如果从IT技术对金融行业推动变革的角度看,目前可以把它划分为三个阶段。

第一个阶段可以界定为金融IT阶段,或者说是金融科技1.0版;第二个阶段可以界定为互联网金融阶段，或者称为金融科技 2.0 阶段；第三个阶段是金融科技 3.0 阶段。

　　大致判断，中国正处于从金融科技 2.0（互联网金融）向金融科技 3.0过渡的阶段，现阶段金融科技备受一级市场关注的两个领域为人工智能和区块链技术，这是金融科技 3.0 的核心底层技术，行业正在对金融科技 3.0领域开展从 0 到 1 的积极探索（见图 2）。

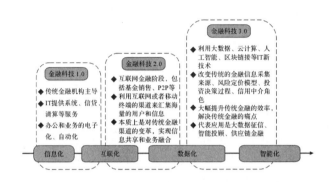

图 2　金融科技的三个发展阶段

# 中国的金融科技究竟会如何剧烈地改变现有的金融体系：竞争 or 互补？

　　金融科技将如何改变现有的金融体系？这取决于不同的市场环境，以及在不同市场环境下不同行业的竞争者的博弈互动。金融科技主要涉及的金融领域有如下几方面。

### 支付结算类

　　互联网第三方支付业务发展迅速并趋于成熟，但由于其对银行支付系统仍有一定程度的依赖，并未从根本上替代银行的支付功能或对银行体系造成重大冲击，二者更多是实现分工协作，优势互补。互网联的诞生，更强化了这种优势互补的定位。

### 存贷款与资本筹集类

此类业务主要定位于传统金融服务覆盖不足的个人和小微企业等融资需求，也就是通常所说的长尾客户群，虽然发展较快，参与机构数量众多，但与传统融资业务相比，所占比重仍然较低，更多是对现有金融体系的补充。

### 投资管理类

主要包括智能投资顾问和电子交易服务，在国内市场上目前这两项业务都是处于银行主导的状态，其实质是传统金融培育、服务传统金融的业务模式。

### 市场设施类

此类业务科技属性较强，大部分金融机构会选择外包此类业务，应用这类科技创新服务于现有金融业务。

综上，金融科技可以说是技术带动的金融创新，它与传统金融并不是单纯的竞争关系，同时也存在以技术为纽带的合作关系，影响和冲击的主要是传统金融行业低效、高成本的环节，从而从总体上有助于提升金融体系的效率。

如果对比中美两国的金融科技的发展路径，可以发现，美国是活跃的华尔街金融机构积极吸收技术部门的创意，人才是从科技部门流向金融部门；中国的人才流向，则主要是从金融部门流向似乎更有活力、更有竞争力的科技部门，这种流向的差异值得我们深入思考。

当然，金融科技在提高金融市场效率的同时，也带来了新的风险。例如，金融科技通常会引入高风险用户，降低了风险控制模型的有效性，提高了机构整体风险水平。另外，在金融科技的推动下，跨行业、跨市场的跨界金融服务日益丰富，不同业务之间相互关联与渗透，金融风险更加错综复杂，需要及时跟进相应的风险监管举措。

（文章来源：《今日头条》2017年8月14日，原题目为《中国Fintech：正在改变中国的金融业》。）

**参考文献**

[1]　巴曙松 . 中国科技金融发展的现状与趋势 . 21 世纪经济报道，2017-01-20.

[2]　巴曙松 . 金融科技公司的探索与思考 . 中国时报，2016-11-7.

[3]　巴曙松，白海峰 . 金融科技的发展历程与核心技术应用场景探索 清华金融评论，2016（11）.

# 中国金融科技应用的场景与路径

金融科技实际上是把技术应用到金融领域，通过特定工具的变革来推动金融体系的创新，随之产生有重大影响的新的应用、新的流程、新的产品，比如支付清算、电子货币、智能投顾。

金融领域的技术革新最初从美国西海岸发起，之后迅速蔓延到华尔街，这主要是因为其在原有发展路径上碰到了很大的约束，扩张空间不大，所以只好向内求，减少内部的成本，优化流程，提高效率，寻找新的商业模式，实际上这正是全球金融业面临的转型压力在金融行业这个大环境中的突出表现。

总体来看，金融科技可以分成三个不同阶段，第一个阶段是金融的 IT 阶段，也就是 1.0 阶段。这个阶段的典型特点是金融行业（银行、证券、保险）将传统的 IT 软件硬件应用到办公、业务、产品等方面。电子化提高了行业的业务效率。这一阶段 IT 公司参与程度有限，仅限于金融机构内部，包括银行、证券的科技部门，也包括自动取款机（ATM）系统、核心系统，这对银行效率提高发挥了重要作用。第二个阶段是互联网金融阶段，也就是 2.0 阶段。金融业搭建一些在线业务平台，通过互联网，或者移动终端的渠道来接触、服务大量用户，这实际上是对传统金融渠道的一个变革，代表性的业务包括互联网基金销售等。如果按照金融学的角度来评估，它谈不上有什么创新，无非就是把一个支付工具的留存资金和一个货币基金产品进行了联结，但是因为互联网强大的渗透能力，所以它发展非常快。第三个阶段是金融科技，也就是3.0阶段，通过大数据、云计算、人工智能、区块链这些技术来改造传统的金融信息的采集或者是风险的识别、量化、定制，改变决策定价、投资决策的过程，能够大幅提升传统金融行业的效率，比如说大数据征信。

金融科技的核心技术集中在以下几个方面。一是人工智能。据了解，十年、二十年前在美国上大学的学生，学人工智能是找不到工作的，而现在这个专业还没有毕业的就已经有好几个工作邀约了。人工智能的意义在于，首先是怎么快速地吸收信息，把信息转化为知识；其次是在确定的规则下推出一个优化博弈的策略；最后是在预见某个大数据分析的基础上对未来进行一个预测。实际上，云计算也是大数据计算的一个技术保证。二是区块链技术，它重构的是金融行业的底层架构，作为数字货币底层的一个核心技术，它能够实现一个分散式的、跨越空间的价值传递，来解决中间交换产生的信息不对称问题。如果把它用在交易所中，交易所这个业务形态将来还有没有存在的必要是一个值得思考的问题。有些香港的银行将技术用在住房按揭上，用在住房的登记和估值以及最后的贷款、偿还上。区块链技术经历过几个不同的发展阶段，比如说启蒙和探索阶段、加速发展阶段。后来，一些知名的技术公司介入，推动了区块链技术的成熟和行业应对阶段，从而在真实的生活、生产环境中出现了区块链技术的产品化和工程化的现象。

目前，对中国金融科技主要应用的五类机构[1]、六大业态来说，笔者印象最深的是一张图片：街边一个大爷卖烤地瓜，旁边摆一个二维码。这说明支付已经渗透到了生活的各个领域。除此之外还有P2P的网络借贷，互

---

[1] 五类机构包括传统金融业、互联网机构、新兴互联网金融、通信机构和基础设施。

联网支付，股权众筹的借贷、股权、融资，互联网基金销售，互联网保险和互联网消费金融等六大业态。

当前中国内地市场科技金融运用的几个主要场景的路径在实际上差异较大。

比如说阿里巴巴，它构建了一个自己的电商场景，积累了大量的销售数据和支付数据，以及信贷交易、货物买卖这些数据，所以它很自然地通过这些支付和贸易的数据来延伸到征信、众筹、借贷等领域。在公司的工作屏幕上能显示每一秒在全国及时成交的货物的地区和金额，这种商业模式离通常所说的金融是很近的，而且构建了一个封闭的场景。蚂蚁金服服务的年轻人，不一定有太多钱，但未来他们要走到"舞台"的中央，所以他们会成为消费支付的主力，而这个不断成长的群体的习惯的消费场景跟传统的商业银行没关系，这也是对传统银行的挑战。

第二个是腾讯，腾讯的强项是社交场景，本来它离金融科技有点远，但是它推出了红包业务，红包延伸出微信支付，这样就带来了小额借贷、保险、个人消费这一路径。

第三个是百度，目前来看百度离金融科技比较远一些，因为它是搜索公司，它有流量，但它很有可能后发制人，因为它可以通过智能搜索、信息采集来进入个人消费、小额借贷和保险这一阶段，所以在不同的场景中金融科技的路径是不一样的。

经过十几年的发展，中国金融科技不同细分领域里发展最成熟的就是网络支付，它成为金融科技未来广泛应用于各个行业不同场景的一个非常重要的介入基础。支付具有金融数据的双重属性，支付场景拥有的数据资源是进一步发展信贷、征信这些复杂金融的非常重要的基础，社交场景可以从各个平台整合个人的消费领域；安全领域的这些信息可以转化到金融服务提供平台中；搜索场景是利用搜索频道把用户流量引入金融领域。未来大数据、人工智能技术将进一步拓展金融科技的发展空间。

总体上来看，中国叫互联网金融也好，叫作金融科技也好，实际上跟发达经济体相比，是比较包容和开放的，市场探索空间也比较大。看同类型的产品，往往金融科技或者互联网金融产品因为没有牌照，反而在监管上比较宽松，有一些犯错的机会，但是也带来了创新的空间。从中可以看到，国内不同时期发展的路线现在也慢慢逐步规范化。从国际上看，国际监管跟中国的从宽松到逐步强化相比正好有点相反，是从收紧开始转向积极的政策，强调市场互动和行业自律。

从监管措施看，主要强调几个原则，包括监管一致性原则、渐进适度原则、市场自律原则，从事后评价来看，监管一致性原则是主要的。比如余额宝就遭到了一些公募基金和货币基金公司的抱怨，因为实际上它享有了一些公募基金不具有的特权，比如说它的期限错配、存款利息的计息结息办法。因此只要实质上是一个金融产品，就应该适用同样的监管原则。

奥巴马在快离任总统之前发布了《金融科技框架白皮书》，其中很重要的一点就是注重监管的一致性，它是按照金融产品和服务的性质来决定适用的法律和监管机构。比如说在股灾的时候，为什么监管部门不能掌握全面的情况，中国证监会只了解它熟悉的证券公司、基金公司的情况，但是互联网配资并不能掌握这些情况。从严格意义上来说，互联网配资在成熟市场有一个典型的证券借贷任务，它是要领牌的，所以同样是证券借贷业务，在场内做两融，在证券公司和基金公司牌照下做杠杆，和在互联网金融企业做配资，其受到的监管差异很大，没有达到体现监管一致性的原则。

为了鼓励创新和探索，美国等发达经济体开始进行监管原则的升级，在基本原则的基础上有所放松，比如说"沙盒监管"，这个架构允许金融科技公司在特定的范围内，能合理或者尝试冲撞一些政策和法律的灰线，同时突出市场的自律，英国的P2P金融协会，在监管法规之前，在规范成员的经营发展上就设立了很多监管原则。

同时，国际社会对金融科技未来监管架构也有很多设想，其中比较有代表性的是在 2016 年 3 月份举行的金融稳定理事会（FSB）正式讨论金融科技的系统性风险和全球监管，以及金融稳定的影响和在国际上的监管等相关问题，FSB 提出的几个问题，比如说对创新产品、创新服务实质的界定，和现有的金融服务有哪些同质性的特征，对外扩张、创新探索的边界在什么地方，对于整个社会的经济结构层面的影响，这个服务有哪些功能是独有的、增量的价值。

在微观层面上，这个创新是否会把金融业务转移出现有的监管框架，或者说金融科技会不会变成影子银行的一个拐杖，把它转移出去，这样将会导致监管套利。在宏观层面上，评估比较多的是会不会形成新的垄断，影响整个新的市场份额的集中化，这样反而有可能形成另一种层面的系统风险。

另一方面，跨市场是否会对市场的流动性、杠杆率、期限转换、流动性错配产生新的冲击和影响，市场之间风险的传导、跨境的传导，对比原来又会有哪些变化？所以在中国监管体制需要的借鉴就是，行业自律加上行政监管里面的监管一致性，以及参与国际合作来为中国占优势的金融科技的技术和企业去拓展国际市场提供条件。

目前，中国金融业对金融科技的利用有三种主要形式。一是在自建的互联网的场景里面渗透金融服务，比如说工行的融 e 行、融 e 购，比如说平安好车、好房、好衣，围绕衣食住行构建的场景。二是在互联网场景里提供金融服务，比如说众安保险，不同平台用这个数据来设计相应的保险产品，在这个平台上销售。三是金融互联网，就是利用互联网来提升优化现有业务，提高支付开户、尽职调查这些环节的效率等。

通过对比中国不同的互联网企业金融化参与路径的不同，发现金融科技在发展商品场景中是不一样的。实际上中美的差异也很明显，美国线下现存的金融体系本身就比较发达，所以金融科技本来的定位就是覆盖这些传统的金融服务，最开始它是作为一个技术创新，在美国西海岸的硅谷流行起来的，很快重心就转到了华尔街，而且这些金融机构通过大规模地吸收科技专业的人员来改造原有的模式。

中国传统的金融服务在总体上存在着供给不足、严格的牌照管制制度等问题，所以科技公司的发展有很大的服务空白点，而且传统的金融行业虽然竞争有所加剧，但整体发展稳定。

在美国，金融科技的融合是金融业主动去吸收技术人员，来改进自己的产品和技术商业模式，而中国发展的路径则是活跃的科技公司去吸引金融机构的高管来加盟，所以这一路径的不同就说明，中国还有很大的空白市场需要去填充，其中，解决的路径之一可能就是给这些互联网金融企业特定的牌照，让它跟现有的机构去竞争，来改进这个服务。

再比如美国的金融科技和智能投顾，兴起比较快的主要原因在于它的养老金体系，每个人都要做出自己的投资决策，很多人不具备这个知识怎么办呢？智能投顾就提供了这一服务。而反观中国的养老金，主要是通过选几个管理人去管理养老金，普通中国民众并不知道这个商品有多少收益、走的路线是什么。这主要是因为中美所处的市场环境、金融结构、需求结构不一样，发展的路线也不一样。

（文章来源：《今日头条》2017年4月20日，原题目为《中国金融科技应用的不同场景与路径》。）

# 金融科技助力中小银行转型

## 中小银行在竞争中面临转型压力

近年来中国中小银行业金融机构数量及市场份额总体呈现持续上升的趋势，市场集中度下降，竞争激励程度进一步加剧。根据中国银监会的统计信息，截至 2017 年 6 月末，中国银行业金融机构总资产 243.2 万亿元，其中股份制商业银行、城市商业银行、农村金融机构资产总和占比 43.76%，同比上升 0.27 个百分点，所占比重超过了大型商业银行（见图 1 ）。

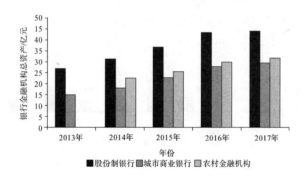

图 1　中国中小银行资产

数据来源：中国银监会统计信息。

但另一方面，从整个行业的发展趋势看，银行传统息差收入持续下降，银行面临发展转型期，中小银行较大银行的净利差收窄压力更大。2015

年以来，股份制银行及城市商业银行的净息差下降趋势显著快于大型商业银行。在此背景下，银行各类业务发展对整体收入增长的贡献呈现不同的趋势，其中息差收入逐渐下降，非利息收入贡献度稳步提高，商业银行在竞争压力下积极探索新的转型方向（见图2、3）。

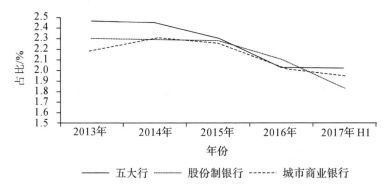

图2　中国不同商业银行净息差下降趋势分化

数据来源：中国银监会统计信息。

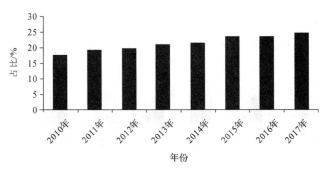

图3　中国商业银行非利息收入占比变化

数据来源：wind。

从总体趋势来说，在中国的银行体系中，相对于大型银行，股份制银行和中小银行资产规模在持续扩张，但传统业务日渐收缩，新兴业务占比

金融科技：发展大数据、区块链与人工智能

持续增长，银行面临转型。在该转型过程中，中小银行发展仍然存在着诸多问题。

**从运营管理的角度来看，中小银行传统网点面临功能约束，亟待转型**

根据中国质量协会发布的《银行业客户满意度调查报告 2016》，2016 年银行客户总体满意度较去年相比下降 2.2 分，其中最主要因素为"排队等候时间长"，传统网点办理业务由于通常需要填写烦琐的单据，大大降低了其柜面业务办理效率。另外传统商业银行物理网点人力运营成本也往往居高不下，一个柜员人均年成本约 10 万元，与一台价格稍高的智能设备价格相仿，但后者服务能力却提升约 80%。而中小银行由于资产规模较小，相同规模的物理网点给其带来的成本压力更大。总体来说由于服务效率低下及运营成本过高，许多中小银行已经开始削减传统网点规模，2017 年上半年，中信银行、光大银行、平安银行、招商银行 4家银行分别减少员工 1458 人、915 人、5164 人和 144 人，中小银行传统物理网点亟待转型。

**从业务模式的角度来看，中小银行以存贷利差为主的传统模式需要改变**

目前中国的股份制银行和中小银行主要盈利模式还是以存贷利差为主的传统盈利模式，以股份制银行为例，如果将资产规模最大的 7 家股份制银行作为样本，将其利息收入占比进行加权平均，计算得到中国股份制银行的传统利差收入平均占比约 80%，其利润来源依然是严重依赖利差的商业模式。随着利率市场化基本完成，未来存贷利差预计将在竞争中不断缩小，以存贷利差为主的传统盈利模式将面临更大的压力。另外随着互联网时代消费者主权上升，客户不再满足于传统银行提供的标准化产品和服务，个性化服务需求不断提高。但由于大多数中小银行的平台较小，资产规模相对较小，创新型专业人才储备不足，也使得一些中小银行在开展投行、私人银行、资产管理等创新型金融业务时受到制约。

**从客户资源的角度来看，中小银行的优质贷款客户资源存在明显劣势**

对于过去的银行来说，大量一线的物理网点是最主要最集中的获客渠道和营销场所，即使现在受到互联网金融冲击，其优势下滑，但在积累优质客户资源方面仍具有优势。绝大部分中小银行营业网点有限，且区域特性明显。由于网点数量较少，覆盖的地域范围相对局促，从农信社、城市信用社脱胎而来的中小银行在高端客户积累能力上也非常有限，因此中小银行找到优质贷款客户的能力及为其提供高端服务的能力，与大型商业银行相比可能就会处于一定的劣势。

**从风险管控的角度来看，针对中小型客户群的传统风控手段较为乏力**

在交易互联网化的时代，融入场景、一键申请、一秒放款且价格合理的纯线上小额信贷对小微企业来说极具吸引力，将有潜力催生一个庞大的市场，因此成为中小银行的重要努力方向。但中小银行传统的风控机制却基本不适用于小微企业，由于小微企业往往可能没有完整准确的财务报表，也缺乏足够可供抵押的资产，相较于大型企业，银行的调查审核成本较高。另外个人客户的风险模型需要经过大量数据样本计算，才能够较好地对其进行风险评估。中小银行由于发展规模较小，发展时间较短，数据的积累缺乏充足的时间和资本，因此针对数量庞大的中小型客户群体来说，其本身传统的风控手段需要强化。

## 金融科技助力中小银行建立新的专业优势

在现行背景下，中小银行想要顺利实现转型，可以从金融科技创新中找到新的动力。具体来说，如果能很好地利用金融科技，就可以使金融科技帮助中小银行缩小与大型商业银行的规模及技术水平差距，发挥自身决策效率高、本土化优势明显的特点，探索适合中小银行的特色差异化发展道路。

**金融科技能够突破地域、时间的限制，突破传统业务模式下大型银行的地域和时间限制**

传统的金融业务，对分支机构网络和地域分布依赖性较强，此时拥有营业网点覆盖优势的大型商业银行竞争力更强；随着用户需求的多样化，非现场、全时段、自动化、移动化的应用场景，打破了传统金融业服务的固有模式，有利于部分并不具备网络优势的金融机构突破地域、时间的限制。

在这个背景下，中小银行可以将线下与线上的金融服务结合起来，将传统的网点向轻型化、智能化、社区化方向发展。

（1）利用金融科技将网点轻型化、智能化。如此前所述，根据现状粗略地进行评估，一台与人工成本相仿的智能设备的效率更高，中小银行发展金融科技逐渐用智能设备代替部分重复劳动的柜台人员，然后腾出人员来从事专业服务，将有利于提高其工作效率，同时也可以削减多余的传统网点面积，提升空间利用率。

（2）中小银行一般区域特性明显，在一定的区域范围内可能具有信息成本优势，可以发挥其优势发展社区银行，建立基于特定区域的精细化的大数据库，完善客户关系管理，支持其开展区域特色的金融服务，以增强其客户黏性。银行可以将网点融入社区，针对社区居民群体的生活需求，以便利为核心，开展各式的特色营销工作。有的中小银行通过设立特色金融便利店来实现这个目标，这些金融便利店的面积一般不超过50平方米，但功能非常齐全，甚至还配备了例如医药箱、血压计等生活工具帮助社区居民，以支持其融入社区发展金融服务。

**金融科技革新传统业务的服务模式，大数据分析为个性化差异服务及产品提供支持**

随着大数据、云技术、区块链、人工智能、物联网等技术日渐成熟，银行提升数字化业务能力有了新的动能和方向。在此背景下，对中小银行来讲，可以借助大数据分析，通过挖掘分析客户行为特点和交易习惯，识别客户真实需求，为精准营销提供数据支持，从而细分客户群，对其进行差异化竞争，针对不同客户的需求推出对口的产品和服务。

**金融科技的发展为中小银行利用线上渠道拓展优质客户创造了条件**

目前电子银行业务替代率普遍达到 90% 以上，客户到店率逐年递减，柜面人工办理的业务只占 30%，这一现状可以反映客户对传统银行业务在实时便捷、智能服务、理财咨询和移动办公等方面的服务提出了更高的要求，而借助互联网信息技术，服务提供商和客户双方不受时空限制，可以通过网络平台更加快捷地完成信息甄别、匹配、定价和交易，降低了传统服务模式下的中介、交易、运营成本。互联网技术优势大大缩小了中小银行在客户服务效率方面与大型商业银行的差距，为其线上拓展优质客户提供了良好机遇。

**中小银行可以通过金融科技积累海量信息，建立大数据风险预警体系，改进传统风控手段缺乏的问题**

中小银行可以通过金融科技平台，利用大量数据和互联网海量信息，建立预警机制，用自动化数据分析和展示系统替代大量的人工控制，从而大大提高了风险管控效率。

## 中小银行发展金融科技创新的方向与趋势

根据毕马威中国发布的《中国银行业转型 20 大痛点问题与金融科技解决方案》，银行可以通过自行研发创新金融技术、与金融科技公司合作以及共建科技平台等三种方式发展金融科技，中小银行需立足自身资源禀赋选择合适的发展路径，以获取长足发展的可能。

### 借鉴金融科技产业创新思路，自行研发创新金融技术

中小银行可以利用第三方成熟技术选择自主发展金融科技项目，这是最为直接的发展途径。在这种途径下，一项科技创新的发展建设需要金融和科技两方面的知识，需要大量的复合人才，且建设期需要投入大量资金成本，中小银行难以独立负担研发成本，因此选择该发展路径的中小银行较少。

### 与金融科技公司合作，建设互联网金融平台

随着互联网金融的深入发展，中小银行可以选择与大型金融科技公司进行全面合作。中小银行的区域优势明显，可以通过引进金融科技公司专业人才和技术的方式，进行某一区域的合作。

### 中小银行之间通过合作，共建科技平台，共享平台价值

由于中小银行规模相对较小，不能负担直接与金融科技公司合作的投入成本，因此目前选择合作共建科技平台，通过数据互通、产品互享等方式共享平台价值，成为中小银行发展金融科技创新的便捷途径。

金融科技对银行业的影响正处于起步阶段，在目前的发展阶段，可以说中小银行在金融科技的发展上与大型银行的差距相对较小，中小银行如果合理运用体制灵活和本土区域的优势，将业务优势与金融技术结合，实现金融与科技的融合，那么将有可能在激烈的竞争中探索出差异化的模式。

#### 参考文献

[1] 李伟.金融科技时代的电子银行.中国金融，2017（1）：68–69.

[2] 中国人民银行.中国金融稳定报告. http://www.cfen.com.cn/sjpd/jrtz/201707/t20170707_2640532.html.

（文章来源：《今日头条》2017年10月19日。）

# 多管理人基金投资模式与金融科技应用展望

近年来基金中的基金 (Fund of Funds，简称 FOF) 和管理人的管理人基金 (Manager of Managers，简称 MOM) 热潮兴起，其通过投资市场上不同类型基金管理人的产品来丰富母基金投资策略，进一步分散投资风险，且组合管理多元化，降低了普通个人投资者的投资门槛。多管理人基金虽不是新生产物，但或许是公募基金下一阶段丰富产品条线、创新发展的方式之一。且从国际成熟市场经验来看，全球私募股权基金资产总额的 38%(5000 亿美元) 由 FOF 管理。截至 2017 年 5 月，全球最大共同基金所在地美国市场上公募 FOF 基金超过 1300 只，管理资产规模超过 1.6 万亿美元；欧洲市场紧随其后，FOF 超过 3700 只，规模逾 5600 亿美元。中国台湾地区较大陆先行一步，FOF 数超过 70 只，规模超过 40 亿美元。大陆第一只多管理人 FOF 基金由招商证券于 2005 年发行，目前市场上尚未出现公募基金公司发行的多管理人产品，私募 FOF 管理规模约 400 亿元，大概有 260 多只产品，仅占私募基金 1.8 万亿元管理规模的 2.6%。总体而言，中国市场 FOF 规模和数量与美国仍存在一定差距。

## FOF 宏观理论框架：自上而下选择大类资产

美林投资时钟模型是资产配置的宏观理论经典模型，已充分运用在国内外基金择股的投资运作中，它将资产轮动、行业策略与宏观经济周期联系起来判断市场所处的经济周期，自上而下筛选当下具有特殊投资机会的大类资产。

简单而言，在经济衰退阶段，经济下行通胀下行，资产投资收益率排列为：债券 > 现金 > 股票 > 大宗商品；在复苏阶段，经济上行通胀暂维持低位，资产投资收益率排列为：股票 > 债券 > 现金 > 大宗商品；经济过热阶段，经济增速快，通胀维持高位，投资收益率排列为：大宗商品 > 股票 > 现金 > 债券；在经济滞胀阶段，经济先下行，通胀暂维持高位，资产投资收益率排列为：现金 > 大宗商品 > 债券 > 股票。若从行业角度来看，当经济增长加速时，股票和商品表现较好。周期性行业如科技和钢铁可以并且容易获得超额收益；当增长放慢时，债券、现金和防御性行业表现优秀；当通货膨胀回落时贴现率下降，金融资产表现较好，投资者可以购买持续时间较长的成长股；当通货膨胀上升时类商品和现金实物资产最好；在衰退阶段可考虑利率敏感性强的行业，如银行、消费股票等。若洞察美林时钟上对角线的行业与大类资产可以发现，其实这几类资产是可以做对冲交易的。比如经济过热期做多商品与工业类股票，做空对角债券和金融行业股票。根据大类资产配置理论，FOF、MOM 的母管理人可以在选择子基金或者子管理人时对其擅长的领域进行筛选，并根据市场经济周期的变化进行调整。

## 各大类资产自身轮动与经济周期的关系

美林投资时钟模型简要说明了宏观经济周期与债券、股票、大宗商品及现金之间的关系。从资产配置来看，大类资产自身的轮动与经济周期之间也存在一定关系。

比如从债券市场来看，债券定价主要反映了投资者对未来通胀水平和实际利率的预期。比如在衰退期，随着央行屡次加息，提升存款准备金率之后市场借债意愿变强，而资金短缺，短期利率大幅度上涨，甚至会出现收益率曲线倒挂现象（从美国的情况看来，一般倒挂现象都预示着经济衰退），即衰退期债券短端收益上行，是投资的最佳时期。且根据逐渐宽松的货币政策在经济衰退期债券投资顺序为：利率债→高评级债→低评级债；高评级债→利率债→低评级债；低评级债→高评级债→利率债。而在经济强势复苏时期，股票最受青睐，债市熊市带来的流动性压力成为影响信用利差最主要的因素，高、低等级债的信用利差呈持续扩大的趋势，因此投资顺序应为：利率债→高评级债→低评级债。当经济进入过热时期，受益于较快的经济增速，信用利差呈缩窄趋势；过热中后期，紧缩货币政策接连出台，信用利差呈缩窄趋势，到过热末期流动性压力增大和紧缩货币政策带来信用利差结束回落并呈扩大趋势，所以根据货币政策逐渐趋于收紧，投资顺序应为：低评级债→高评级债→利率债；低评级债→利率债→高评级债；利率债→高评级债→低评级债。而在滞胀时期经济增速和通货膨胀两股反向动力的博弈下，收益率可能出现上行或下行的趋势，无论收益率的方向趋势如何，受两股反向动力的牵制，收益率变动的幅度不会很大；债市的流动性风险将主要受资金宽裕程度的影响，所以随着货币政策的松紧不同，债券投资顺序不同。

同理观察股票市场，经济周期处于萧条期时适合投资金融板块；经济周期处于萧条后期及恢复前期时，可选择消费领域，如旅游、汽车、电器等；经济恢复期的后期和繁荣期的前期阶段则可投资工业制造等相关板块；经济进入繁荣期后则可投资资源类股票；而当经济开始衰退后则首先要避免强周期性行业股票的风险等。

再观察大宗商品市场，大宗商品通常分为能源类、工业类、农产品类、贵金属类、家畜类等。通常在经济复苏阶段商品市场会率先复苏，金属板块复苏快于农产品等；在经济过热阶段大宗商品价格与居民消费价格指数(Consumer Price Index，简称 CPI) 保持同涨，金属板块价格走势相对较强；在经济衰退阶段金属板块领先下滑；在滞涨阶段大宗商品价格走势与 CPI 呈反向关系，CPI 上扬，企业成本增高导致经济放缓，从而牵引大宗商品市场下跌。

# FOF 多管理人基金策略的制定步骤

基于上述宏观策略理论框架，多管理人基金在宏观策略制定方面可以简单分为三步。

首先在资产配置方面，从权益资产、固定收益证券、大宗商品、房地产、贵金属、现金等备选投资资产中结合实时宏观经济及市场动向分析全球特殊投资机会，制定出最优资产配置比例。

其次应进行地域配置。在资产配置的大框架下，需要在全球范围内研究包括中国、北美、欧洲等其他发达市场及新兴市场的国内生产总值（GDP）增长率、采购经理指数（PMI）、CPI、利率以及政治经济环境稳定性等，从而做出合理地域投资策略及配比仓位。

最后须选择策略配置。基于谨慎的资产及地域配置之上，选择动态配置与宏观经济市场动向相符的若干优化投资策略，策略大致分为市场型（如做多港股）、方向型（如做多澳洲国债）、相对价值型（如美国科技股对小盘股），以达到紧握市场机遇，寻求绝对回报的投资理念。

## FOF 子基金或子管理人的选择

FOF、MOM 产品的资产配置方向是基于市场大环境下产生的，而子管理人和子基金的选择也是多管理人基金核心环节。多管理人基金并不需要设定固定的标的投资策略，母基金管理人需要通过自上而下的方式构建投资组合，通过自下而上的方式甄选各大类资产表现优秀子基金和子管理人。

母基金管理人首先应进行资源搜集，挖掘专注于以基本面分析为基础的机会主义管理人，同时每季度调研大量候选管理人，在较早阶段积极约见子管理人的核心团队。其次须做好信息管理，跟踪备案候选子管理人的业绩表现、团队及策略变更，确保子管理人投资策略紧跟市场动向，把握市场机遇；并维护候选基金池，更新其对未来市场看法及投资策略。再次，须进行动向研究，确保子管理人及时合理地根据市场跟进其业务结构以保证投资策略的一致性及业绩的稳定性，并关注其投资行动的实施能力及策略调整的频繁度。

子管理人的筛选也需要进行定量、定性的分析，可分为初选、复选、精选三个层面：在初选层面，主管理人参考子管理人的管理资产规模、具备完整牛熊周期的投资业绩、管理人投资年限等；在复选层面，结合管理人的过往投资业绩、净值波动率和最大下行风险等指标等进行筛选；在精选层面，运用 5P 筛选法对目标子管理人进行逐一调研，即从公司素质、投研团队、投研流程、投资组合、投资业绩五个维度对子管理人进行全面客观的定性分析。在满足了三层筛选之后建立候选人 / 候选基金备选池。在筛选的整个流程中，定量和定性的分析需要数据支持，同时需要建立打分表，对每个指标设置一定的权重进行评分。

## 多管理人基金的投后管理及风控制度

无论哪一类产品，是否严格遵守风控纪律是投资能否持续的前提条件，多管理人产品也是如此，需要做到规范化评估体系和事前、事中、事后实时监控，并在投后形成一定绩效评估体系和出库流程。

其中，绩效评估体系需要从子管理人当期业绩和业绩持续性两个维度进行评估：当期业绩由总体分析和分析业绩构成，总体分析需要从绝对收益、相对收益(相对于基准、风险、其他同类别子管理人)两个维度展开；分析业绩构成则需要从板块配置能力(是否有效归因分析)、个券选择能力(板块龙头、黑天鹅)、把握市场时机的能力等几个维度展开，指标包括：收益差、收益增速差、夏普比率(Sharpe Ratio)、特雷诺比率(Treynor Ratio)、詹森阿尔法，又称詹森指数(Jensen's Alpha)、信息比率(Information Ratio) 等。业绩持续性分析可分为短期持续性和长期持续性。短期持续性检验可以通过马尔科夫检验、收益自相关系数、相邻秩差检验；长期持续性可通过半期平均秩差、相交积比率等方法检验。建立了相应绩效评估体系后，对于投资不达标的子管理人需要严格遵守出库流程。

同时，对整个投资过程中事前、事中、事后的风控环节也绝对不容忽视。

投资前需要对子管理人做出具体翔实的尽职调查，调查子管理人各项定量与定性要求，对子管理人提供的历史数据做出回测分析，确保其满足入库标准。同时，须对子管理人提供的模拟组合进行压力测试，确保在最坏情况下模拟组合月基净值波动率不应超过 10%，月基最大回撤不超过 25%（具体阀门由母基金管理人制定）。母基金管理人也须对子管理人盈利能力进行预测分析，母管理人有责任根据资产配置决策在子管理人库中筛选出产生风险调整后回报能力最强的子管理人。在事中环节，母管理人要对子管理人做出每日监控，每月召开投资决策委员会例会，定期审议各子管理人月度报告，适时更新对各子管理人投资额度的分配，并在有重大情况发生时，须与子管理人联络，由其做出解释，并由投资总监做出是否召开特别投资决策会之决定。在事后环节，子管理人对二、三级资产配置决策进行归因；主管理人依据子管理人提供的资料对各子管理人进行绝对收益归因，适时适度调整一级资产配置。

## 多管理人基金的发展模式

目前，中国基金业的牌照红利正逐渐消失，基金公司须突破旧有体制和思路，创新组织架构，延伸业务链，做大体量，也许才能重塑话语权。多管理人基金产品实质上形成基金管理投资决策权限外移和分散化，标志着基金从专业管理资产进入专业管理基金的新阶段。然而中国的多管理人基金整体还是"新生儿"，对多管理人基金的研究，除了研究精选优秀的基金以及基金经理的框架体系之外，还要建立市场风格研究体系、大类资产研究体系，综合上述三点才能构成完整的基金研究体系。对于基金管理人而言，好的管理人基金也不应该只局限于在子管理层做阿尔法系数（Alpha）[1]，或是只局限在选出大类资产然后配相应的交易所交易基金（ETF）

---

[1] 现代金融理论认为，证券投资的额外收益率可以看作两部分之和。第一部分是和整个市场无关的，叫阿尔法（Alpha）；第二部分是整个市场的平均收益率乘以一个贝塔系数。贝塔可以称为这个投资组合的系统风险。

来做出 Alpha，应该是以追求双层 Alpha 为导向；主管理人也不仅是监督和评估的角色，也需要在自己这一层大类资产选择时首先做出一层 Alpha，其次在相应的大类资产里甄选有能力做出第二层 Alpha 的子管理人，有两层收益的叠加才是多管理人基金除了风险分散以外，在收益方面优于其他单层基金的地方。

## 金融科技在多管理人基金中的运用及展望

多管理人基金的标的筛选或许可以通过金融科技的支持而更加深入和全面。人工智能能自动搜集大量相关信息并做出处理，用大数据和行为数据可进行个性化风险偏好测评，智能投顾能对基金产品进行深度挖掘并为客户提供个性化动态解决方案。全球许多大型基金公司已经着手将金融科技运用到各类基金的投资研究以及面对市场个性化设计中去。世界最大的对冲基金桥水在 2013 年开启了一个新的人工智能团队。Rebellion Research 运用机器学习进行量化资产管理于 2007 年推出了第一个纯投资基金。2016 年 9 月末安信证券开发的 A 股机器人大战，从 6 月 1 日至 9 月的 3 个月里，以 24.06%( 年化 96%) 的累计收益率战胜了 98% 的用户。2016 年年末招商银行重磅发布 App 5.0 "摩羯智投"，运用机器学习算法构建以公募基金为底层资产，在全球范围配置 "智能基金组合配置服务"。智能投顾 (Ro-bo-Adviser) 结合了金融机构牌照优势、用户流量及数据、智能化分析技术、金融 IT 基础设施等几大核心要素，有望撬动万亿级长尾财富管理。且海外市场的智能投顾领域已经较为成熟，主要有投资推荐、财务规划和智能分析三种。例如 Wealthfront、Betterment、Personal Capital 等智能投顾的管理规模截至 2016 年 2 月都已超过 30 亿美元。

如果将金融科技运用到 FOF 或 MOM 中或许效果能够更加明显。可以先利用大数据对客户的投资偏好进行信息筛选和智能评定，将结果与客户自行选择的投资期限、风险偏好、目标收益综合以后，来构建基金组合，组合的标的池是由投资经理基于双层 Alpha 投资理念筛选出的 "基金库"。

同时，结合金融科技的多管理人基金会实时进行全球市场扫描，选出大类资产范围并根据最新市场状况计算出最优组合比例，对组合提出调整意见，不断优化基于客户的个性化投资解决方案。

截至 2017 年 5 月，中国资本市场有股票 2600 余只、公募基金 2700 余只，沪港通、深港通的开闸，以及沪伦通、深港通、债券通等的开放，都为多管理人基金提供了更多的选择范围和产品。《公开募集证券投资基金运作管理办法》的出台标志着公募 FOF 正式起航，并提出"支持有条件的机构围绕市场需求自主开发跨境跨市场、覆盖不同资产类别、多元化投资策略、差异化收费结构与收费水平的公募基金产品。研究推出商品期货基金、不动产投资基金、基金的基金品种"，"支持基金管理公司拓展业务范围，鼓励探索定制账户管理、多元经理管理模式创新"。且随着中国居民财富不断积累、理财需求的增长、养老金资金运营水平和规模不断提升、制度体系不断完善等都促使投资者权益得到切实保障，以及金融工具的不断丰富，都将为基金产品创新提供良好的市场环境，推动多管理人 FOF、MOM 产品不断创新发展。

我们需要结合自身经济的特点，吸取国外基金行业的优点，完善国内多管理人基金监管制度，丰富产品类型，使管理费率更加合理化，从而改变现阶段单纯依靠产品批文或者发行渠道来拓宽市场的商业模式，为该类型产品创造良好发展环境。

（白海峰参与本文的起草与讨论，本文发表于《清华金融评论》2017 年第 5 期。）

# 人工智能时代的机遇和挑战

可以预计，随着人工智能的不断发展，人工智能对于就业的影响将越来越明显。

在移动互联网技术发展与应用不断成熟的基础上，互联网＋人工智能已在大力发展中，成为未来科技革命和产业变革的新引擎，也将带动和促进传统产业的转型升级。将来人与物、物与物之间的对话、指令、自动化控制，大部分将由人工智能程序来操作，甚至实现"万物互联"。如今的人工智能应用范围甚广，例如在机器翻译、智能控制、专家系统、机器人学、语言和图像理解、自动程序设计、航天应用等领域。

人工智能的时代正在来临。人工智能不是说要和人类具备一样的智能，它的作用是帮助人类；未来，人工智能可以作为一个商品来售卖，把人工智能运用在某一个领域进行工作。对人工智能来说，使用的人越多，它就越聪明；随着它越来越聪明，使用它的人就会越来越多，这是一个循环。人工智能给人类创造新的工作机会。未来人们的收入高低，将很大程度上取决于能否与机器人默契配合。

每一轮科技革命都会带来新一轮工作革命，人工智能将大量淘汰传统劳动力，很显然会有不少行业因为人工智能的兴起而消亡。未来机器人将会替代人工服务和操作，这可能将导致大量的服务工作、流程工作和中层管理环节"消失"，只有新型劳动力才能适应智能时代。

同时，虽然机械性的、可重复的脑力或体力劳动，将被人工智能或机器人取代。但是，会有更多新的、深度的、创意性的人才需求出现。人工智能相关"新行业"将带来"新岗位"，随着人工智能时代的到来，必定会产生一些新领域和新岗位，比如已经被行业认可的自然语言处理领域、语音识别工程师、人工智能或机器人产品经理。而且其他行业"旧岗位"也需人工智能化，如大多数保安、翻译会被人工智能取代，但剩下的少数人，可能收入会更高，比如能操控安保机器人又有丰富安保经验的安保负责人，比如垂直于某个细分领域的翻译人才。从历史上看，技术进步会不断消灭旧的就业岗位，也会创造新的就业岗位。例如，轿车的普及消灭了黄包车车夫的就业岗位，却创造了出租车司机的就业岗位。

人工智能时代的到来给我们带来机遇，也带来挑战。首先，对新技术的发展与影响要有充分的敏感性。其次，只有不断学习，提高自己的认知能力，才能对当下和未来的事物有比较清晰的认知，并适时做出选择。其实，不断地学习是在未来给自己留有更多的选择余地。要有意识提高自己的创新意识和能力，按照智能社会的分工，创新劳动将占有主导地位。提升自己的适应能力和协作能力，人工智能时代的到来，将给我们的社会分工、文化、习惯等各方面带来巨大的改变。最后，要积极拥抱人工智能，充分认知自身职业特点或职业规划与人工智能的关系，积极运用人工智能提升岗位价值，如成为机器人、人工智能的调配管理者，成为人工智能的个性化、定制化创意设计师，成为运用思维、策划方案引领人工智能完成任务的高端营销策划师，等等。

（本文发表于《济南日报》2017年7月24日，原题目为《人工智能时代，既有机遇也有挑战》。）

# "区块链"——颠覆生活的下一个风口

区块链技术现在广受关注，业界也十分期待，当然分歧也非常多，应当说市场应用还处于比较初级的阶段。

区块链是伴随比特币为代表的数字货币所发展起来的新技术，其独有的去中心化、分布式、开放性、安全性等特征逐步为市场所熟悉。很多企业或者机构开始研究和探索区块链技术的应用。不同企业或机构根据自身行业的特点，试图去发掘区块链的部分特性。目前最被各行业所看重的是其中的安全性，也就是分布式数据库，这个特性在一定程度上解决了各行业交易过程当中的信息不对称和信用摩擦的问题。（去中心化特性虽然也讨论较多但其实具有很大争议）。

目前探索中的区块链应用场景总体分为两类：支付交易类、信息备份类。其中支付交易类场景最贴近区块链起源——比特币，其目标是解决资金划转过程当中的安全问题，而之前总是需要第三方机构（例如支付宝）进行协调或增信。信息备份类则是将重要信息放在区块链上进行分布式存储，能更好地解决信息安全防篡改等问题。这两方面也是常见的行业痛点。目前受到较多关注的供应链金融、农业、汽车制造等细分行业应用场景，也可以归入上述两大类之中，例如在供应链金融中监管资金走向，制造业农业的生产信息备份、销售流程和资金周转管理等。未来区块链技术如果能广泛应用，对证券市场的金融格局也会产生非常深刻的影响，特别是对交易所的商业模式影响更为直接。

然而，从目前的发展水平看，区块链技术也并非完美无缺，比如出现的智能合约漏洞、硬分叉、51%攻击、区块信息负荷等问题。国家互联网应急中心实验室 2016 年年底发布的安全报告显示，抽样的区块链领域开源软件代码层面高危安全漏洞与隐患共 746 个，中危漏洞 3497 个。

因此目前区块链的应用总体上处于探索阶段，并没有典型的应用场景出现，只有个别案例的试点。

（文章来源：微信公众平台《金融读书会》2017 年 7 月 12 日，原题目为《颠覆生活的下一个风口，"区块链"究竟是什么？》。）

# 区块链加速金融行业变革

## 区块链持续成为资本追逐的热点，在金融行业的应用更受关注

区块链技术作为比特币等多种数字货币的底层技术，依靠加密算法、智能合约等技术创造了独特的新互联网模式。目前，全球关于区块链的热度不减，常常被市场视为是可能与大数据、移动互联网、云计算等新技术共同推动经济金融转型升级的第五次颠覆式产业革命浪潮。

基于这些判断，许多主流的金融机构也开始积极布局区块链技术应用。为推动区块链技术落地，以摩根大通、高盛为代表的40余家领先金融机构已经组建了 R3 CEV[1] 联盟，共同制定适合金融机构使用的区块链技术标准。2015 年年底，Linux 基金会牵头建立的旨在促成底层技术提供方、区块链创新公司、技术实施方及各行业技术应用方通力协作，打造跨行业分布式账本的超级账本（Hyperledger）项目也吸引了摩根大通等众多金融机构。

这些趋势吸引了创投积极布局区块链技术。2015 年、2016 年区块链技术公司成为风投基金项目库中最热门的项目方向之一，2015 年一年全球比特币和区块链初创公司就获得了约 4.8 亿美元的风投资金，2016 年风投资金规模增长更是迅猛，仅第一季度就达到 1.6 亿美元，总体来看增长趋势明显

---

[1]  R3CEV 是一家总部位于纽约的区块链创业公司，其发起了 R3 区块链联盟。

（见图1）。根据博链数据库显示，截至2017年4月底，全球455家区块链和比特币相关公司累计获得融资额为19.47亿美元。对比中美两国，从统计上看美国比特币和区块链获投创业公司披露融资总额达到12.52亿美元，占比达到全球份额的64.30%。中国已披露的融资总额为1.14亿美元，占比为5.86%，虽然在全球范围内来看算是十分活跃的市场，但是对比美国市场来说目前的融资总额偏少（见图2）。

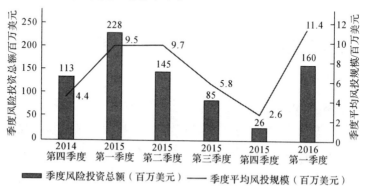

图1　投资在比特币和区块链创新公司的风险资金规模

数据来源：2016年区块链共识大会。

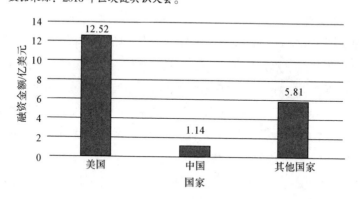

图2　获投创业公司已披露融资金额国家分布统计

数据来源：博链数据库。

区块链目前在世界范围内发展的重点行业有金融、公共服务、物联网、供应链及公益慈善。在应用领域中，金融服务占比达到55.43%。另外在企业服务（34家）、防伪存证（20家）、知识产权（15家）等领域，获投公司数量也较多。从目前的趋势看，未来会看到更多领域优秀的"区块链+"行业应用创业公司登上舞台，也会有各自领域内更多的公司应用区块链技术来升级自身产品（见图3）。

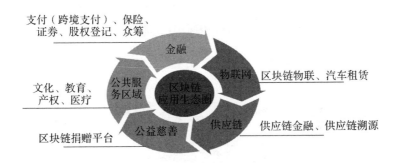

图3（a）　区块链目前发展的重点行业

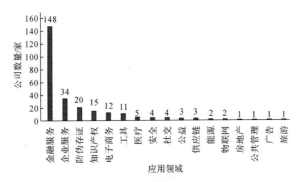

图3（b）　区块链获投创业公司应用领域分布统计

数据来源：博链数据库。

# 区块链技术有条件以创新方式解决当前金融应用领域存在的痛点

## 区块链核心技术

一是基于时间戳的"区块＋链"结构，即每个区块的块头包含了前一区块的交易信息压缩值，每个区块主体上的交易记录是前一区块创建后、该区块创建前发生的所有价值交换活动，信息记录带有时间戳且不可篡改，保证了交易信息的不可伪造、不可虚构、不可篡改和交易活动的可追踪查询（见图4）。

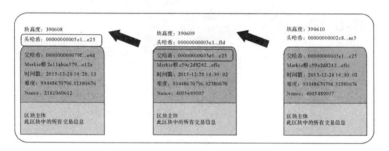

图 4　区块链结构示意

二是非对称的加密算法，即区块链的加密和解密过程使用的是一对非对称的密钥对，用公钥加密、私钥解密，私钥可以对信息签名，而对应的公钥可用以验证签名，实现了透明数据背后的匿名性（见图5）。

图 5　私钥、公钥及比特币地址之间的关系

三是共识证明机制，即通过某种证明算法证明区块的正确性和所有权，以使各个节点达成共识，主要有工作量证明机制（Proof of Work，简称POW）、权益证明机制（Proof of Stake，简称POS）、股份授权证明机制（Delegated Proof of Stake，简称DPOS）和各种拜占庭容错算法。目前比特币使用的是工作量证明机制，完全去中心化，节点可自由进出。

四是分布式记账与存储，即区块链的记账和存储功能分配给了每个节点，所有节点共同组成一个超级大数据库，使得系统具有强大的容错能力。区块链系统构建了一整套开源的、去中心化的协议机制，让每个节点参与记录的同时也参与验证其他节点记录结果的正确性，并且参与记录的网络节点会实时更新并存放全网系统中的所有数据。

## 区块链的金融应用场景

### 支付清算

在金融体系中，消费支付是出现频率最高的交易之一，也是在目前条件下区块链技术应用最早和最为成熟的领域之一。区块链技术在资金转移，尤其是在跨境消费和支付结算业务上的潜在优势格外突出。区块链摒弃了中转银行的角色，在跨国买卖方和收付款人之间建立了直接交互的关系，从三方交易变为两方交易。由于不需要中转行之间的业务关系，支付网络的维护费用可以被取消，同时竞争加剧将对手续费和外汇业务利润造成压力，可以有效降低总体成本。并且区块链端对端的支付简化了处理流程，加快了清算速度，有效提高了资金利用率。除此之外区块链降低了差错率和人工工作比例，分布式账本提高了信息安全性，并且为实时审计以及合规检查提供了可能。

在跨境支付领域，瑞波（Ripple）支付体系已经开始的实验性应用，主要是为加入联盟内的成员商业银行和其他金融机构提供基于区块链协议的外汇转账方案。在国内的落地项目中，2016 年 OKCoin[1] 推出了从跨境服务

---

[1]　国内的比特币交易平台，于 2013 年 10 月上线。

切入的新一代全球金融网络产品 OKLink，与 Ripple 不同的是，OKLink 聚焦为全球中小型金融参与者提供服务，致力于通过区块链技术解决中小金融参与者跨境汇款手续费成本高、效率低、操作不方便等痛点问题。

在回购领域，高盛 2016 年区块链研究报告中测算显示，区块链技术能够为净额结算的回购业务增加 1 万亿美元的规模，并节约 50 亿美元的成本（见图 6）。这主要是由于更高的净额结算规模可以有效减少交易商的资本需求。除此之外，区块链还可以通过提高交易流程的效率来节约资本：一方面，区块链加快了回购的交易执行速度，交易双方可以实时议价，智能合约也可以有效捕捉抵押物需求；另一方面，区块链实现了端对端的高效结算，加上分布式账本的特性，使得所有参与者都可以实时监测抵押物及资金流转状况并进行交易细节的协商调整，可以有条件地大大降低违约风险和交易成本。

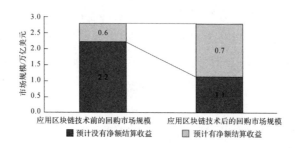

图 6　区块链技术应用前后 repo 市场规模

资料来源：高盛 2016 年区块链研究报告。

**票据业务**

票据真实性难以保证、资金转移不及时、票据掮客降低业务透明度等是目前金融行业共同关注的几大痛点问题。区块链技术不可篡改的时间戳和全网公开的特性可以有效防范传统票据市场"一票多卖""打款背书不同步"等问题，降低系统中心化带来的运营和操作风险，同时可以借助数据透明的特性促进市场交易价格对资金需求反映的真实性，控制市场风险。而区块链点对点的价值传递方式，消除了中介的介入，不需要特定的实物票据或中心系统进行控制验证，解决了人为违规操作的行业痛点问题。目前区块链票据产品可以实现的功能包括供需撮合、信用评级、分布式监管、数据存证和智能交易等。

### 供应链金融

供应链金融努力的方向，是基于产业链中的核心企业与上下游企业的贸易信息进行征信，为上下游企业解决融资困难问题。供应链信息流、物流以及商流的数据真实性难以保证将直接导致信贷风险大幅提升。同时由于供应链金融高度依赖人工成本，大量人工审阅、验证单据等环节使得人工失误机会大大增加。基于区块链的供应链信息流具有不可篡改性，供应链征信数据的真实性可以得到保障。借助区块链技术，所有参与方都能使用同一个去中心化的账本，并且可以将纸质作业程序数字化，在预定时间和情况下自动支付，减少人工失误的同时提高效率。目前 Wave 已与巴克莱银行达成合作，将信用证、提货单以及贸易流程文件置于公链进行验证，使交易流程透明化，提高效率，降低人工风险。

### 客户征信与反欺诈

为应对趋严的监管要求，各大银行投入大量人力、时间搜集录入客户信用信息及信用审核，以提升反洗钱、反欺诈能力，防止因金融衍生品过度频繁交易引发的系统性风险，但这样会产生较大成本负担。利用区块链非对称加密原理，银行可以将客户信息存储在区块链中，利用密钥证明所有者身份，使得识别过程更安全便捷。区块链中客户信息及交易记录可以及时更新，减少了很多银行业征信的重复工作。同时具有透明共享特性的分布式账本便于实时监控，为反欺诈、反洗钱提供了技术保障。数字货币跟踪公司 Chainalysis 目前在为银行设计异常交易行为监测分析系统，以在区块链中寻找不法行为，提高反洗钱、反欺诈能力。

#### 智能合约

智能合约实际上是在另一个物体的行动上发挥功能的电脑程序，是区块链的行业衍生应用。智能合约本身是整个确立、管理与执行过程的参与者：在合约确立阶段，智能合约对接收到的价值和信息做出回应；在合约管理阶段，智能合约将临时保管价值；在合约执行阶段，当满足协议的条件出现时，智能合约自动执行，输出价值和信息（见图7）。这种合约最终可能会取代法律行业的核心业务，即在商业和民事领域起草和管理合同的业务。而区块链技术则提供了更好的记录及安全保障。

图7　智能合约应用原理

由于数字资产易于规范，因此智能合约首先会在新货币、网站、软件、云服务以及股票交易等数字资产领域发展，随后向实物资产领域扩展，例如遗嘱执行、汽车租赁、房屋租售等。

## 金融领域内区块链技术的主要挑战及发展趋势

### 金融领域中区块链技术发展面临挑战

尽管区块链技术在金融等领域有很大的应用潜力，但目前技术应用还在起步阶段，在未来的实践应用中仍面临着诸多挑战。

#### 区块链技术本身的限制

在技术层面上，首当其冲的是吞吐量和存储带宽的矛盾。以比特币为例，目前公有链的处理能力无法满足社会整体的支付需求，而且区块上交易数据的存储量已经接近普通电脑的极限值。如果只是简单提高区块大小来提高吞吐量，比特币很快就变成只有少数几个大公司才能够运行的系统，有违去中心化的设计初衷，将会减弱支付清算的效率提高程度，同时会因中心化而出现信息泄露的安全隐患。智能合约由于依靠的是联盟链，节点在处理或者验证交易的时候无法并行，只能逐笔进行，降低了节点的数据处理效率。其次，公有链"硬分叉"和"软分叉"等升级机制存在遗留问题，并且加大了错误修复的难度。除此之外，区块链一旦写入不可篡改的特性，就使得失误操作或者错误交易等事件不可回退，需要设计额外追索修正机制，灵活性较差。

### 隐私安全有待加强

在隐私层面上，区块链技术的去中心化使得所有参与者都能够获得完整的数据备份，数据库完全透明共享。比特币可以通过密钥隔断交易地址和地址持有人真实身份的关联，达到匿名的效果。但如果区块链需要承载更多的业务，比如实名资产，又或者通过智能合约实现具体的借款合同等，就会出现隐私保护和合同验证的矛盾。未来通过合理设计系统链上的数据，安排链外信息交换通道等机制，或许可以解决一些隐私保护的难点问题。

在安全层面上，由于有一部分互联网金融行业的准入门槛较低，所有的交易记录全部公开透明，增加了恶意诈骗和信息泄露的风险，因此网络安全认证体系的建设责任重大。另外，区块链消除了中介的角色，通过程序算法建立起信用担保，例如客户征信信息被储存在区块链中进行信息共享，只能通过密钥识别，信息的这种不可逆性将增大信息泄露等安全问题的追责难度，一旦密钥丢失可能会造成客户资产无法挽回的损失。

### 金融监管的难度增加

在监管层面上，金融监管是区块链信息安全的有力保障，区块链去中心化的特性使其成为一个分散均衡的节点体系，大大降低了金融监管的针对性和有效性。并且区块链技术给传统的管理机制、业务流程、交易模式带来了颠覆性的变化。目前区块链领域的学术研究还处于初级阶段，理论研究和准备也并不十分充分，应对区块链影响的相关监管政策还未出台，各国的监管机构还处于观察和研究阶段。当创新技术发展速度快于监管出台速度时，容易造成监管短期内的缺失可能带来的金融系统性风险上升；而如果盲目监管过严又可能会在一定程度上阻碍区块链创新技术的正常发展。

因此，评估目前的进展，可以说区块链的应用整体上还处于探索阶段，当前也并没有典型的应用场景出现，只能说是仅仅有个别案例的试点。

**区块链技术在金融领域的未来发展趋势**

目前，世界各国政府、金融界和学术界都高度关注区块链的应用发展，未来具体有以下几个趋势。

一是各金融机构将有可能逐步组建联盟，共同制定区块链技术标准。由于区块链发展处于初级阶段，技术还不够完善，监管法规尚不明晰，金融科技公司、各大金融机构以及监管部门都可能极大影响区块链的应用和发展。因此，以摩根大通、花旗银行为代表的全球领先银行会同金融科技公司共同组建行业联盟 R3 CEV，期望在监管部门的参与下，建立符合监管要求及金融业需要的分布式账本体系，制定区块链技术的行业标准，抢占市场先机。超级账本（Hyperledger）是由各金融机构、金融科技公司以及其他产业企业共同打造的跨行业联盟，通过建立开放平台，致力于开拓不同行业的应用案例。中国分布式总账基础协议联盟也将结合政策法规、行业逻辑，开发符合国家政策标准和行业逻辑习惯的区块链技术底层协议。

二是各金融机构将有望重点开发核心业务中的区块链应用场景。核心业务是各金融机构的首要创新试点，基于此，未来各金融机构将联合科技公司探索可应用于核心业务的区块链技术。维萨（Visa，信用卡品牌）目前已与区块链创业公司 Chain 合作，希望借助区块链技术不可篡改的特性为信用卡使用的安全性提供保障，同时将探索区块链在业务流程中的应用，期望提高金融服务效率。星展银行和渣打银行也与科技公司 Ripple 联手，准备开发区块链在供应链金融业务中的应用，希望通过将纸质文件数字化，提高流程的自动化水平及其安全性，并且借助区块链技术信息共享和不可篡改的特性，降低金融机构的信贷风险。

三是各金融机构将快速推进区块链应用领域的试点工作。在探索区块链技术应用场景的同时，各金融机构也将通过建立实验室，对适于自身业务发展的区块链技术进行试点实验。瑞士联合银行集团（UBS）正在对在债券发行清算过程中可以提升交易速度、降低交易成本的区块链技术进行试点推进、快速孵化。花旗银行与电信运营商合作，已经通过区块链实现了数据的点对点支付。未来还将继续进行支付及跨境交易领域的测试工作。

（文章来源：《今日头条》2017年10月12日，原题目为《当区块链融入金融行业，变革会如何发生？》。）

### 参考文献

[1] 巴曙松.中国金融科技（Fintech）发展现状与趋势，"2017亚洲金融论坛"上的演讲.

[2] 方燕儿，何德旭.区块链技术在商业银行产业链金融中的发展探索.新金融，2017(04)：24-27.

[3] 李政道，任晓聪.区块链对互联网金融的影响探析及未来展望.技术经济与管理研究，2016(10)：75-78.

[4] 中国人民银行数字货币研究项目组.区块链的优劣势和发展趋势.中国金融，2016(17)：39-40.

[5] 孙建钢.区块链技术发展前瞻.中国金融，2016(08)：23-24.

[6] 高盛.2016年区块链研究报告，2016年5月.

[7] 麦肯锡.区块链，银行业游戏规则的颠覆者，2016年5月麦肯锡大中华区金融机构咨询业务报告.

# 房地产电商的未来发展

近年来，在电子商务热潮中，房地产电商不甘示弱，掀起了一股全新的浪潮，改变了房地产行业的业务模式、销售模式和营销模式，互联网对房地产这个传统行业的影响逐步驶入实质性阶段。

然而，在迅速崛起的同时，房地产电商的硬伤也逐渐显露，乱象丛生。规范房地产电商的政策相继出台，而房地产电商正面临着游走于政策边缘的质疑。2016 年年底，监管层在全国范围内开展"商品房销售明码标价专项检查"，其中"在标价和公示的收费之外加价、另行收取未予标明的费用"被列为严格监管条款，这对于向购房者收取电商服务费作为主要盈利模式的房产电商公司，是釜底抽薪般的打击。

那么到底什么是房产电商？房地产电商的优势在哪里，又存在哪些硬伤？对于房地产企业、新房代理和二手房中介公司等不同行业参与者而言，房地产电商的意义和机会点是什么？

## 如何界定房产电商？

中国的房地产电商可以区分为三个层次：媒体电商、渠道电商和交易电商。第一，媒体电商是过去几年普遍存在的形式，主要的代表是搜房、安居客、搜狐焦点等软件，其核心属性是媒体，货币化模式是广告，本质是开发商和二手房中介公司的广告平台。

第二，渠道电商是 2014 年以来迅速发展的一种新型电商，主要的代表是房多多、好屋中国、吉屋科技等，其本质是渠道的整合，它们存在和发展的逻辑是传统的新房代理渠道，二手房经纪公司渠道极其分散，在房地产市场低迷的情况下，单一代理或中介公司都无法高效地完成买卖双方的匹配，特别是在新房领域，只有把分散的渠道整合起来才能为开发商快速拓客，加速去化，同时整合之后的集中渠道才有能力向开发商拿到更多的优惠以及更快地结算佣金。

第三，交易电商代表未来的模型，无论是新房还是二手房，房地产电商的终极目标必须是最大限度地接近交易。事实上，也只有以交易为中心的电商才能真正意义上被称为电商。相比之下，无论是媒体，还是渠道整合，距离最终的交易都有一段路程，虽然都有效率的提升，但是它们都没有真正意义上颠覆或取代传统，而是使传统更有效。然而，交易电商的未来一定是局部或彻底颠覆代理公司或中介公司。目前看，初步具备交易电商雏形的典型代表是链家网、Q 房网以及正在向交易转型的搜房网等。

## 房产电商的背后逻辑是什么？

房产电商之所以在近年来成为市场广泛关注的焦点，主要的市场逻辑在于，第一是互联网的逻辑，目前中国正在经历有史以来最大的一次人口大迁移，这是从线下向线上的转移，这个大浪潮会重塑不同领域的商业逻辑。更为突出的是，目前中国手机用户数已突破 13 亿人，超过个人计算机（PC）用户数，中国是一个典型的手机用户超越 PC 用户的国家，移动互联网发展速度远远超过美国。这里的直接影响就是人们买房、卖房交易决策的第一步都是从互联网，特别是从手机端开始的，传统的纸媒、售楼处、中介门店在信息获取和信息处理方面的作用已经被弱化。

第二是市场的逻辑，一方面，中国的房地产市场正逐步从卖方市场向买方市场过渡，通过互联网使房子最大限度地曝光，吸引潜在买家显得比以往任何时候都要更为重要，人们在售楼处深夜排成长龙买房的阶段已经一去不返，开发商需要通过更有效的渠道、更大的用户平台寻找买家。

另一方面，中国的房地产市场正逐步从新房主导向二手房主导的阶段过渡，一线城市如北京、上海和深圳都已经是二手房主导的市场，二线城市的旧城区或核心区同样如此，二手房交易信息更加不透明，交易流程更加复杂，这些都是互联网可以发挥作用的地方。从这个角度看，未来的房地产电商平台一定是二手房交易撮合平台，所以我们会看到新房电商将会加大在二手房市场的布局。

## 作为非标准化商品有何不同？

通常来看，房地产的本地化和非标准化属性决定了房产电商和其他电商存在很大的不同，互联网在进行房地产交易时，也存在一定局限及瓶颈，那么到底互联网能在多大程度上改造这个传统？

关于这一点，我们可以从正、反两个角度来看。第一，房屋交易具有频率低、交易额大以及本地化、非标准化、高度复杂和信息密集等特征，这使得它明显不同于一般的商品交易。例如，无论信息平台多么完备，人们都不太可能直接在线上下单付钱，最多会形成交易的意向，交易撮合、看房、签约等环节都无法减少直至杜绝销售人员或经纪人的参与。从这个角度看，互联网对房地产交易的改变一定是缓慢的，房地产电商平台一定是重资产的。

第二，相反来看，正是基于这样的特征，未来的房地产交易撮合平台的价值更大，更重要的是，一旦形成垄断，便难以被撼动，"护城河"足够深。可以预计，未来3~5年一定会出现一个或几个大型的区域性房地产交易平台，它不仅提供信息，撮合交易，而且还会提供以交易为中心的金融服务等。

## 房地产电商的硬伤在哪里？

目前的房地产电商仍处于蛮荒时代，虽然发展势头足，但盈利模式粗放，监管措施还不够健全，出现了各种问题。首先是诚信问题，类似于卷款逃跑、假优惠等侵占消费者利益的事情层出不穷。比如，某楼盘收取了客户诚意金，但当买家因故要求退款时却被告知，当时收款的工作人员是与房产公司合作的电商企业的员工，目前人已卷款离职不知去向。

第二，房企与房产电商之间存在矛盾，房产电商之间竞争激烈。对于一些无法大幅让利的楼盘，房产电商能起到的作用其实并不明显。一些大型开发商在产品质量、客户信誉以及营销团队素质等方面情况较好，在楼盘去化相对较好的情况下，不大会选择和房产电商合作，只有部分去化不佳或者竞争压力大的楼盘，可能才需要电商的介入来增加客流。此外，房地产电商为了取得和大型房企的合作，相互之间的竞争非常激烈。

第三，打政策的"擦边球"。一直以来，商品房交易由于总价高、流程复杂等特征，交易过程均受到严格政策监管。但房产电商作为新兴事物，却始终游离在政策监管之外，以购房优惠为名向购房者提前收取诚意金，更是房地产电商采用的打政策"擦边球"收取订金的做法。但是，随着相关监管政策的逐步出台，房地产电商正受到不小的打击。

## 传统中介公司如何向互联网公司转型？

对这个问题要先做一个区分，传统中介公司之间的区别是十分明显的，从规模上看，有大型经纪公司，如链家在北京市场的门店就超过1000家，布局的几个二线城市，门店数量几乎都在100家以上，市占率都是第一或第二。相反，有的本地中小型经纪公司，门店只有几十家，还包括很多的夫妻老店。从模式上看，既有大型的直营连锁公司，还有特许加盟公司。对于不同规模、不同模式的经纪公司而言，如何向互联网转型本质是一个差别非常大的问题。

第一，对于大规模的，以直营连锁为主的公司，链家是最典型的代表。以北京为例，链家已经拥有50%的市场份额、80%以上的房源份额，在这种情况下，链家向互联网的转型便具有相当稳固的线下基础，目前链家网在北京市场所能提供的流量或客源占比已经远远超出搜房网，可以预计，链家网在北京的影响力还将逐步加大。对于链家而言，所谓转型，真正的问题是链家网要不要开放，线下要不要从直营变成加盟，从重资产变成轻资产。

第二，中小型经纪公司，几乎不可能转型，也没有能力转型，因为市场规模不够大，房源不够多，门店覆盖度不够广，品牌影响也只限于部分社区，向互联网转型没有意义，线上没有网络效应，线下没有规模效应。它们的未来非常有压力，而且可能是压力最大的。

第三，传统大型加盟公司转型是最复杂的，对于它们而言，既需要加强线上业务，也需要加强对经纪人的管控，还需要加大企业资源计划（Enterprise Resource Planning，简称 ERP）系统的投入，这个系统是一切经纪公司的内容，它不单纯是一个工具，或一个功能，一个简单的房源、客源或客户关系管理系统，本质上是一个生态圈。生态圈的建立不仅需要有技术支撑和流程优势，更需要有强有力的执行，而执行靠什么？靠的是人事权、严格的奖惩机制等，这些都是现有加盟公司所不具备的，它们甚至连经纪人的培训系统都不完善，如何转型，挑战很大。

（文章来源：《今日头条》2017 年 7 月 13 日，原题目为《房地产电商未来路在何方？》。）

### 参考文献

[1] 巴曙松 . 房地产电商的机会在哪里？中国房地产业，2015（3）.

[2] 智研咨询 .2016—2022 年中国房地产电子商务行业分析及发展战略咨询报告 .

[3] 房产电商禁向购房者加价 . 每日经济新闻，2016-11-25.

# "人工智能＋金融"促进中国智能金融的新突破

## 客观的需求推动智能金融在中国市场快速发展

观察不同时期的中国国家战略的重点内容发现，2016 年上半年之前，中国的国家人工智能战略主要集中在智能制造和机器人层面；到 2016 年下半年，中国开始重视人工智能的整体生态布局，为人工智能发展应用提供资金和创新政策鼓励与支持。在这个环境下，金融成为人工智能落地最快的行业之一，智能金融也被列入了国家规划之中。

智能金融是指人工智能技术与金融服务和产品的动态融合，通过利用人工智能技术，创新金融产品和服务模式，改善客户体验，提高服务效率等，而智能金融生态系统由提供人工智能技术服务的公司、传统金融机构、新兴金融业态以及相关监管机构共同组成。

基于普惠金融等需求，中国政府对金融提出了自动化和智能化的发展要求，银行业最早尝试利用人工智能打造智能化运维体系。《十三五国家科技创新规划》中也明确提出重点发展大数据驱动的类人智能技术方法，推动科技与金融融合。《新一代人工智能发展规划》更是对智能金融提出了明确的要求，如建立金融大数据系统，提升金融多媒体数据处理与理解能力；创新智能金融产品和服务，发展金融新业态；鼓励金融行业应用智能客服、智能监控等技术和设备；建立金融风险智能预警与防控系统；等等。

智能金融的发展前景也吸引了日趋活跃的资本，近年来人工智能和金融科技项目的投资热情高涨。2012—2016 年，中国人工智能投资额和投资次数不断上升，特别是从 2014 年开始进入爆发式增长。2016 年，中国人工智能投资金额 166000 万美元，投资次数达到 285 次（见图 1）。中国金融科技投资额于 2012—2016 年也呈现快速增长，复合增长率为 119%。2016 年中国金融科技投资额为 460 万美元，投资次数 46 次（见图 2）。

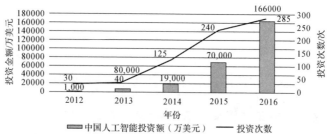

图 1　2012—2016 年中国人工智能投资额和次数

数据来源：CB insights。

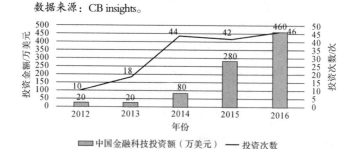

图 2　2012—2016 年中国金融科技投资额和次数

数据来源：CB insights。

在技术层面，深度学习使人工智能取得了新的突破。早期人工神经网络的研究由于技术研究难度及有限的训练数据和计算力在很长时间内处于发展瓶颈期；"深度学习"概念在 2006 年被首度提出，2012 年其逐步实现了视觉识别和语音识别功能，引领人工智能技术走向商业化、产品化。

与此同时，居民可支配收入和可投资资产不断增加，对金融服务的需求提出了新的要求，促使金融机构要寻求新的技术手段，来满足这些新的需求。另外，经济体系中还有不少的金融需求，在传统的金融体系中因为高成本等原因，得不到有效的满足，出现了不少的金融服务空白地带，而如果可以有效引入智能金融，也有助于将金融服务引入这些空白地带。如图3、图4所示，2011—2016年，中国个人可支配收入一直保持7%以上的增长速度，2016年个人可支配收入已达33616元。个人可支配收入的提高使得金融行业资产管理规模不断增长。根据贝恩与招行联合发布的《中国个人财富报告》，如图5所示，自2011年以来中国个人可投资资产规模一直保持13.7%以上的增长速度，2011年至2016年复合增长率为17.72%。可投资资产规模增加，以及不同分层的客户的金融服务需求出现明显的分化，促使金融机构探索多样化的金融技术手段来提升原有的金融服务效率。

图3　2011—2016年中国个人可支配收入

数据来源：中国政府统计局。

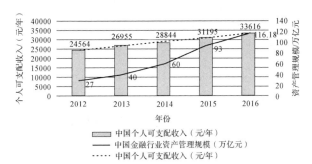

图4　2012—2016年中国个人可支配收入与金融行业资产管理规模

数据来源：中国产业信息网。

图 5　2011—2016 年中国个人可投资资产规模

数据来源：贝恩中国财富报告。

## 人工智能在金融领域的应用场景

人工智能作为计算机科学的一个分支，其目的在于试图了解智能的实质，并生产出一种新的能与人类智能相似的方式做出反应的智能机器，主要应用场景包括信息收集与识别、信息综合分析与预测、控制与决策等方面。当前，按照金融机构前台、中台、后台三大主要模块分类，人工智能至少可运用到金融的七大领域，前台为智能支付、智能营销、智能交易，中台为智能风控、智能投顾和智能投研，后台为智能监管。相信未来随着人工智能的不断发展，可以应用到金融领域的场景会迅速拓展。

### 智能支付

金融用户需要验证身份的真实性，主要技术包括人脸识别、语音识别、指纹识别和虹膜识别等，这个场景努力的方向，就是要逐步使得金融产品能够"看懂文字""听懂语言"，实现与用户的无缝连接与协作，为公众提供智能化金融消费体验。

### 智能营销

不同金融用户拥有不同的风险承担能力和意愿，对金融产品与服务的

新金融、新格局：中国经济改革新思路

需求具有差异性，而人工智能可以通过大数据技术精准刻画用户画像，并基于此策划营销方案，进行精准营销和个性化推荐，同时实时监测，不断优化营销策略，建立用户数据库，帮助企业引流获客，留存促活。

**智能交易**

通过建立金融业务智能感知与处理系统，使得电脑代替人脑，模拟人脑的逻辑思维完成信息收集、数据建模、推理判断、结果预测等，将交易策略变成电脑程序，做出最优化的交易决策。即用"电脑判断＋电脑操作"代替"主观判断＋人工交易"。

**智能风控**

利用大数据人工智能技术，可以使用海量的多维度数据，塑造出高度精细化的风险控制模型，在感知金融环境的动态变化基础上，不断进行深度挖掘与智能学习，实现针对市场变化的适应性更新调整。

**智能投顾**

又称机器人理财、数字财富管理等，即机器人根据个人投资者提供的风险承受水平、收益目标以及风格偏好等要求，运用一系列智能算法及投资组合优化等理论模型，为用户提供最终的投资参考，并依据市场动态为资产配置调整提供建议。

**智能投研**

投资研究工作涉及大量的资料搜集、数据分析、报告撰写等内容，智能投研是基于知识图谱和机器学习等技术，搜集并整理信息，形成文档，供分析师、投资者等使用，辅助决策，甚至自动生成投研报告。但智能投研缺乏创新性，因此在技术提高效率的同时，人机协作可以大大提高投研质量。

**智能监管**

全球每年产生约3亿条法律法规数据，人工储存难度较高。人工智能可学习、存储金融法规，并结合金融机构的实际情况提供合规建议。机器可以从海量的交易数据中学习知识和规则，发现异常行为，对欺诈与洗钱行为进行警示。

# 智能金融：在挑战中走向新的发展阶段

### 智能金融面临潜在挑战

从技术层面看，目前智能金融发展进程中的潜在挑战主要有以下几个方面。第一是基础设施层面，具体包括通信、架构、系统、应用和数据安全等问题，随着人工智能等技术在金融中的应用，金融网络安全的重要性也相应提高。金融体系对智能科技越依赖，这些技术层面如果出现故障可能产生的冲击也就更大。第二是数据联通及有效应用的实现障碍，目前用户数据高度集中在少数几家企业中，容易形成数据寡头现象，带来一定程度的数据垄断，造成所谓的数据鸿沟问题，形成信息孤岛，不利于智能金融公司数据的联通。并且如果数据使用不当，精确的数据挖掘也可能会导致不合乎现实乃至荒谬的结果，如何深入理解数据与金融的逻辑，挖掘数据真正的价值成为又一大挑战。第三是对智能金融认知偏差可能会导致一定的信任危机，从发展进程评估，目前人工智能还处于"弱人工智能"阶段，大部分智能金融还处于概念阶段，距离其真正落地还有很多问题待解决。如果在目前的发展水准上就一味对智能金融过于夸大事实，使得大众的期望值比较高，一旦出现一些故障，就容易造成信任危机。

### 智能金融未来走向

从目前的进展看，人工智能在金融领域的应用，开始了优化金融现有流程，在前端应用于服务客户，在中台支持授信、各类金融交易和金融分析中的决策，在后台用于风险防控和监督，使金融服务更加个性化与智能化，金融风控能力更强。展望未来，智能金融呈现出以下几个方面的发展趋势。

（1）创新传统金融业态，促进智能技术与金融的融合，逐步实现智能化、场景化、个性化。以智能化为基础，可分为三个层次：第一层次为计算器

（Robot），即可以实现简单的数据收集整理工作（可以简单视为助理分析师）；第二层次为聪明的（Smart），即可以实现数据的简单分析（初级分析师）；第三层次为智能的（Intelligent），即可以实现数据的决策支持和深度洞察（高级分析师）。场景化即使金融业态更贴近生活。同时通过智能金融驱动金融服务和产品的创新，提供多元化选择，实现相对个性化的金融服务。

（2）降低金融服务成本，使得金融业能够覆盖到传统的金融体系覆盖不到的客户与领域，推动金融普惠化。在智能金融中的智能营销可以帮助金融机构精准定位客户，减少不必要的营销成本；智能风控在整个业务流程中可提高风险识别、预警、防范及风险定价能力，也可以降低风险甄别成本。而经营成本的降低是基于整个金融业务流程的智能化，实现从部分到整体的成本降低。智能金融总体成本的降低将扩大金融产品和服务的范围，拓展用户基础，推动金融的普惠化。

（3）技术企业和金融企业参与智能金融虽然是基于不同的起点、比较优势和路径，但是从趋势看它们呈现出相互影响、相互融合的态势。金融机构与科技公司的合作方式主要包括购买、投资并购、建立加速器等，目前金融机构与科技企业之间的往来大部分停留在向科技公司购买技术服务上，或与科技公司合作建立联合实验室。出于规避金融机构与科技企业合作存在的信息技术安全、监管不确定等问题或对长远发展的考虑，未来金融机构有望以更深入协作的方式成为技术的共同所有者。而技术企业表现出的活力和对市场的敏感，也会深刻影响传统金融行业的金融服务方式。

（文章来源：《今日头条》2017 年 9 月 19 日。）

**参考文献**

[1] 巴曙松, 白海峰. 金融科技的发展历程与核心技术应用场景探索. 清华金融评论,

2016(11)：99-103.

[2] 中国人民银行武汉分行办公室课题组，韩飚，胡德.人工智能在金融领域的应用及应对.武汉金融，2016(07)：46-47, 50.

[3] 李伟.金融科技发展与监管.中国金融，2017(08)：14-16.